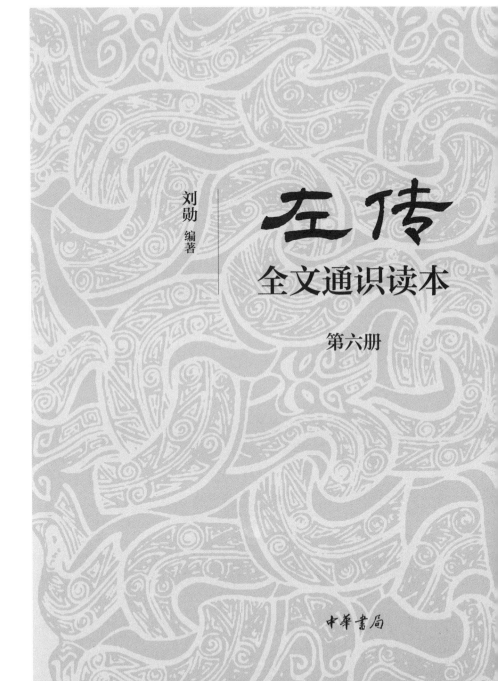

刘勋 编著

左传

全文通识读本

第六册

中华书局

第六册

第六册分年目录

定　公

哀　公

定 公 |

扫描二维码,
阅读参考资料

定公元年·○

人物鲁定公

【定公】正 补 鲁定公,即位前为公子宋。姬姓,名宋,谥定。鲁襄公
(襄元·○)之子,鲁昭公(襄三十一·三·五·一)之弟。昭二十五
年随鲁昭公出奔,定元年归国即位,在位十五年。定十五年卒。

定公元年·一

地理 晋、宋、周 1、卫、鲁、齐见定地理示意图 1。晋、宋、周 1(京师)、
卫、鲁、滕、薛、小邾、齐、成周(本章仍为周邑)、宁、狄泉、大陆泽见定
地理示意图 3。

人物 仲几(昭二十二·二·三)、魏献子(襄二十三·六·二·一)、
彪傒(昭三十二·五·二·二)、韩简子(昭三十二·五·春秋)、原寿
过、范献子(襄十四·四·五)、孟懿子(昭七·九·二·一)、薛宰、晋
文公(庄二十八·二·一)、奚仲、仲虺(宣十二·一·五)、商汤(庄十
一·二·二·二)、士景伯(昭十三·五)、高昭子(昭二十九·一·春
秋)、女宽(昭二十六·六)、苌弘(昭十一·二·一)

春秋 元年,春,王三月,晋人执宋仲几ⱼ于京师。

【京师】补 见隐六·七。

○正 按惯例,国君即位之后,方可改元。但史书纪事,不得半年以先
君年号,半年以新君年号,故鲁定公虽即位于六月,而《春秋》仍以本
年全年为"(定公)元年"。

○补 此处,传统断句为"元年,春,王。""三月,晋人执宋仲几于
京师"。遍检《春秋》,则隐、庄、闵、僖诸公,第一条《春秋》为"元
年,春,王正月"。桓、文、宣、成、襄、昭、哀诸公,第一条《春秋》为
"元年,春,王正月,公即位"。据《左传》,隐公"不书即位,摄也",
庄公无说,闵公"不书即位,乱故也",僖公"不称即位,公出故
也"。总之,若鲁君正常即位,礼数具备,则书"元年,春,王正月,

公即位";若鲁君实于元年正月即位,但有摄政或国乱等特殊情况,即位之礼有阙,则书"元年,春,王正月"。鲁定公即位于六月,与上述两种情况都不符合,需要特别对待。

　　窃以为"元年,春,王。"断句不妥,应以"元年,春,王三月……"为佳。理由如下:

　　1. 前述"王正月"诸例,翻译过来就是"周王历法正月","王"是用来解释"正月"所用历法的。若断为"元年,春,王",则"王"字下无着落,甚为突兀。

　　2. 遍检现有《春秋》读本断句,则遇到某年正月无事,当年第一条《春秋》即是二月或三月之事,又需书"王"的情况,除本年之外,皆为"某年,春,王二月""某年,春,王三月"比如:

　　三年,春,王二月己巳,日有食之。(隐三·一·春秋)

　　二年,春,王二月,葬陈庄公。(庄二·一·春秋)

　　二年,春,王二月甲子,晋侯及秦师战于彭衙,秦师败绩。(文元—文二·春秋)

　　七年,春,王三月,叔姬归于纪。(隐七·一·春秋)

　　十有二年,春,王三月,纪叔姬归于酅。(庄十二·一·春秋)

　　九年,春,王三月丁丑,宋公御说卒。(僖八—僖九·春秋)

　　窃以为,本年亦为正月无事,第一条《春秋》即为三月之事,又需书"王"以说明所用历法种类,实无必要格外另立一例,而可从其他地方断句之法,断为"元年,春,王三月"即可。

左传【一·一】元年春王正月辛巳七日,晋魏舒魏献子合诸侯之大夫于狄泉,将以城成周。

【狄泉】补即翟泉,见僖二十九·三·春秋。

【成周】补见隐三·四·二。

【一·二】魏子魏献子莅政。

【莅政】正 补莅临主持筑城政事。莅,临。

卫彪傒 xī 曰:"将建天子,而易位以令,非义也。大事奸 gān 义,必有大咎。晋不失诸侯,魏子其不免[于难]乎!"

【易位以令】杨 补改易[自己的]地位而发布政令。指魏献子居君位以令诸侯大夫。

【奸】杨犯。

【咎】补灾祸。

【晋不……免乎】补晋[如果要]不失去诸侯,魏子恐怕不能免[于灾祸]吧!

○杨昭三十二年亦有魏献子居君位,卫彪傒议论之事。去年为制订计划,今年为正式开工,魏献子两次号令诸侯,而卫彪傒亦两次评论他。

是行也,魏献子属(嘱)役于韩简子及原寿过,而田于大陆,焚焉。还,卒于宁。范献子去其柏椁 guǒ,以其未复命[于君]而田也。

【属役】补交代任务。

【原寿过】正 补姬姓,原氏,名寿过。周王室大夫。

【田】补打猎。

【大陆】正 杨 补泽名,在今河南获嘉西北。晋地。参见《图集》24—25③4。

【焚】正 杨焚烧草木以便于田猎。

【还,卒于宁】正 杨 补回国路上,在宁邑去世。据《国语·周语下》:"是岁也,魏献子合诸侯之大夫于狄泉,遂田于大陆,焚而死。"据《国语》,则魏献子之死似乎是因为焚烧草木时被烧伤。杜注也认为,魏献子是在焚烧草木时被烧伤而死。杨注则认为魏献子之死与焚烧草木无关。【宁】补见文五·六。

【柏椁】正柏木外棺。据《礼记·丧大记》,"君松椁,大夫柏椁,士杂木椁"。则卿大夫依礼应用柏椁。

○ 补 在六卿把持朝政、晋侯已成傀儡的整体背景下,范献子突然以不尊君为由减损前任中军帅魏献子的葬礼待遇,甚为可疑。笔者认为,范献子这样做的真实目的应该是为了打击魏氏,报复昭二十八年魏献子没有任命范氏之人担任县大夫(参见 昭二十八·五·一·一)。

【二】孟懿子会城成周。

【三·一】庚寅十六日,栽 zài。

【栽】 正 补 立筑墙模板。先秦时夯土筑城技术参见宣十一·二·二。

【三·二】宋仲几 jī 不受功,曰:"滕、薛、郳 ní,吾役也。"

○ 正 宋仲几想要让滕、薛、郳(小邾)三个小国代宋承担劳役。

薛宰曰:"宋为无道,绝我小国于周,以我适楚,故我常从宋。晋文公为践土之盟,曰'凡我同盟,各复旧职'。若从践土,若从宋,亦唯命。"

【晋文公为践土之盟】 正 见僖二十七—僖二十八二·十一·二。

【若从……唯命】 杨 补 或者服从践土盟约,或者服从宋,都唯命是听。据下文,则薛宰认为践土盟约所谓"凡我同盟,各复旧职",是指恢复薛的地位,直属周王室,而不属宋。若,或。亦,语首助词。

仲几曰:"践土固然。"

○ 正 仲几则认为,践土盟约所谓"复旧职",就是指要薛依照此前旧例为宋属国,为宋服役。

薛宰曰："薛之皇祖**奚仲**，居薛以为夏车正。**奚仲**迁于邳 pī。
仲虺 huǐ 居薛，以为**汤**商汤左相。若复旧职，将承王官，何故以
役诸侯？"

○ 补 薛早期史事参见隐十一·一·春秋"薛"条目。

仲几曰："三代各异物，薛焉得有旧？为宋役，亦其职也。"

【三代……有旧】正 杨 补 三代的情事各不相同，薛哪能再有[夏、
商时的]旧日地位？仲几意谓，薛如今为周诸侯，不得再以夏、商时旧
事为己开脱。物，事。

【为宋役，亦其职也】杨 补 为宋服役，也是薛的职责。仲几意谓，如
果真要说起商朝旧事，薛祖先既为商王臣下，宋为商王室之后，则如
今薛亦应为宋服役。

士弥牟士景伯曰："晋之从政者新。子仲几姑受功，归，吾视诸(之
于)故府。"

【晋之从政者新】正 补 晋执政刚上任不久[，不熟悉旧事]。晋执政
本为中军帅魏献子。本年早先魏献子意外去世，中军佐范献子升任
执政不久，故曰"晋之从政者新"。

【故府】正 补 保存晋档案的府库，践土之盟盟书副本应在其中。

仲几曰："纵子士景伯忘之，山川鬼神其忘诸乎？"

○ 正 杨 补 就算您忘了，山川鬼神难道会忘吗？古人认为，盟誓之
时，有山川鬼神监临见证，所以仲几这样说。士景伯希望用复核盟书
这个借口暂时搁置宋、薛争执，从而争取在当场先敲定宋服役份额；
而宋仲几则不依不饶，坚持要在当场先争辩明白。

士伯士景伯怒，谓韩简子曰："薛征于人，宋征于鬼，宋罪大矣。
且己无辞，而抑我以神，诬我也。'启宠纳侮'，其此之谓矣。

必以**仲几**为戮。"

【征于人】 正 补 用人事作为征验。薛人所举论据是史事,载于简策,为人所知。

【诬】 补 以虚言诽谤。

【启宠纳侮】 正 杨 士景伯意谓,己先宠宋,而宋反压己,正所谓开启宠端反而招来侮辱。

［晋人］乃执**仲几**以归。三月,归诸(之于)京师。

【四】 城三旬而毕,乃归诸侯之戍。

【五·一】 齐**高张**高昭子后,不从诸侯。

【后】 正 补 后期,迟到。

【五·二】 晋女 rǔ 叔宽 女宽 曰:"周**苌** cháng **弘**、齐**高张** 高昭子 皆将不免［于难］。**苌叔** 苌弘 违天,**高子** 高昭子 违人。天之所坏,不可支也。众之所为,不可奸 gān 也。"

【苌叔违天,高子违人】 正 上天既厌周德,而苌弘欲迁都以延其寿数,故曰"违天"。诸侯城成周以尊崇周王,而高昭子迟到,故曰"违人"。

○ 补 参见《国语·周语下》彪傒论刘、苌二人将有祸灾之言(引文见昭三十二·五·二·二)。

○ 正 下启哀三年周人杀苌弘(哀三·六),及哀六年高昭子奔鲁(哀六·四)。

定公元年·二

地理 鲁、晋见定地理示意图 1。鲁、晋、乾侯见定地理示意图 3。

人物 鲁昭公(襄三十一·三·五·一)、公子宋/鲁定公(定元·○)、叔孙成子、季平子(昭九·六·二)、子家懿伯(昭五·三·一)、公衍(昭二十九·三·三)、公叔务人(昭二十五·五·二·一)、荣成伯、孔子(僖二十七—僖二十八·二十五·三)、鲁炀公

春秋 夏,六月癸亥二十一日,公鲁昭公之丧至自乾侯。

【乾侯】补 见昭二十五·三·二。

戊辰二十六日,公鲁定公即位。

秋,七月癸巳二十二日,葬我君昭公鲁昭公。

○正 补 据隐元·五,诸侯五月而葬。鲁昭公薨于乾侯,辗转返国,故八月乃葬。

九月,[我]大雩yú。

【雩】补 见桓五·四·春秋。

○正 此条《春秋》无对应《左传》。

[我]立炀yáng宫。

【炀宫】正 鲁炀公庙。【炀】杨 补 鲁炀公。姬姓,名熙,号炀。鲁伯禽(文十二·五·一)之子,鲁考公之弟。在位六年。

左传【一】夏,叔孙成子逆公鲁昭公之丧于乾侯。

【叔孙成子】正 补 姬姓,叔孙氏,名不敢,谥成。叔孙昭子(昭四—昭五·八)之子。鲁大夫,官至卿位。定五年卒。

季孙季平子曰:"子家子子家懿伯亟qì言于我,未尝不中zhòng吾志也。吾欲与之从政。子必止之,且听命焉。"

【亟】补 数,屡次。

【子必止之，且听命焉】正 补 您一定要留住他，而且顺着他的意思来。

子家子子家懿伯不见叔孙叔孙成子，易几而哭。

【易几而哭】正 杨 几，期。依丧礼，初丧，早晚在中庭北面哭泣。子家懿伯不愿见叔孙成子，所以改变哭泣之期，比礼制规定或早或晚。

叔孙请见子家子。子家子辞，曰："羁子家懿伯未得见[子]，而从君鲁昭公以出。君不命[羁见子]而薨 hōng，羁不敢见[子]。"

【君不……敢见】正 补 国君没有命令[要求我会见您]就去世了，[所以]我不敢[私自]会见[您]。

叔孙使告之曰："公衍、公为公叔务人实使群臣不得事君。若公子宋主社稷，则群臣之愿也。凡从[君]出而可以入者，将唯子是听。子家氏未有后，季孙季平子愿与子从政。此皆季孙之愿也，使不敢叔孙成子以告。"

【公衍……事君】正 杨 补 实在是公衍、公为二人使群臣得不到机会事奉国君。据昭二十五·五及昭二十九·三·三，则最开始与季公若谋划驱逐季氏之人为公为（公叔务人），公衍并未参与。据昭二十九·三·三，则鲁昭公在流亡期间立公衍为太子。季氏不愿鲁昭公之子公衍即位，所以附带中伤公衍。

【公子宋】正 鲁昭公之弟，后为鲁定公。

【凡从……是听】补 凡是跟随国君出国的，谁可以回国，都将由您决定。

【子家……从政】杨 补 [一方面，您的宗族]子家氏[目前]没有[可以接替您的]继承人；[另一方面，]季孙愿意和您一起处理国家政事。子家懿伯为子家氏族长，此时流亡在外，其族又没有可立为族长的其他族子，故曰"子家氏未有后"。若子家懿伯不回国，则子家氏有绝后

的危险。因此,"子家氏未有后"是威逼,而"季孙愿与子从政"是
利诱。

[子家子]对曰:"若立君,则有卿士、大夫与守龟在,羁弗敢知。
若从君鲁昭公者,则貌而出者,入可也;寇而出者,行可也。若
羁也,则君鲁昭公知其出也,而未知其入也,羁将逃也。"
【卿士】杨补本为周王室执政(隐三·四·一),这里指鲁诸位
正卿。
【守龟】杨见昭五·八·二。
【貌而出者,入可也】杨补表面[跟从国君]出逃[,并没有激烈武力
对抗行为]的人,可以重入鲁都。
【寇而出者,行可也】正补参与了暴力行动而[随国君]出逃的人,
可以离去另寻出路。
○补鲁昭公之臣子家懿伯与宋襄公之臣公子目夷、楚灵王之臣申无
宇非常类似,都是一直扮演反对、谏诤的角色,然而同时又一直忠于
君主。

【二】丧及坏隤 tuí,公子宋先入。从公者皆自坏隤反(返)。"六
月癸亥,公之丧至自乾侯。戊辰,公即位。"
【坏隤】杨见成十六·三·十九·一。
【从公者皆自坏隤反】正杨补跟从鲁昭公流亡的人到了坏隤就折
返[出奔]。公子宋先入,跟从鲁昭公流亡的人知道鲁昭公生前所立
的太子公衍即位无望,可能是因为政变彻底失败感到羞耻,也可能是
害怕进入国都后会遭到季氏报复,因此折返出奔。

【三·一】季孙季平子使役如阚 kàn 公氏,将沟焉。荣驾鹅荣成伯曰:
"[君]生[子]不能事[君],[君]死[子]又离之,以自旌也(耶)? 纵子忍
之,后必或耻之。"[季孙]乃止。

【阚公氏】 正 鲁历代君主墓地。

【将沟焉】 正 补 平子厌恶鲁昭公,所以想要挖沟将鲁昭公墓与先君墓隔断,使其不得在族墓范围(兆域)之内。天马—曲村遗址(隐五·二)墓葬区中的晋侯墓地南北均有一条壕沟,与其他墓葬相隔离,其功用很可能是表明这是晋侯及其夫人专用的墓葬区,说明挖沟的确有划分墓地的功用。

【生不……旌也】 正 杨 补 [国君]在世时[您]不能事奉[国君],[国君]死后又隔离他的墓,是为了自我彰显[罪过]吗?旌,彰显。

【忍之】 杨 忍心为之。

[三·二] 季孙问于荣驾鹅曰:"吾欲为君鲁昭公谥,使子孙知之。" [荣驾鹅]对曰:"[君]生[子]弗能事[君],[君]死[子]又恶之,以自信(申)也(耶)?将焉用之?"[季孙]乃止。

【吾欲……知之】 正 补 我想要为[去世的]国君定一个谥号,让子孙后代知道他的事迹。季平子既然敢说"让子孙后代知道他的事迹",可见当时鲁国关于鲁昭公事迹的"标准说法"必然是偏袒季平子而指责鲁昭公的。如果这个谥号符合于这个"标准说法",那一定是恶谥。因此荣驾鹅下面说季平子"死又恶之"。

【生弗……信也】 杨 补 [国君]在世时[您]不能事奉[国君],[国君]死后[您]又把恶[谥]加给他,是为了自我申明[无罪]吗?

[四·一] 秋,七月癸巳二十二日,葬昭公鲁昭公于墓道南。

【葬昭公于墓道南】 杨 将鲁昭公葬于墓地道路以南。鲁先君墓群应在墓地道路以北,这样季氏虽然没有挖沟,还是达到了使鲁昭公墓与先君墓隔离的目的。

[四·二] 孔子之为司寇也,沟而合诸墓。

【司寇】 补 见文十八·三·一。

【沟而合诸墓】 杨 [在鲁昭公墓外]挖沟而扩大墓地四周的疆界,使鲁昭公墓与先君墓合并到一起。

○ 正 杨 补 孔子任司寇在定十年,故此事应发生在定十年之后。《韩诗外传》载其命辞曰:"宋公之子弗甫何孙鲁孔丘,命尔为司寇。"

【五·一】 昭公鲁昭公出故,季平子祷于炀 yáng 公鲁炀公。

○ 杨 鲁伯禽卒,子鲁考公立。鲁考公立四年卒,立其弟熙,是为鲁炀公。鲁昭公出奔之后,季平子想要废鲁昭公之子公衍而立鲁昭公之弟公子宋,效仿鲁炀公兄终弟及之事,因此曾向鲁炀公神主祷告以求护佑。

【五·二】 九月,"立炀宫"。

○ 正 杨 补 依礼制,则诸侯五庙,即现任国君之父、祖、曾祖、高祖以及该国始封君庙(太庙)。五世亲尽,则庙毁而迁其神主入太庙。鲁炀公为鲁定公二十一世祖,故鲁定公时其庙早已不存,祭祀时仅从太庙中取出炀公神主为祭。此时鲁定公已即位,故季平子别新立炀宫,以表示兄终弟及是从鲁国建国早期就有的旧例,而非己私意。

定公元年·三

地理 鲁见定地理示意图 1。

春秋 冬,十月,[我]陨霜杀菽 shū。

【菽】 正 豆苗。

○ 正 补 周正冬十月,当夏正秋八月。夏正九月中,严霜方降,八月霜冻是异常天气,造成了农作物损失,故《春秋》书之。

定公二年·一

春秋 二年,春,王正月。

定公二年·二

地理 周 2 见定地理示意图 1。周 2、巩见定地理示意图 3。

人物 巩简公(昭二十二—昭二十三·一·一)

左传 周巩简公弃其子弟,而好 hào 用远人。二年夏,四月辛酉二十四日,巩氏之群子弟贼简公巩简公。

【贼】补 杀害。

定公二年·三

地理 鲁见定地理示意图 1。

春秋 夏五月壬辰二十五日,〔我〕雉门及两观灾。

【雉门】正 杨 鲁公宫南中门。

【两观】正 杨 即两阙,在雉门两旁,参见庄十九—庄二十—庄二十一·九·一。【灾】补 见桓十四·二·春秋。

定公二年·四

地理 楚 1、吴、鲁见定地理示意图 1。楚 1、吴、鲁、桐、巢、豫章见定地理示意图 5。

人物 吴王阖庐(昭十七·六·三)、囊瓦(昭二十三·五·一)、王子繁

春秋 秋,楚人伐吴。

冬,十月,[我]新作雉门及两观。

○[正]此条《春秋》无对应《左传》。

[左传]【一】桐叛楚。吴子[吴王阖庐]使舒鸠氏诱楚人,曰:"[使楚]以师临我[吴],我伐桐,为我使之[楚]无忌。"

【桐】[正][杨][补]在今安徽桐城北。小国,此前属楚。参见《图集》29—30⑤8。

【舒鸠氏】[杨][补]舒鸠襄二十四年叛楚,襄二十五年被楚所灭。此处应为居于舒鸠旧地的遗民。舒鸠旧地在桐地以北。参见《图集》29—30⑤8。

【以师……无忌】[正][补][诱使楚]兴师逼近我国,我国[就赶紧]讨伐桐,[这是]为了[达到]我国[的战略目的],即[让楚人[以为我国惧怕楚人,从而对我国]没有顾忌。这就是伍子胥所说的"多方以误之",参见昭三十·三·三。

【二】秋,楚囊瓦伐吴,师于豫章。吴人见(现)舟于豫章,而潜师于巢。冬,十月,吴军楚师于豫章,败之。[吴人]遂围巢,克之,获楚公子繁[王子繁]。

【豫章】[补]见昭六·十·一。

【吴人见舟于豫章】[正][补]吴人假装因为畏惧楚而为楚伐桐,所以在豫章陈列舟船以虚张声势。一说"见"读为"献",整句可理解为吴人献舟给楚师,假意帮助楚师伐桐,以误导楚师。

【巢】[补]见文十二·三·春秋。此时已为楚邑。

【军】[杨][补]攻击。

【公子繁】[正][补]王子繁。芈姓,名繁。楚巢大夫。定二年被吴人所获。

○[补]据《史记·吴太伯世家》,"[吴师]大败楚军于豫章,取楚之居巢而还",则居巢遂入于吴。

定公二年—定公三年(定公三年·一)

地理 鲁、晋见定地理示意图 1。鲁、晋、邾、河水见定地理示意图 3。

人物 鲁定公(定元·○)、邾庄公(昭十一·四·春秋)、夷射姑、阍

春秋 三年,春,王正月,公鲁定公如晋,至河,乃复。

【河】补 见闵二·五·三。

○正 此条《春秋》无对应《左传》。

二月辛卯二十九日,邾子穿邾庄公卒。

夏,四月。

秋,葬邾庄公。

左传 [一] 邾庄公与夷射yì姑饮酒,[夷射姑]私出。阍hūn 乞肉焉,[夷射姑]夺之杖以敲之。

【夷射姑】正 补 夷氏,名射姑。邾大夫。

【私出】杨 补 出去小便。

【阍】正 守门人。

[二] 三年,春,二月辛卯二十九日,邾子邾庄公在门台,临廷。阍以瓶水沃廷。邾子望见之,怒。阍曰:"夷射姑旋焉。"[邾子]命执之夷射姑。[邾子]弗得[夷射姑],滋怒,自投于床,废于炉炭,烂,遂卒。先葬以车五乘shèng,殉五人。庄公邾庄公卞急而好洁,故及是。

【邾子在门台,临廷】正 杨 邾庄公站在雉门门楼之上,下临外朝之廷。诸侯三门,唯雉门门上有台,类似后世之城门楼。雉门内为治朝,外为外朝,此处之廷应是外朝之廷。

【沃】杨洒。

【旋】正小便。

【滋】补益。

【废】正坠。

【殉五人】补据僖十九·二·二·一，则东夷国可能普遍有人牲、人殉的习俗。邾为东夷国，故有此以活人殉葬之事。

【卞】正躁疾。

定公三年·二

地理晋见定地理示意图 1。晋、鲜虞见定地理示意图 2。

人物观虎

左传秋，九月，鲜虞人败晋师于平中，获晋观虎，[观虎]恃其勇也。

【平中】正晋地。

〇正下启定五年范献子围鲜虞（定五·八）。

定公三年·三

地理鲁见定地理示意图 1。鲁、邾、郯见定地理示意图 4。

人物孟懿子（昭七·九·二·一）、邾隐公

春秋冬，仲孙何忌孟懿子及邾子邾隐公盟于拔。

【邾子】补邾隐公。曹姓，名益，谥隐。邾庄公（昭十一·四·春秋）之子。定四年即位，在位十九年。哀七年被鲁人所执，哀八年归于邾。后被吴人拘禁在邾，太子革为政。哀十年奔鲁，遂奔齐。哀二十二年自齐奔越，越护送其归国复位，在位二年。哀二十四年被越人所执，公子何立。

【拔】杨即郯，见宣四·一·春秋。

左传冬，盟于郯 tán，修邾好也。

定公三年—定公四年(定公四年·一)

地理 陈、鲁、周2、晋、宋、蔡、卫、郑、曹、齐、楚、吴、秦见定地理示意图1。周2、刘、晋、宋、卫、郑、曹、鲜虞/中山、秦见定地理示意图2。鲁、宋、卫、曹、莒、邾、滕、薛、杞、小邾、齐见定地理示意图4。陈、鲁、周2、刘、晋、宋、蔡、卫、郑、许1、许2(容城)、曹、莒、邾、顿、胡、滕、薛、小邾、楚、沈、吴、唐、随、召陵、皋鼬、柏举、大隧、直辕、冥阨、武城、息、郧、方城、豫章、小别山、大别山、汉水、淮水、清发水、雍澨、雎水、江水、云梦泽见定地理示意图5。

人物 陈惠公(昭八—昭九·一·一)、鲁定公(定元·〇)、刘文公(昭二十二·四·一)、晋定公(昭三十一·一·春秋)、宋景公(昭二十·四·三)、蔡昭公、卫灵公(昭七·十二·一·一)、陈怀公、郑献公(昭三十·二·二)、许男斯、曹隐公、莒郊公(昭十四·六·一)、邾隐公(定三·三·春秋)、顿子、胡子、滕顷公、薛襄公、杞悼公(昭二十六·五·春秋)、小邾子、国惠子、公孙姓、沈子嘉、范献子(襄十四·四·五)、孔文子(昭七·十二·一·一)、吴王阖庐(昭十七·六·三)、楚昭王(昭二十六·七·二)、唐成公、中行文子(昭二十九·五·一)、子行敬子、祝佗、苌弘(昭十一·二·一)、蔡叔度(襄二十一·五·四·三)、康叔封(僖三十一·五·二)、周武王(桓元—桓二·三·二)、周成王(僖二十五—僖二十六·四·二)、周公旦(隐八·二)、鲁伯禽(文十二·五·一)、聃季载、曹叔振铎(僖二十七—僖二十八·二十六·二)、唐叔虞(僖十五·九·三·一)、周文王(僖五·八·一)、周康王(昭四·三·一)、管叔鲜(襄二十一·五·四·三)、蔡仲胡、晋文公(庄二十八·二·一)、卫成公(僖二十五—僖二十六·春秋)、夷叔(僖二十七—僖二十八·春秋)、鲁僖公(闵二·三·二)、蔡庄公(僖二十一·三·春秋)、郑文公(庄十九—庄二十一—庄二十一·十一·二)、齐昭公(僖二十五—僖二十六·春秋)、宋成公(僖二十四·四)、莒兹丕公(僖二十五—僖二十六·春秋)、游吉(襄二十二·七·二)、赵简子(昭二十五·二·春秋)、伍员(昭二十·三·三)、郤宛(昭二十七·二·一)、伯州犁(成十五·七·一·一)、伯嚭、公子

乾、左司马戌(昭三十一·二)、武城黑、史皇、夫概王、季芈畀我、薳
固、子山、句卑、王孙由于、钟建、斗辛(昭十四·七)、斗怀、楚平王(昭
元·一·三)、斗成然(昭十三·二·一)、斗巢、王子结、鑱金、申包
胥、秦哀公

春秋 四年,春,王二月癸巳,陈侯吴陈惠公卒。

○正 此条《春秋》无对应《左传》。

三月,公鲁定公会刘子刘文公、晋侯晋定公、宋公宋景公、蔡侯蔡昭公、卫
侯卫灵公、陈子陈怀公、郑伯郑献公、许男许男斯、曹伯曹隐公、莒子莒郊
公、邾子邾隐公、顿子、胡子、滕子滕顷公、薛伯薛襄公、杞伯杞悼公、小
邾子、齐国夏国惠子于召陵,侵楚。

【蔡侯】补 蔡昭公。姬姓,名申,谥昭。隐太子有(昭十一·八·春
秋)之子,蔡悼公(昭二十一·七·一·二)之弟。昭二十四年即位。
定四年前曾被楚人软禁在楚三年。在位共二十八年。哀四年被蔡诸
大夫所杀。

【陈子】补 陈怀公。妫姓,名柳,谥怀。陈惠公(昭八—昭九·一·
一)之子。定五年即位,在位四年。定八年卒。陈怀公未除丧而会诸
侯,故称"子"(参见僖八—僖九·二)。

【许男】补 许男斯。姜姓,名斯。许悼公(襄二十八·十二·一·
一)之子。昭二十五年即位,在位十九年。定六年郑灭许,以许男斯
归。而据清华简二《系年》,则此时许君为"许公佗"。"佗"可能是许
男斯之字。

【曹伯】补 曹隐公。姬姓,名通,谥隐。曹武公(襄二十·二·春秋)
之子,曹平公(昭十一·二·春秋)之弟。定元年杀曹声公而即位,在
位四年。定四年被公子露(曹靖公)所弑。

【滕子】补 滕顷公。姬姓,名结,谥顷。滕悼公(昭四·三·春秋)之
子。昭二十九年即位,在位二十三年。哀四年卒。

【薛伯】补 薛襄公。任姓,名定,谥襄。薛献公(昭三十一·一·春

秋)之子。昭三十二年即位,在位十三年。定十二年卒。

【国夏】 补 国惠子。姜姓,国氏,名夏,谥惠。国景子(成十八·二·一)之子。齐大夫,官至卿位。哀六年奔莒,遂奔鲁。

【召陵】 正 补 楚地,见僖三—僖四·春秋。召陵是中原首位霸主齐桓公首次率领诸侯伐楚时的会盟之处,如今又成为中原霸主晋国最后一次率领诸侯伐楚时的会盟之处。

○ 补 出土文献对读:清华简二《系年》叙此事相关文字,可扫码阅读。

《系年》所叙述的伐楚过程与《春秋》《左传》有所不同:

《春秋》《左传》说法是:(1)蔡昭公鼓动晋、吴伐楚。(2)晋在召陵集结诸侯,并入侵楚,应该是攻打了方城塞,没有成功,随后在召陵再次集会,最终决定退出伐楚,改伐中山。(3)晋要求蔡伐沈,蔡灭沈,楚围蔡。(4)吴、蔡、唐伐楚。

《系年》说法是:(1)晋、吴伐楚,攻打方城塞城门。(2)晋人在召陵召集诸侯会盟,最终决定退出伐楚,改伐中山。(3)吴继续伐楚。

夏,四月庚辰二十四日,蔡公孙姓师师灭沈,以沈子嘉归,杀之。

【公孙姓】 补 姬姓,名姓。蔡大夫。哀四年被蔡人所杀。

五月,公鲁定公及诸侯盟于皋鼬 yòu。

【皋鼬】 正 杨 补 在今河南临颍南。参见《图集》29—30③5。

杞伯成杞悼公卒于会。

○ 正 此条《春秋》无对应《左传》。

六月,葬陈惠公。

○ 正 此条《春秋》无对应《左传》。

许迁于容城。

【容城】 杨 补 在河南鲁山东南。参见《图集》29—30③4。

○ 正 此条《春秋》无对应《左传》。

○ 补 如果《系年》《春秋》《左传》记载都无误的话,那么关于许的一连串史事可梳理如下:

一、许发生内乱,许公郹出奔。此事不见于《春秋》《左传》记载,应该发生在昭二十九年前。

二、晋人在汝水北岸(汝阳)筑城。据昭二十九·五·一,昭二十九年"晋赵鞅、荀寅帅师城汝滨"。《左传》所说的"城汝滨"应该就是《系年》所说的"城汝阳"。

三、晋人将许公郹安置在容城。此事不见于《春秋》《左传》记载,应该发生在昭二十九年之后,定四年三月召陵之会前。容城应与晋人在汝水北岸修筑的城邑邻近,在晋人势力范围之内。

四、许民众从析迁至容城。此事见于《春秋》记载,发生在召陵之会以后。许迁于容城是屈从于晋先前所作的安排。

秋,七月,公鲁定公至自会。

○ 正 此条《春秋》无对应《左传》。

刘卷刘文公卒。

○ 正 此条《春秋》无对应《左传》。

葬杞悼公。

○ 正 此条《春秋》无对应《左传》。

楚人围蔡。

晋<u>士鞅</u>范献子、卫<u>孔圉</u>yǔ,孔文子帅师伐鲜虞。

○ 正 此条《春秋》无对应《左传》。

<u>葬刘文公</u>。

○ 正 此条《春秋》无对应《左传》。

冬,十有(又)一月庚午十八日,<u>蔡侯</u>蔡昭公以<u>吴子</u>吴王阖庐及楚人战于柏举,楚师败绩。楚<u>囊瓦</u>出奔郑。

【柏举】 正 杨 补 在今湖北麻城东北举水东侧、柏子塔村西。楚地。参见《图集》29—30⑤7。

○ 正 补 据僖二十六·四,"凡师,能左右之曰'以'"。此次伐楚,吴打着为蔡复仇的旗号伐楚,对外声称听从蔡人调遣,因此《春秋》书"蔡侯以吴子"。据下文《左传》,唐成公亦率师参与伐楚,而《春秋》不书,可能是由于唐师附属于楚、蔡师的缘故。另据哀元·五,则吴人曾经招陈怀公一同伐楚,但陈人最终通过晋婉拒了吴的邀请。不过,据清华简二《系年》记载,则此次伐楚,除了吴、蔡、唐之外,还有陈、胡二国。

庚辰二十八日,吴入郢 yǐng。

【郢】 补 见僖十二·二。定四年即楚昭王十年,据《楚居》,此时楚都在为郢。

左传【一·一】 <u>蔡昭侯</u>蔡昭公为两佩与两裘以如楚,献一佩一裘于<u>昭王</u>楚昭王。<u>昭王</u>服之,以享<u>蔡侯</u>蔡昭公。<u>蔡侯</u>亦服其一。<u>子常</u>囊瓦欲之,[蔡侯]弗与,[子常]三年<u>止之</u>蔡昭公。

【佩】 正 佩玉。

【享】 补 见桓九—桓十·一·二。

【三年止之】 杨 补 囊瓦把蔡昭公软禁在楚达三年之久。

【一·二】唐成公如楚，有两肃爽 shuāng 马。子常欲之，[唐公]弗与，[子常]亦三年止之。

【唐成公】正 补 姬姓，谥成。唐惠公（宣十二·一·十二）之后。定四年前被楚人软禁在楚三年。

【肃爽】正 补 骏马名。杜甫《沙苑行》"骕骦一骨独当御"典出于此。

【二·一】唐人或相与谋，请代先从者，[楚人]许之。[唐人]饮 yìn 先从者酒，醉之，窃[肃爽]马，而献之子常襄瓦。子常归唐侯唐成公。

【唐人……许之】正 补 唐诸大夫有人商量谋定之后，[向楚人]请求替换先前跟随[唐成公如楚]之人，[楚人]同意了。

【二·二】[窃马者]自拘于司败，曰："君唐成公以弄马之故，隐君身，弃国家。群臣请相 xiàng 夫 fú 人以偿马，必如之。"唐侯曰："寡人之过也，二三子无辱。"皆赏之。

【自拘于司败】正 补 [唐成公回国后，盗马的几个大夫]要求[把自己]囚禁在唐司法官处。【司败】杨 补 唐外朝官，职掌刑罚。相当于司寇。

【弄】杨 玩。

【群臣……如】正 杨 补 群臣请求帮助那个人（养马人）赔偿马匹，一定像之前那两匹马一样。相，助。

【二三子无辱】补 诸位大夫不要委屈[自己]。

【三·一】蔡人闻之，固请，而献佩于子常襄瓦。子常朝，见蔡侯蔡昭公之徒，命有司曰："蔡君蔡昭公之久也，官不共（供）也。明日礼不毕，[尔]将死。"

【有司】补 见僖十二—僖十三·二·一。

【蔡君……共也】正 杨 蔡君久留[于楚]，[是因为]有关官员不供给[送别时馈赠的礼品]。

【礼不毕】⊞⊞［遣送蔡君的］礼数不完备。

【三·二】蔡侯归，及汉，执玉而沈（沉），曰："余所有济汉而南者，有若大川！"

【蔡侯……而沈】⊞春秋时以宝物沉祭河神之事参见僖二十三—僖二十四·九·二。【汉】⊞见桓六·二·二。

【余所……大川】⊞⊞我如果再渡过汉水到南方去，［必遭神谴，］有大河为证！楚在蔡南方。

> ○⊞**传世文献对读**：蔡昭公和唐成公被关押的三年，应该是楚昭王七年（定元年）至楚昭王九年（定三年），对应的楚昭王年龄是约15岁至约17岁。此时楚昭王年龄已经不小，然而朝政仍然被令尹囊瓦把持，其目无君王、专权敛财的跋扈情状可以想见。《国语·楚语下》有斗且评论囊瓦蓄货聚马的话，进一步说明囊瓦的贪婪，可扫码阅读。

【四】蔡侯蔡昭公如晋，以其子元公子元与其大夫之子为质焉，而请伐楚。

【五·一】四年，春，三月，刘文公合诸侯于召陵，谋伐楚也。

○⊞晋人告于周王室，假借王命以讨楚。周敬王使刘文公会之，故曰"刘文公合诸侯于召陵"，以示禀于王命，假借王威。

【五·二】晋荀寅中行文子求货于蔡侯蔡昭公，弗得，［荀寅］言于范献子曰："国家方危，诸侯方贰，将以袭敌，不亦难乎！水潦lǎo方降，疾疟方起，中山不服。弃盟取怨，无损于楚，而失中山。不如辞蔡侯。吾自方城以来，楚未可以得志，祇zhǐ取勤焉。"［晋］乃辞蔡侯。

【中山】正 补 参见昭十二·七"鲜虞"。此时都城已在中人(昭十三·三·十二)。"中山"之称始于此,而并不统一,如本年《春秋》又称"鲜虞"。

【弃盟……中山】正 补 [如果带领人心涣散、疫病流行的诸侯军队强行攻打楚,必然会]抛弃[晋楚弭兵之盟的]盟约而招来怨恨,对楚不会造成什么[实质性]损害,还会失去[攻打]中山[的机会]。

【吾自……勤焉】正 杨 补 我们自从方城以来,到现在还没能够实现志向战胜楚,[再攻打下去]只是白费力气。祇,仅。勤,劳。据旧注,则中行文子意谓,晋自襄十六年入侵方城以来,一直未能制服楚,此次伐楚必然又将徒劳无功。据清华简二《系年》,则晋人本年迁许于容城之后,先与吴联合伐楚,攻打了方城塞城门,而后有此召陵之会。据定三—定四·春秋,则本年晋人曾率诸侯"侵楚",所攻打的应该就是方城塞。因此笔者认为,中行文子此言意谓,晋自本年先前攻打方城塞以来,并未使楚降服,若再深入楚地,只会徒劳无功。

【五·三】晋人假羽旄 máo 于郑,郑人与之。明日,或旆 pèi 以会。晋于是乎失诸侯。

【晋人假羽旄于郑】正 补 羽旄见襄十四·十二"羽毛"。可能郑人之羽旄制作巧异,晋提出借来观赏。若本是借来使用,则郑人不应不满而有二心。

【明日,或旆以会】正 杨 补 旆参见庄二十八·四·二。第二天,有晋人[将借来的羽旄作为旆带]装在大旗杆顶上参加盟会。此人级别应不高,因此《左传》不载其名氏。

【晋于是乎失诸侯】正 杨 补 晋由于这件事失掉了诸侯[的拥戴]。晋借郑之羽旄观赏而让贱者使用,是卑侮郑的表现。郑是列国,而晋卑侮之,诸侯由此知道晋对诸侯有轻蔑之心,于是都怨恨晋,"晋于是乎失诸侯"。参见襄十四·十一·二"范宣子假羽毛于齐而弗归,齐人始贰"。

【五·四】将会,卫子行敬子言于灵公_{卫灵公}曰:"会同难,啧有烦言,莫之治也。其使祝佗从!"公_{卫灵公}曰"善",乃使子鱼_{祝佗}。

【子行敬子】正 补 姬姓,子行氏,谥敬。襄十四年子行之后。卫大夫。

【会同难】正 补 朝会难以达到预期目标。

【啧有烦言】正 杨 互相怒争而言论分歧。啧,愤怒而责备。烦言,争论不一。

【祝佗】正 补 名佗,疑应作鮀,字鱼。卫大夫,任太祝。其名(鮀)、字(鱼)相应,鮀为鱼名。《论语·雍也》"不有祝鮀之佞,而有宋朝之美",可见祝佗为当时公认的有辩才之人。《论语·宪问》"子言卫灵公之无道也"。康子曰:"夫如是,奚而不丧?"孔子曰:"仲叔圉治宾客,祝鮀治宗庙,王孙贾治军旅。夫如是,奚其丧?"可见祝鮀有治宗庙之才。【祝】补 见襄十四·五·五·四。

子鱼辞,曰:

"臣展四体,以率旧职,犹惧不给而烦刑书。若又共_(供)二,徼yāo 大罪也。

【臣展……刑书】杨 补 下臣手忙脚乱,以继承[先人]旧职,还担心不能供给[使命]而劳烦[司法部门依据]刑律[治罪]。率,循。
【共二】正 补 担任两种职务,即兼任太祝及行人。
【徼】补 求。

"且夫祝,社稷之常隶也。社稷不动,祝不出竟_(境),官之制也。君以军行,祓社,衅鼓,祝奉[社主]以从[君],于是乎出竟_(境)。若嘉好之事,君行,师从;卿行,旅从,臣无事焉。"

【社稷】正 补 此处实指土地神及谷神,其祭祀之事为太祝所职掌。
【祓社】补 见襄二十五·二·三。

【衃鼓】⬚补 见僖三十三·三·三。

【祝奉以从】⬚正 ⬚补 太祝尊奉［土地神神主］以跟随。

【嘉好之事】⬚正 ⬚补 指诸侯朝见、会盟之事。参见昭三十·二·二"唯嘉好、聘享、三军之事"。

【君行……事焉】⬚正 ⬚补 国君亲自出行,则由师级官员跟随;卿官出行,则由旅级官员跟随,［无论是哪种情况,］臣下都是不在随行官员之列的。杜注认为,此处之"师"指二千五百人的军队,"旅"指五百人的军队,用以防备不测。杜预应该是看到上面的"君以军行",因而由此解说。笔者认为,此处之"师""旅"应该是指师级、旅级官员,参见成十八·三·一"官不易方,爵不逾德,师不陵正,旅不逼师",襄十·八"官之师旅,不胜其富",襄十四·一·二·二"今官之师旅,无乃实有所阙",襄二十五·一·八"百官之正长、师旅",文十五·二"宋华耦来盟,其官皆从之"。会朝之事的确是要带军队以备不测,但是,祝佗在此处论说的要点是,在率军出征和参加朝会两种情况下各需要什么样的官员随行:率军出征,则太祝需要随着国社出行;参加朝会,则只需师级、旅级官员随行即可,太祝不动。

公曰:"［子］行也!"

及皋鼬,将长蔡于卫。

○⬚正 ⬚补 本次会于召陵,而盟于皋鼬。晋人想让蔡君在卫君之前歃血。

卫侯卫灵公使祝佗私于苌 cháng 弘曰:"闻诸(之于)道路,不知信否:若闻蔡将先卫,信乎?"

苌弘曰:"信。蔡叔蔡叔度,康叔康叔封之兄也。［蔡］先卫,不亦可乎?"

【蔡叔】⬚杨 蔡始封君。

【康叔】杨卫始封君。

○杨盟誓以始祖长幼为序，应为借口。一则蔡本从楚，今改从晋，晋欲笼络之；二则蔡请伐楚，而晋推辞，因而希望略加安抚，这可能是使蔡先于卫歃血的真实理由。

子鱼曰：

"以先王观之，则尚德也。

【尚德】杨 补崇尚德行[而不崇尚兄弟排行]。

"昔武王周武王克商，成王周成王定之，选建明德，以蕃(藩)屏 bǐng 周。故周公周公旦相 xiàng 王室，以尹天下，[天下]于周为睦。

【选建明德，以蕃屏周】杨 补选择建立明德之人[作为诸侯]，作为周王室的藩篱屏障。见僖二十四·二·二·一、昭九·二·二、昭二十六·八·四·一。

【尹】杨治。

【于周为睦】正 补[诸侯]也与周王室和睦相处。

"分鲁公鲁伯禽以大路、大旂 qí、夏后氏之璜 huáng、封父 fǔ 之繁弱、殷民六族——条氏、徐氏、萧氏、索氏、长勺氏、尾勺氏。使[鲁公]帅其宗氏，辑其分族，将 jiàng 其类丑，以法则周公，用即命于周，是使之鲁伯禽职事于鲁，以昭周公之明德。分之鲁伯禽土田陪敦、祝、宗、卜、史、备物、典策、官司、彝器，因商奄之民，命以《伯禽》，而封于少皞 hào 之虚(墟)。

【大路】正 补见桓元—桓二·三·二。此处应该是金路，用来赏赐同姓诸侯。

【大旂】正 杨大路车上所树旗帜，上画交龙。

【夏后氏】补夏朝王室。后，君。【璜】补见桓元·一·春秋。

【封父】正杨补夏、商时国，姜姓，始封君为炎帝之后。至周失国，子孙为齐大夫。在河南封丘。参见《图集》13—14③9、17—18②5。

【繁弱】杨古良弓名。

【殷民六族】补鲁都曾经是商朝重要方国奄的核心区域，还曾是商朝国都，西周初年分封之时，当地居民皆为殷商遗民。“殷民六族”应即殷商遗民中的六个大族。

【使帅……明德】补使伯禽率领其直系后裔，集合这些直系后裔所衍生出的家族，带领附属于伯禽家族和其他分族的民众，以［他的父亲］周公作为效法的榜样，从而听取周王室的命令，［命令内容］是使他前往鲁承担职事，以昭明周公的明德。【宗氏】补鲁伯禽宗族中与其同氏之人，即鲁伯禽直系后裔。【辑】杨集。【分族】补鲁伯禽直系后裔为族长的各个家族。【类丑】杨补近义词连用，指附属于鲁伯禽直系后裔及各分族的民众、奴隶等。【用】杨因。【即】正就。

【土田陪敦】杨补即《毛诗·鲁颂·閟宫》“乃命鲁公，俾侯于东，锡之山川，土田附庸”的“土田附庸”，指土田及附属于土田的民众。【祝】正补太祝，见昭十七·二。【宗】正补即宗人，参见文二·五·一。【卜】正杨太卜，卜人总长。【史】正补太史，见文十八·三·二。【备物】杨即服物，指所服所佩之物，及所用礼仪。【典策】杨典籍、简策。【彝器】补见襄十九·一·六。

【商奄】杨补即奄，见昭元·一·四·三。

【少皞之虚】正补少皞称帝后所居旧地，在山东曲阜一带，参见隐元·〇“鲁”。少皞在穷桑登帝位，参见昭二十九·四·二“遂济穷桑”。

“分康叔康叔封以大路、少帛、綪 qiàn 茷 pèi(旆)、旃 zhān 旌、大吕、殷民七族——陶氏、施氏、繁 pó 氏、锜 yǐ 氏、樊氏、饥氏、终葵氏。封畛 zhěn 土略，自武父以南，及圃田之北竟(境)，取于有阎之土以共(供)王职，取于相土之东都以会王之东蒐 sōu。聃 nán

季_{聃季载}授土，陶叔_{曹叔振铎}授民，命以《康诰》，而封于殷虚(墟)。

【少帛】杨即小白，旗名。

【绛茷】正杨大赤色的旗帜。

【旃旌】正杨补旃，帛制而无装饰的旗帜。旌见桓十六—桓十七·一·一。

【大吕】正补钟名，音律符合古律制中的"大吕"。古音律参见昭二十·八·三。

【殷民七族】补西周卫都沫即商纣之行都朝歌，是商朝核心区域，居民皆为殷商遗民。"殷民七族"即殷商遗民中的七个大族。

【封畛土略】正补土地封疆。畛、略，都是边界的意思。

【武父】正补卫始封时北境。

【圃田】正杨补即原圃泽，见僖三十二—僖三十三·五，其北部边界为卫始封时南境。

【取于……王职】正杨补[卫]取得了有阎的土地以供应王室的职责。有阎即阎，见昭九·二·一。周王室将有阎之地赐予康叔封，作为康叔封前往东都雒邑朝见周王时的朝宿邑。

【取于……东蒐】正杨补[卫]取得了相土的东都以协助天子在东方阅兵讲武。相土为殷商祖先，其东都在今河南濮阳。周王室将相土之东都赐予康叔封，作为其会同周王在东方阅兵讲武时助祭泰山的汤沐邑。

【聃季】正补聃季载。姬姓，名载，排行季。周文王(僖五·八·一)之子，周武王(桓元—桓二·三·二)、管叔鲜(襄二十一·五·四·三)、周公旦(隐八·二)、蔡叔度(襄二十一·五·四·三)、曹叔振铎(僖二十七—僖二十八·二十六·二)、成叔武、霍叔处、康叔封(僖三十一·五·二)同母弟，太姒(定六·二·一)所生。聃(见僖二十四·二·二·一)始封君，曾兼任周司空。

【陶叔】正杨即曹叔振铎，周司徒，因封地靠近定陶，故称"陶叔"。

【《康诰》】补可能包括今本《尚书·周书》的《康诰》《酒诰》《梓材》三篇。

【殷虚】补这里是广义"殷墟"。狭义"殷墟"是指商朝后期都邑,在今河南安阳殷都区小屯村已发现其遗址(详见下)。广义"殷墟"是指商朝后期都城所在地区,不但包括狭义"殷墟",也包括商朝末期的陪都朝歌(亦即卫都城沫)。

○补**殷墟遗址**:殷墟位于安阳市西北郊,横跨洹河南北两岸,是商朝自盘庚迁殷后的都邑。殷墟总体布局严整,以小屯村殷墟宫殿宗庙遗址为中心,沿洹河两岸呈环形分布。现存遗迹主要包括宫殿宗庙遗址、王陵遗址、洹北商城、后冈遗址以及聚落遗址、家族墓地群、甲骨窖穴、铸铜遗址、手工作坊等。在遗址外围没有发现城墙。

"[鲁、卫]皆启以商政,疆以周索。

○正杨补[鲁、卫]开始都沿用商朝制度来处理政事,而按周朝制度来规制疆土。启,开。索,法。鲁、卫皆为周王室宗亲封国,而又都位于商朝都城故地,因而有此安排。《康诰》中"往敷求于殷先哲王,用保乂民"及"汝陈时臬事,罚蔽殷彝,用其义刑义杀"等句,皆可证卫始封时用商朝政制。

"分唐叔唐叔虞以大路、密须之鼓、阙què巩、沽gū洗、怀姓九宗、职官五正。命以《唐诰》,而封于夏虚(墟)。[晋]启以夏政,疆以戎索。

【密须之鼓】补见昭十五·八·二。
【阙巩】正补阙巩之甲,见昭十五·八·二。
【沽洗】正补钟名,音律符合古律制中的"姑洗"。
【怀姓九宗】正杨补晋国封地原来是古唐国(参见昭元·六·一·一)。古唐国宗室为唐尧之后,为祁姓;其国人中有一部分来源于周边族群,其中"怀姓九宗"就是源自怀姓共同祖先的九个宗族。

西周建立后,这九个宗族作为唐遗民被分封给晋公室,成为晋贵族体系的一部分。怀姓渊源详见下文。

【职官五正】 正 五官之长。

【夏虚】 补 夏朝都邑所在地区,在今山西西南部,参见隐五·二"晋"。

【启以夏政,疆以戎索】 正 杨 补 ［晋］沿用夏朝制度来处理政事,而按戎狄制度来规制疆土。晋据有夏朝都城故地,又与戎狄为邻,故有此安排。晋历法用夏正,《左传》中多有例证,即可证晋沿用夏朝制度。

○ 杨 补 怀姓九宗的"怀",即"隈"(传世文献)、"媿"(金文资料)的近音借字,此姓其实是"鬼"姓,源于鬼族,是在传说时代就已经出现的古老部族。到商代时,鬼族人建立的鬼方是重要方国之一,地望应该在山西南部,与古唐国毗邻。鬼方与商王室时战时和,武丁曾率师讨伐鬼方。而在商纣时,鬼侯(一作九侯,鬼方君主)与西伯昌(周国君主,即周文王)、鄂侯(鄂国君主)同为商王朝三公。到了商朝末年,鬼方不复存在,鬼族人分化为两大部分。一部分鬼族人臣服于周朝,成为华夏化族群,他们中有的成为晋国贵族体系的一部分,比如上文所述的怀姓九宗。金文中的倗氏、复氏、斁氏、宝氏都是媿姓,而且在晋国核心区域绛县西部的横水镇发现了倗氏/倗国墓地。有学者认为它们就是怀姓九宗中的四个宗族,也有学者认为它们是独立于怀姓九宗的族群。另一部分鬼族人游离于周朝之外,成为戎狄化族群,比如分布在晋国以东的隗姓赤狄(宣三·六·春秋)。

"三者皆叔也,而有令德,故昭之以分 fēn 物。不然,文 周文王、武 周武王、成 周成王、康 周康王 之伯犹多,而不获是分 fēn 也,唯不尚年也。

【三者皆叔也】 杨 补 三人(周公旦、康叔封、唐叔虞)都排行叔。其中,周公旦、康叔封为周武王之弟,唐叔虞为周成王之弟。此前称鲁公伯禽,而此处又提及其父周公旦,是由于周王室本来封周公旦于鲁,然而周公旦留佐王室不就封,而使其长子伯禽就封。故鲁始封君庙(太庙)为周公旦庙,而非鲁伯禽庙。

【令德】补善德。令,善。

【文、武……犹多】正杨四王之子中排行长于三叔的还很多。

"管管叔鲜、蔡蔡叔度启商,惎 jì 间(干)王室,王周成王于是乎杀管叔而蔡(粲)蔡叔蔡叔度,以车七乘 shèng、徒七十人[与蔡叔]。其子蔡仲蔡仲胡改行帅(率)德,周公周公旦举之,以为己卿士,见(现)诸(之于)王,而命之以蔡。其命书云:'王曰:"胡蔡仲胡!无若尔考蔡叔度之违王命也!"'若之何其使蔡先卫也?

【管、蔡……蔡叔】正杨补管叔鲜、蔡叔度叛乱之事参见襄二十一·五·四·三。惎,毒。间,犯。蔡,流放。

【蔡仲】正补蔡仲胡。姬姓,名胡,排行仲。蔡叔度之子。

【帅】杨循。

【以为己卿士】正杨补作为自己属下的卿大夫。此处"卿士"为周王室卿大夫通称,而非隐三·四·一的"卿士",彼处为周王室执政之意。

【尔考】补你父亲。

"武王之母弟八人,周公为大(太)宰,康叔为司寇,珊(聃)季为司空。五叔无官,岂尚年哉!曹,文之昭也;晋,武之穆也。曹为伯甸,非尚年也。今将尚之,是反先王也。

【大宰】补见僖八—僖九·春秋。

【司寇】补见庄十九—庄二十—庄二十一·六。

【司空】补周外朝官。其职掌为平治水土、工程营造之类。

【五叔无官】正杨补[管叔鲜、蔡叔度、成叔武、曹叔振铎、霍叔处]

五位王叔[前往封国,而]不在周王室担任官职。

【曹,文……穆也】 正 补 曹叔振铎为周文王之子,唐叔虞为周武王之子。昭、穆见《知识准备》"宗庙"。

【曹为伯甸,非尚年也】 正 补 曹[叔振铎(曹始封君)比唐叔虞(晋始封君)年长且辈分高,却]被封为伯爵(比晋侯爵低)而在甸服(与晋相同),[表明分封并]不尊崇年龄。甸服参见桓二—桓三·二·二。

"晋文公为践土之盟,卫成公不在,夷叔,其母弟也,犹先蔡。其载书云:'王周襄王若曰:晋重 chóng,晋文公、鲁申鲁僖公、卫武夷叔、蔡甲午蔡庄公、郑捷郑文公、齐潘齐昭公、宋王臣宋成公、莒 jǔ 期莒兹丕公。'藏在周府,可覆视也。

【晋文公为践土之盟】 补 见僖二十七—僖二十八。

【载书】 补 见僖二十五—僖二十六·四·二。

【周府】 补 周王室之府,内藏包括诸侯盟约副本。

"吾子苌弘欲复文、武之略,而不正其德,将如之何?"

【略】 正 道。

苌弘说(悦),告刘子刘文公,与范献子谋之,乃长 zhǎng 卫侯卫灵公于盟。

【乃长卫侯于盟】 补 于是让卫灵公在盟誓上先歃血。

【五·五】反(返)自召陵,郑子大(太)叔游吉未至而卒。晋赵简子为之临 lín,甚哀,曰:"黄父之会,夫子游吉语 yù 我九言,曰'无始乱,无怙 hù 富,无恃宠,无违同,无敖(傲)礼,无骄能,无复怒,无谋非德,无犯非义'。"

【临】 补 吊丧哭泣。

【黄父之会】 正 见昭二十五·二。

【无始……非义】 正 杨 补 不要发动祸乱，不要凭借财富，不要仗恃宠信，不要违背共同[的意愿]，不要傲视有礼[的人]，不要为[自己有]才能而骄傲，不要[为同一件事]重复愤怒，不要谋划不合道德[的事]，不要触犯不合正义[的事]。

【六】沈人不会于召陵，晋人使蔡伐之。夏，蔡灭沈。秋，楚为沈故，围蔡。

【七】伍员 yún 为吴行人以谋楚。楚之杀郤宛也，伯氏之族出。伯州犁 lí 之孙嚭 pǐ，伯嚭为吴大(太)宰以谋楚。楚自昭王楚昭王即位，无岁不有吴师。蔡侯蔡昭公因之，以其子乾 qián，公子乾与其大夫之子为质于吴。

【行人】见成七·六·三。

【楚之……族出】 正 补 楚杀郤宛之事见昭二十七·二。成十五年晋三郤杀伯宗（《国语》则认为伯宗为诸大夫所杀），伯氏余族奔楚。成十七年晋厉公杀三郤，郤氏余族奔楚。笔者认为，先后出奔到楚后，郤氏、伯氏捐弃前怨（如果确有前怨的话），并与其他一些从晋逃出的人（比如晋陈）结党。昭二十七年郤宛、晋陈被杀，其党羽伯氏遂由楚出奔吴。

【嚭】 补 伯嚭。姬姓，伯氏，名嚭，字余。伯州犁（成十五·七·一·一）之孙。吴太宰（继伍员）。昭二十七年后由楚出奔吴。哀二十二年被越王勾践所杀（据《史记·吴太伯世家》）。据《墨子·所染》，"吴夫差染于王孙雒、太宰嚭"，可知伯嚭是吴王夫差最重要的两位辅臣之一。

【大宰】 补 吴内朝官。

○ 补 **传世文献对读**：《公羊传·定公四年》叙伍子胥为吴谋楚之事，为《左传》所不载，可扫码阅读。

【八】冬，蔡侯_{蔡昭公}、吴子_{吴王阖庐}、唐侯_{唐成公}伐楚，舍 shè 舟于淮
汭 ruì，自豫章与楚夹汉［而军］。

【淮汭】补疑为汝水入淮水处，在蔡附近。淮水见桓八・二・二。

【豫章】补见昭六・十・一。

【汉】补见桓六・二・二。

○正补此次伐楚，三国联军集结和行军经过可能如下：吴师自淮
水逆流向西行至汝水入淮水处，舍舟登岸，与附近的蔡师以及穿越桐
柏山而来的唐师会合后，一同在豫章地区内向东南行进至大别山北
麓，然后从大隧、直辕、冥阨之一穿过大别山南下至江汉平原，再向东
进军到达汉水边，与楚师隔汉水对峙。吴、楚对峙的地段，应在汉水
下游、下文所述的小别山附近。相关地理形势请见定地形示意图 1，
可扫码阅读。

左司马戌谓子常_{囊瓦}曰：“子沿汉而与之上下；我悉方城外以
毁其舟，还塞大隧、直辕、冥阨。子济汉而伐之，我自后击之，
必大败之。”既谋而行。

【左司马】补见襄十五・三・一。

【方城】补见僖三—僖四・六。

【大隧、直辕、冥阨】正杨补楚隘道名，是今河南信阳以南大别山
脉中的三条南北走向的隘道，对应后来的“义阳三关”（信阳旧称义
阳）。大隧在东，后来建有九里关，在今河南信阳罗山县铁铺镇九里
村。直辕在中，后来建有武胜关，在信阳市浉河区李家寨镇武胜关
村。冥阨在西，后来建有平靖关，在信阳市浉河区谭家河乡南湾村。
楚地。参见《图集》29—30⑤5 至⑤6。三隘道地理形势参见定地形
示意图 1，可扫码阅读。

○正补左司马戌提出的楚军战略是：一方面，囊瓦率楚军沿汉水
与吴联军上下周旋，使吴联军不能向西渡过汉水；另一方面，左司马
戌带领方城外的全部楚军毁掉吴联军留在淮水边上的船只，使吴联
军不能从水路逃走。然后左司马戌率师向西南，堵住大隧、直辕、冥

厄三条隘道,使吴联军不能从陆路逃走。左司马戍到位之后,囊瓦率楚军渡过汉水攻击吴联军,此时,囊瓦军在吴联军之前,而位于大隧/直辕/冥厄的左司马戍军在吴联军之后,前后夹击大败吴联军。相关地理形势请见定地形示意图 1,可扫码阅读。

【九】**武城黑**谓**子常**曰:"吴用木也,我用革也,不可久也,不如速战。"

【**武城黑**】正 补 楚武城大夫。名黑。【**武城**】补 见僖六—僖七·三。

【**吴用……久也**】杨 吴兵车纯用木制作,而楚兵车外面蒙有皮革,须加胶筋。胶筋遇雨水则解散,故曰"不可久"。

史皇谓**子常**:"楚人恶 wù 子而好 hào 司马左司马戍。若司马毁吴舟于淮,塞城口而入,是独克吴也。子必速战,不然,不免[于难]。"

【**史皇**】正 楚大夫。
【**城口**】正 三隘道总称。

[子常]乃济汉而陈,自小别至于大别三战。**子常**囊瓦知不可,欲奔。**史皇**曰:"[子]安求其事,难 nàn 而逃之,将何所入? 子必死之,初罪必尽说(脱)。"

【**乃济汉而陈**】补 于是[囊瓦违背了与左司马戍的约定,]渡过汉水摆开军阵[,想要与吴联军速战速决]。
【**小别**】杨 补 山名,有多种说法,杨注认为应在今河南光山、湖北黄冈之间。在此基础上,笔者认为大崎山说最为合理,本书示意图依此标注。大崎山位于今湖北团风东北,光山、黄冈之间,大别山南麓。【**大别**】杨 补 山名,是今大别山脉一部分,大别山脉位于湖北、河南、安徽三省交界处,西北—东南走向。楚地。参见《图集》

29—30⑤7。

【子常知不可，欲奔】正 补 囊瓦意识到吴师不可［战胜］，准备要奔逃。

【安求其事】正 补 （国家）平安时，您争着当权。

【说】补 解脱，免除。

[十] 十一月庚午十八日，二师陈于柏举。阖庐吴王阖庐之弟夫概王晨王子晨请于阖庐曰：“楚瓦囊瓦不仁，其臣莫有死志。［我］先伐之，其卒必奔。而后大师继之，必克。”［阖庐］弗许。夫概王王子晨曰：“所谓‘臣义而行，不待命’者，其此之谓也。今日我死，楚可入也。”［夫概王］以其属五千，先击子常囊瓦之卒。子常之卒奔，楚师乱，吴师大败之。子常奔郑，史皇以其乘shèng 广guàng 死。

【夫概王晨】补 王子晨。吴王子，姬姓，名晨（据清华简二《系年》）。后自立为夫概王。吴王夷末（襄二十九·九·春秋）之子，吴王阖庐（昭十七·六·三）之弟。定五年自立为王，事败奔楚，封于棠溪。此时仍为王子，而《左传》所采用材料统一用其称王之后的称谓“夫概王”。

【乘广】杨 补 见宣十二·一·十一。此处为囊瓦所乘战车。

[十一] 吴从楚师，及清发，将击之。夫概王曰：“困兽犹斗，况人乎？若［楚人］知不免［于难］而致死［于我］，必败我。若使［楚人之］先济者知免［于难］，后者慕之，蔑有斗心矣。［楚人］半济而后可击也。”［阖庐］从之，又败之。

【清发】正 杨 补 水名，今名府河，又名涢水，源出今湖北随州大洪山北麓，由南向北流至随州涢潭镇折向东南流，经随州、广水、安陆、孝感、武汉，至武汉谌家矶汇入长江。春秋时清发水参见《图集》29—30⑤4 至⑥5。

【蔑】补 无。

【十二】楚人为食，吴人及之，[楚人]奔。[吴人]食而从之，败诸（之于）雍澨 shì。

【食而从之】杨 [吴人]吃完[楚人所做饭食，]又继续追击楚师。

【雍澨】杨 补 在湖北京山西南。参见《图集》29—30⑥4。

【十三】五战，[吴师]及郢。己卯十一月二十七日，楚子楚昭王取其妹季芈 mǐ 畀 bì 我以出，涉雎 jū。鍼（箴）尹固蒍固与王楚昭王同舟，王使[鍼尹固]执燧象以奔吴师。

【郢】补 据清华简一《楚居》，则此时郢都是为郢。

【季芈畀我】杨 补 楚王室女。芈姓，名畀我，排行季。楚平王（昭元·一·三）之女，楚昭王（昭二十六·七·二）之妹。定四年随楚昭王出奔，定五年归于楚都，遂为钟建之妻。

【涉雎】正 补 楚昭王从为郢出逃，渡过雎水。【雎】正 杨 补 水名，传统说法认为即今沮河，源出湖北保康西南部欧店王家大岩，由西北向东南流经保康县、南漳县、远安县、当阳市，在当阳市两河口镇与漳河汇合，以下称沮漳河，流经枝江市、荆州市，在荆州市李埠镇临江寺入长江。参见《图集》29—30⑤3 至⑥3。有学者认为，雎水应是今蛮河，即定地理示意图 5"雎水?"。详见桓十二—桓十三·二·二。本书示意图"雎水"采用传统说法，同时标出"雎水?"提醒读者注意。

【鍼尹固】补 蒍固。芈姓，蒍氏，名固。楚大夫，定四年已为鍼尹。定四年随楚昭王出奔，定五年归于楚都。哀十八年前已为工尹。【鍼尹】杨 补 即箴尹，见宣四·五·五·二。

【王使执燧象以奔吴师】正 杨 补 楚昭王使[蒍固]驱赶尾巴上绑了火把的大象冲击吴师。执，胁迫。

【十四】"庚辰，吴入郢"，以班处宫。子山处令尹之宫，夫概王欲攻之。[子山]惧而去之，夫概王入之。

【以班处宫】正补按尊卑班次，入住[楚王及卿大夫的]宫室。

【子山】正补姬姓，字山。吴王阖庐(昭十七·六·三)之子。

【令尹】见庄四·二·二。

【惧而去之】补[子山因为]害怕而离开了令尹之宫。

○补**传世文献对读**：据《穀梁传》，则吴人攻入楚都后，"坏宗庙，
徙陈器，挞平王之墓"。"昭王之军败而逃，父老送之，曰：'寡人
不肖，亡先君之邑。父老反矣，何忧无君？寡人且用此入海矣！'
父老曰：'有君如此其贤也！'""[吴]君居其君之寝而妻其君之
妻，[吴]大夫居其大夫之寝而妻其大夫之妻。"据《史记·吴太伯
世家》，则吴入郢之后，"子胥、伯嚭鞭平王之尸以报父仇"。

【十五·一】左司马戌及息而还，败吴师于雍澨，伤，——初，司
马左司马戌臣阖庐吴王阖庐，故耻为禽(擒)焉——谓其臣曰："谁能
免吾首？"吴句 gōu 卑曰："臣贱，可乎？"司马曰："我实失子，
可哉！"

【息】补见隐十一·四·一。

【初，司马臣阖庐】正补当初，左司马戌曾经做过吴王阖庐(或王子
光)的臣下。

【谁能免吾首】杨补谁能让我的首级免于[落入吴人之手]？

【吴句卑】杨补吴人，名句卑，此时已至楚。左司马戌属官。

【我实失子】正补我过去竟然埋没了您。

【十五·二】三战[司马]皆伤，曰："吾不可用也已。"句卑布裳 cháng，
刭 jǐng[司马之首]而裹之，藏其身，而以其首免。

【布裳】补摊开下裳。裳见桓元—桓二·三·二。

【刭】正补用刀割颈。杜注认为当时左司马戌已死，句卑从尸体上
割下头颅。

【十六】楚子_{楚昭王}涉雎 jū，济江，入于云中。王_{楚昭王}寝，盗攻之，以戈击王，王孙由于以背受之，中肩。

【楚子……云中】 正 补 楚昭王渡过雎水，渡过江，进入云梦泽之中。本句所涉及地理背景分析详见下。

【王孙由于】 杨 补 姬姓，吴氏，名由于。吴王孙，此时已至楚为大夫。定四年随楚昭王出奔。定五年归于楚都。哀十八年前任寝尹。

○ 补 如果楚郢都、雎水、江水、云梦泽都在定地理示意图 5 所标处，那楚昭王逃亡路线为：从楚郢都出发，先向西北逃窜，渡过雎水（可能要先渡过漳水），再向南逃窜，渡过江水，进入云梦泽在江水以南的部分，也就是所谓的"江南之梦"。如果真是这样，那么楚昭王后来需要再次从南到北渡过江水、汉水，还要从西南向东北横穿几乎整个云梦泽，才能到达郢，很不合事理。

有学者认为，此处之楚郢都在定地理示意图 5"楚?"（参见桓二·三"春秋时期楚郢都地望"），此处之雎水实为定地理示意图 5"雎水?"（参见定三—定四·十三"雎"），此处之江实为定地理示意图 5"汉水"（参见文十·二·二"江"），而此处之云梦泽位于定地理示意图 5"汉水"和"清发水"之间（参见宣四·五·五·一"梦"）。若如此，则楚昭王逃亡路线为：从楚郢都（定地理示意图 5"楚?"）出发，从北到南渡过雎水（定地理示意图 5"雎水?"），再由西向东渡过江（定地理示意图 5"汉水"），进入云梦泽（定地理示意图 5"汉水""清发水"之间），然后再向东进入郢，更加合于事理。

【十七·一】王_{楚昭王}奔郧 yún，钟建负季芈 mǐ，季芈畀我以从。由于_{王孙由于}徐苏而从。

【郧】 补 见桓十一·二。此时为楚县。

【钟建】 正 杨 补 钟氏,名建。钟仪(成七·五·一)之后。楚大夫。定四年随楚昭王出奔。定五年归于楚都,任乐尹。【负】 补 背负。

【苏】 杨 死而复生,苏醒。

【十七·二】郧公辛斗辛之弟怀斗怀将弑王楚昭王,曰:"平王楚平王杀吾父斗成然,我杀其子楚昭王,不亦可乎?"

【怀】 补 斗怀。芈姓,斗氏(若敖氏大宗),名怀。斗成然(昭十三·二·一)之子,斗辛(昭十四·七)之弟。

【平王杀吾父】 正 参见昭十四·七。

辛斗辛曰:"君讨臣,谁敢仇之?君命,天也。若死天命,将谁仇?诗曰'柔亦不茹,刚亦不吐。不侮矜(鳏)寡,不畏强御',唯仁者能之。违强陵弱,非勇也;乘人之约,非仁也;灭宗废祀,非孝也;动无令名,非知(智)也。必犯是,余将杀女(汝)!"

【讨】 补 下引《国语·楚语下》言"下虐上为弑,上虐下为讨",可见此处之"讨"不是"声讨"而已,而是指"诛杀"。

【柔亦……强御】 正 补 《毛诗·大雅·烝民》有此句,可译为"软的不吞,硬的不吐。不欺负鳏寡,不畏惧强暴"。茹,食。

【违强陵弱】 杨 补 回避强势,欺凌弱小。"强"指杀斗成然时的楚平王,"弱"指此刻落难时的楚昭王。违,回避。

【约】 杨 困境,指楚昭王此时所处境地。

【灭宗废祀】 正 补 毁灭宗族,废弃宗祀。斗辛意谓,楚局势安定后,将清算斗怀弑君之罪,则斗氏将有灭宗废祀之难。

【令名】 补 好名声。令,善。

○ 补 传世文献对读:《国语·楚语下》载郧公辛之言,与《左传》不同,可扫码阅读。

【十八·一】斗辛与其弟巢_{斗巢}以王_{楚昭王}奔随。吴人从之，谓随人曰："周之子孙在汉川者，楚实尽之。天诱其衷，致罚于楚，而君又窜之。周室何罪？君若顾报周室，施_{yì}及寡人_{吴王阖庐}，以奖天衷，君之惠也。汉阳之田，君实有之。"

【斗辛……奔随】補 据上引《国语·楚语下》，则斗辛劝说之后，斗怀仍然坚持要杀楚昭王，而这就可以解释为什么斗辛是和斗巢，而不是和斗怀一起带领楚昭王奔随。【巢】補 斗巢。芈姓，斗氏（若敖氏大宗），名巢。斗成然之子，斗辛之弟。定四年随楚昭王出奔。

【周之……尽之】楊 補 分布在汉水流域的周王室后代姬姓诸国，都是楚灭掉的。吴、随同为周王室之后，随还曾经是汉水流域姬姓诸侯的领袖，所以吴人提及此事以求打动随人。参见僖二十七—僖二十八·十四·二"汉阳诸姬，楚实尽之"，以及桓六·二·二"汉东之国，随为大"。

【天诱……窜之】正 補 老天开眼，给楚送上惩罚，而贵国君主又藏匿楚王。"天诱其衷"详见下，又参见僖二十七—僖二十八·二十三·二。窜，匿。

【施】補 延。

【奖】正 補 助。【天衷】補 上天的本心。详见下讨论。

【汉阳之田】補 汉水以北土田。随在汉水以北，故吴人许以汉阳之田。

○補 "天诱其衷"是《左传》中常见的春秋时人用语，"天"指上天，"诱"指引导，"衷"指本心，然而"其"是指上天自己，还是指事件中自称是按天意行事的一方，则有疑问。如果仔细分析上文的"天诱其衷，致罚于楚"，"其"若不指代上天自己的话，就要么是指代"周之子孙在汉川者"，要么指代"楚"。然而如果"其"指代"周之子孙在汉川者"，这些国家已经遭遇"楚实尽之"的劫难，不可能再"致罚于楚"；如果"其"指代"楚"，楚不可能"致罚于楚"，因此这个"其"只能指代上天自己。此外，本段的"以奖天衷"也表明，此"衷"是指上天的本心，而不是世人的本心。

【十八·二】 **楚子**楚昭王**在公宫之北,吴人在其南。子期**王子结**似王,逃王,而己为王,**曰:"以我与之,王必免。"随人卜与之,不吉,乃辞吴曰:"以随之辟(僻)小,而密迩于楚,楚实存之。世有盟誓,至于今未改。若[楚]难 nàn 而弃之,何以事君吴王阖庐? 执事之患不唯一人。[执事]若鸠楚竟(境),[随]敢不听命?"吴人乃退。

【子期】 正 补 王子结。芈姓,名结,字期。楚平王庶子,王子申(昭二十六·七·二)之弟。楚大夫,任司马。哀十六年被王孙胜所杀。

【逃王,而己为王】 杨 补 [王子结]让楚昭王逃走,然后自己[穿上楚昭王的服饰]假扮楚王。

【密迩】 补 紧邻。

【若鸠楚竟】 正 补 如果安集楚边境[内的民众]。鸠,安集。

【十八·三】 **鑢** lú **金初宦于子期氏,实与随人要言。王使见。**[鑢金]**辞,**曰:"不敢以约为利。"**王割子期之心,以与随人盟。**

【鑢金……要言】 正 补 鑢金起初为王子结家臣,曾[根据其主公王子结的命令,]与随人约定[以王子结替换楚昭王,而使楚昭王得以脱身]。

【王使见】 正 补 [在吴人退走之后,]楚昭王[想要]使[鑢金来]见面。楚昭王的目的可能是想提拔鑢金为王臣,让他代表自己再次出面与随人盟誓,同时很可能对鑢金有所褒奖和赏赐。

【不敢以约为利】 杨 不敢凭借[楚王身处]困境而谋求私利。

【王割……人盟】 正 杨 楚昭王割破王子结心前胸上的皮肉[取血以表示至诚],与随人盟誓。参见庄三十二·四·一孟任割臂盟公之事。

○补 **出土文献对读:**随州文峰塔一号墓出土曾侯与编钟铭文中记载,"吴恃其众庶,行乱,西征、南伐,乃加于楚。荆邦既扁,而天命将误。有严曾侯,业业厥圣,亲搏武功。楚命是静,复奠楚王"。曾、随很可能是一国两名,参见隐五·二。学者认为这段铭文所描述的正是定四年吴破楚之后随国救助楚王之事。

【十九·一】初，伍员 yún 与申包胥友。其亡也，谓申包胥曰："我必复（覆）楚国。"申包胥曰："勉之！子能复（覆）之，我必能兴之。"

【申包胥】｜正｜｜补｜姜姓，申氏，名包胥。

【其亡也】｜补｜伍员奔吴之事见昭二十·三。

【复】｜补｜颠覆。

【十九·二】及昭王楚昭王在随，申包胥如秦乞师，曰："吴为封豕 shǐ、长蛇，以荐食上国，虐始于楚。寡君楚昭王失守社稷，越在草莽，使下臣告急，曰：'夷德无厌，若邻于君秦哀公，疆埸 yì 之患也。逮吴之未定，君其取分 fèn 焉。若楚之遂亡，君之土也。若以君灵抚之，［楚］世以事君。'"

【封豕】｜补｜大猪。杜甫《奉送郭中丞兼太仆卿充陇右节度使三十韵》"燕蓟奔封豕"典出于此。

【荐食】｜正｜｜补｜一再吞食。荐，数。

【越】｜补｜逸，逃亡。

【夷德……患也】｜正｜｜补｜夷人（指吴人）本性难以满足，如果［任其灭楚而］成为君主的邻国，［将使君主有］边境之患。疆埸，边境。【君】｜补｜秦哀公。嬴姓，谥哀，清华简二《系年》作"秦翼公"，疑双谥哀、翼，不同文献缩写不同。秦景公之子。昭六年即位，在位三十六年。定九年卒。

【逮吴……分焉】｜正｜｜补｜趁着吴还没有完全平定［楚］，请国君取得［楚的］一份。

【灵】｜补｜福。【抚】｜正｜存恤。

秦伯秦哀公使辞焉，曰："寡人闻命矣。子姑就馆，［寡人］将图而告［子］。"

【将图而告】｜杨｜｜补｜［寡人］将［与群臣］谋划后再［将决定］告诉［您］。

[申包胥]对曰:"寡君越在草莽,未获所伏,下臣何敢即安?"

【伏】正 杨 居处。

【即安】杨 补 前往安逸[的馆舍居住]。即,就。

[申包胥]立,依于庭墙而哭,日夜不绝声,勺饮不入口七日。秦哀公为之赋《无衣》。[申包胥]九顿首而坐。秦师乃出。

【秦哀……无衣】正 补《毛诗·秦风》有《无衣》。杜注认为,秦哀公取"王于兴师,修我戈矛,与子同仇",表示秦将出兵救楚。秦哀公既是被申包胥的个人行为所感动,也是通过申包胥的个例意识到,楚仍有忠良之臣,气数未尽。

【九顿首】正 杨 补 当时本无九顿首之礼,申包胥求救心切,见秦哀公肯出师,故感激不尽至于九顿首。杜注认为,《无衣》共三章,申包胥每章三顿首。顿首参见僖五·二·二·一。

○正 下启定五年申包胥以秦师救楚(定五·五)。

○补 传世文献对读:《毛诗·秦风·无衣》的原文,可扫码阅读。

○补 传世文献对读:《战国策·楚策》载莫敖子华对申包胥(棼冒勃苏)的评述,其中叙其赴秦乞师之事与《左传》不同,可扫码阅读。

○补 李白《奔亡道中五首》"申包惟恸哭,七日鬓毛斑"、杜甫《秦州见敕目薛三璩授司议郎毕四曜除监察与二子有故远喜迁官》"俱议哭秦庭"典出于此。

定公五年·一

地理 周 2、楚见定地理示意图 1。

人物 王子朝(昭二十二·四·一)

春秋 五年,春,王三月辛亥朔初一,日有食之。

【朔】 补 见桓三·五·春秋。

【日有食之】 补 见隐三·一·春秋。

○ 正 此条《春秋》无对应《左传》。

左传 五年,春,王人杀子朝王子朝于楚。

○ 正 补 昭二十六年王子朝及其党羽奉周之典籍出奔楚。此时楚大部为吴所占据,王子朝很可能已被吴人控制。吴一则为周后裔,二则欲为霸主,故允许其至协助周人至楚杀王子朝。

定公五年·二

地理 鲁、蔡见定地理示意图 1。

春秋 夏,[我]归(馈)粟于蔡。

【粟】 补 见僖十三·二,此处不能确定是狭义还是广义。

○ 正 定四年楚围蔡,蔡可能因此缺粮,故鲁馈之粟。

左传 "夏,归粟于蔡",以周亟 jí,矜[蔡]无资。

【周亟】 正 杨 周济急难。亟,急。

【矜】 杨 怜悯。【资】 杨 粮。

定公五年·三

地理 越、吴、楚见定地理示意图 1。

春秋 於 yú 越入吴。

【於越】正 即越。於，发语词。

> ○补《春秋》提到越国，昭公时有三次(昭五·八·春秋，昭八—昭九·春秋、昭三十二·三·春秋)，皆称为"越"；而定公、昭公时亦有三次(定五·三·春秋、定十四·五·春秋、哀十三·三·春秋)，皆称为"於越"，原因不明。

左传 越入吴，吴在楚也。

定公五年·四

地理 鲁见定地理示意图1。鲁、防、费见定地理示意图4。

人物 季平子(昭九·六·二)、阳虎(昭二十七·七)、仲梁怀、公山不狃、鲁定公(定元·〇)、季桓子

春秋 六月丙申 十六日，季孙意如 季平子 卒。

左传【一】六月，季平子行东野。还，未至，丙申 十七日，卒于房。阳虎将以玙 yú 璠 fán 敛。仲梁怀弗与，曰："改步改玉。"阳虎欲逐之，告公山不狃 niǔ。不狃 公山不狃 曰："彼为君 鲁定公 也，子何怨焉？"

【行】杨 巡行视察。【东野】杨 补 应是指鲁都以东地区，包括季氏采邑费。

【房】杨 即防，见僖十四·二·春秋。

【阳虎将以玙璠敛】正 补 阳虎将要用玙璠[作为季平子]入殓[时的随葬品]。玙璠本应为鲁君主所佩美玉。昭二十五年鲁昭公出奔之后，季平子摄行君事，佩此玉。鲁定公即位后，可能并未将此玉收回。

笔者认为,阳虎这样做,其真实目的应该是为了将季平子长期僭越为君的事实以葬仪的方式坐实,为自己接下来以"张公室"为理由发动政变积累合法性依据。

【仲梁怀弗与】补 仲梁怀应该是负责保管玙璠的家臣,他拒绝将玙璠交给阳虎用于随葬。【仲梁怀】正 补 仲梁氏,名怀。季氏家臣。定五年被阳虎所逐。

【改步改玉】正 杨 补 改变步态,[也要相应]改变佩玉。鲁昭公出奔在外时,季平子行君步,入宗庙佩戴君玉。如今鲁定公已经即位五年,季平子生前应已复为臣,改行臣步,即使国君并未收回玙璠,也不应用它陪葬。春秋时君臣步态各有规定,越是尊贵之人,步幅越慢越短。据《礼记·玉藻》:"君与尸行接武,大夫继武,士中武。"则在宗庙之中,君主与祭尸(扮演被祭先人之活人)行走前一步开始后,后一步徐行过前一步;大夫步速快一些,前一步与后一步紧接;士则比大夫步幅更大一些,两足之间须有一足之距。《礼记·玉藻》又云:"公侯佩山玄玉而朱组绶;大夫佩水苍玉而纯组绶。"可见君臣佩玉也不同。笔者认为,仲梁怀是忠于季平子的家臣,他看穿了阳虎试图将季平子与僭越国君大罪绑定的谋划,因此挺身而出加以阻止。

【公山不狃】正 杨 补 姬姓,公山氏,名不狃,字泄。季氏费邑宰。定十二年奔齐,哀八年前已至吴。

【彼为君也,子何怨焉】正 补 他是为了国君[,与我们"张公室"的政变主张相一致],您为什么要怨恨他? 公山不狃是阳虎政变的核心党羽,深知阳虎即将以"张公室"为名发动政变的内情。公山不狃认为,虽然仲梁怀是忠于季氏的家臣,但是他的这个主张在客观上起到了维护国君尊严的效果,因此不应该打压。

○补 **传世文献对读:**《孔子家语·曲礼子夏问》记载了孔子对此事的反应,可扫码阅读。

〔二〕既葬,<u>桓子</u>季桓子行东野,及费 bì。 子泄公山不狃为费宰,逆劳于郊,<u>桓子</u>敬之;[子泄]劳<u>仲梁怀</u>,<u>仲梁怀</u>弗敬[子泄]。<u>子泄</u>怒,谓<u>阳虎</u>:"子行之仲梁怀乎!"

【桓子】正补季桓子。姬姓,季氏,名斯,谥桓。季平子(<u>昭九·六·二</u>)之子。鲁大夫,官至执政卿(继阳虎)。哀三年卒。

【费】补见<u>僖元·六</u>。此时为季氏采邑。

【宰】补邑宰,见<u>襄七·三·一</u>。

【劳】补慰劳。

【劳仲…弗敬】补仲梁怀很可能已经听闻阳虎、公山不狃将要发动政变的风声,虽然没能成功说服季桓子先下手为强,惩治阳虎和公山不狃,但是自己绝不可能礼敬公山不狃。

【子行之乎】正补您赶走仲梁怀吧! 行,逐。

○正下启本年阳虎作乱(<u>定五·六</u>)。

定公五年·五

地理 <u>鲁</u>、<u>楚 1</u>、<u>秦</u>、<u>吴</u>见定地理示意图 1。<u>鲁</u>、<u>楚 1</u>、<u>吴</u>、<u>唐</u>、<u>稷</u>、<u>析(沂)</u>、<u>柏举</u>、<u>军祥</u>、<u>堂溪</u>、<u>公婿之溪</u>、<u>叶</u>、<u>雍澨</u>见定地理示意图 5。

人物 叔孙成子(<u>定元·二·一</u>)、申包胥(<u>定三—定四·十九·一</u>)、子蒲、子虎、夫概王(<u>定三—定四·十</u>)、蒍射(<u>昭五·八·一</u>)、王子申(<u>昭二十六·七·二</u>)、王子结(<u>定三—定四·十八·二</u>)、吴王阖庐(<u>昭十七·六·三</u>)、闉舆罢、沈诸梁、沈后臧

春秋 秋,七月壬子四日,<u>叔孙不敢</u>叔孙成子卒。

○正此条《春秋》无对应《左传》。

左传 [一] <u>申包胥</u>以秦师至。秦<u>子蒲</u>、<u>子虎</u>帅车五百乘 shèng 以救<u>楚</u>。<u>子蒲</u>曰"吾未知吴道",使<u>楚</u>人先与<u>吴</u>人战,而自<u>稷</u>会之,大败<u>夫概王</u>王子晨于<u>沂</u>。

【吴道】正 杨 吴师战法战术。

【稷】正 杨 地 在今河南桐柏东。楚地。参见《图集》29—30④5。

【沂】正 补 清华简二《系年》"沂"作"析"，应该就是僖二十五·三之析。析正位于沟通秦楚的武关道南端出口附近（僖地形示意图 5，参见僖二十五·三，可扫码阅读），与秦师沿武关道南下救楚、吴师北上至武关道南端出口附近堵截的形势非常吻合。

〔二〕吴人获蒍 wěi 射于柏举。其蒍射子帅奔徒以从子西 王子申，败吴师于军祥。

【吴人获蒍射于柏举】正 补 柏举之役（见定三—定四）中，吴人抓获楚大夫蒍射。

【奔徒】正 补 楚师溃散的士兵。

【军祥】正 杨 补 在今湖北随州西南。楚地。参见《图集》29—30⑤5。

〔三〕秋，七月，子期 王子结、子蒲灭唐。

○正 补 定四年唐成公从吴师伐楚，故本年秦师为楚灭之。

〔四〕九月，夫概王归，自立［为吴王］也。以与王 吴王阖庐战，而败，奔楚，为堂溪氏。

【堂溪】杨 补 在今河南西平冶炉城村。楚邑，定五年后曾为夫概王采邑。参见《图集》29—30③5。

〔五〕吴师败楚师于雍澨 shì。秦师又败吴师。

【雍澨】补 见定三—定四·十二。

〔六〕吴师居麇 jūn，子期 王子结将焚之。

【麇】正 杨 楚地，定四年吴、楚苦战之处，当在雍澨附近。

子西王子申曰："父兄亲暴 pù(曝)骨焉,不能收,又焚之,不可。"

子期曰："国亡矣,死者若有知也,可(何)以歆 xīn 旧祀? 岂惮焚之?"

【国亡……焚之】正 杨 补 国家都灭亡了,[麇地]战死的楚人如果[冥界]有知,怎么还能享用以往的祭祀? 又怎会害怕尸骨被焚烧? 一说"可"读如本字,整句标点为"国亡矣,死者若有知也,可以歆旧祀,岂惮焚之?",译为"国家都灭亡了,[麇地]战死的楚人如果[冥界]有知,[知道烧了他们的尸骨可以使楚国复国,从而]可以[使他们]享用旧日的祭祀,又怎会害怕尸骨被焚烧?"。

焚之,而又战,吴师败。

【七】[吴、楚]又战于公婿之溪,吴师大败。吴子吴王阖庐乃归。

【公婿之溪】正 杨 在今湖北襄阳以东,白河入汉江处。楚地。

【八·一】[吴人]囚阍 yīn 與罢 pí。阍與罢请先[至吴],遂逃归[楚]。

【阍與罢】正 补 阍氏,名與罢。楚大夫。

【八·二】叶 shè 公诸梁沈诸梁之弟后臧沈后臧从其母于吴,不待[母]而归[楚]。叶公沈诸梁终不正视。

【叶公诸梁】正 杨 补 沈诸梁。芈姓,沈(尹)氏,名诸梁,字高。沈尹戌(昭十九·十一·二)之子或弟。楚大夫,官至执政(继王子申)。定五年已任叶县公。哀十六年曾兼任令尹、司马。哀十七年卸任令尹、司马,而告老归于叶。【叶】补 见宣三·八·二·三。

○正 补 沈诸梁之弟后臧跟随母亲到了吴,[后来后臧]不等待[母亲]而[独自]回到楚。沈诸梁[因此]终身不正眼看后臧。后臧从其母至楚,应该是发生在定四年吴入楚时,可能是被吴人强掳。后臧弃母归楚应是发生在定五年楚安定以后。

○补 **传世文献对读**：《荀子·非相》《战国策·楚策》都有对沈诸梁(叶公子高)的评述，可扫码阅读。

定公五年·六

地理 鲁、齐见定地理示意图 1。

人物 阳虎(昭二十七·七)、季桓子(定五·四·二)、公父文伯、仲梁怀(定五·四·一)、公何藐、秦遄(昭二十五·五·一·一)

左传 乙亥九月二十八日，**阳虎因季桓子及公父**fù**文伯，而逐仲梁怀。**冬，十月丁亥十日，[阳虎]**杀公何藐**。己丑十二日，[阳虎]**盟桓子**季桓子于稷门之内。庚寅十三日，**大诅，逐公父歜**chù，公父文伯**及秦遄**chuán，[二人]皆奔齐。

【**公父文伯**】正 补 姬姓，公父氏，出自季氏，名歜，谥文，排行伯。公父穆伯(昭二十五·五·一·一)之子，季悼子(襄二十三·八·一·一)之孙，季桓子(定五·四·二)从父昆弟。定五年被阳虎所因，遂被逐，奔齐。哀三年已归于鲁。

【**公何藐**】正 补 姬姓，名藐，字何。季氏族人。定五年被阳虎所杀。

【**稷门**】补 见庄三十二·四·二。

【**大诅**】补 诅参见隐十一·二·六·二。此次大诅，应该是要求季氏全体成员祈求天神加祸于不守稷门之盟的人。

【**秦遄**】正 季平子姑婿。

○补 笔者对定五年阳虎政变有详细分析，请见专著《陵迟：鲁国的困境与抗争》(出版中，暂定书名)的相关章节。

定公五年·七

地理 楚 1、吴见定地理示意图 1。

人物 楚昭王（昭二十六·七·二）、斗辛（昭十四·七）、楚昭王（昭二十六·七·二）、蓝尹亹、王子申（昭二十六·七·二）、囊瓦（昭二十三·五·一）、王孙由于（定三—定四·十六）、王孙圉、钟建（定三—定四·十七·一）、斗巢（定三—定四·十八·一）、申包胥（定三—定四·十九·一）、王孙贾、宋木、斗怀（定三—定四·十七·二）、斗成然（昭十三·二·一）、季芈畀我（定三—定四·十三）

左传【一·一】楚子_{楚昭王}入于郢 yǐng。

【郢】补 见僖十二·二。定五年即楚昭王十一年，据清华简一《楚居》，"至昭王，……徙袭为郢。阖庐入郢，焉复徙居秦溪之上，秦溪之上复徙袭媺郢"。笔者认为，吴人攻入为郢之后，楚昭王向东奔逃，最终到达位于东国地区的秦溪之上（秦溪地望参见昭七·二·一·二）。后来吴人撤军回国，靠近吴的秦溪之上不再安全，于是楚昭王又向西奔逃，进入位于上国地区的媺郢安顿下来。因此，本句所提到的"郢"应该是媺郢。

【一·二】初，斗辛闻吴人之争宫也，曰："吾闻之，'不让则不和，不和不可以远征'。吴争于楚，必有乱。有乱则必归，焉能定楚？"

【吴人之争宫】补 事见定三—定四·十四。

【二·一】王_{楚昭王}之奔随也，将涉于成臼。蓝尹亹 wěi 涉其帑 nú（孥），不与王舟。

【王之奔随也】补 事见定三—定四·十八。

【成臼】正 杨 补 成臼即白水，今名曰成河，源出今湖北京山西北聊屈山,南流合钟祥市小河为南河,亦称县河。古时此水西南流入汉水,今已改道。楚昭王涉水处当在今湖北钟祥旧口镇,曰水改道前在此入沔水。

【蓝尹亹涉其帑】 杨 补 蓝尹亹[用船载]他自己的妻儿渡河(参见下引《国语·楚语下》)。【蓝尹亹】 正 补 名亹。楚大夫,定五年已任蓝尹。

【二·二】及宁,王欲杀之。

【宁】 正 补 [局势]安定。

子西王子申曰:"子常襄瓦唯思旧怨以败,君何效焉?"

王曰:"善。使[亹]复其所,吾以志前恶。"

【吾以志前恶】 正 补 我要通过[这件事]来记住以往的过失。

○ 杨 补 传世文献对读:《国语·楚语下》载此事较详,可扫码阅读。

【三·一】王楚昭王赏斗辛、王孙由于、王孙圉yǔ、钟建、斗巢、申包胥、王孙贾、宋木、斗怀。

【三·二】子西王子申曰:"请舍怀斗怀也。"

【请舍怀也】 正 补 请去掉斗怀。斗怀曾谋弑楚昭王以报杀父之仇(见定三—定四·十七·二),故王子申有此请求。

王曰:"大德灭小怨,道也。"

【大德】 补 据下引《国语·楚语下》,则"大德"是指斗怀对他父亲斗成然尽父子之礼,也就是斗怀在斗辛劝说后仍然坚持要杀掉楚昭王为父报仇。

【小怨】补指斗怀对楚昭王的怨恨。

○补**传世文献对读**：《国语·楚语下》载此事较详，可扫码阅读。

〔三·三〕申包胥曰："吾为君也，非为身也。君既定矣，又何求？且吾尤子旗斗成然，其又为诸(之乎)？"遂逃赏。

【且吾……为诸】正 补我既然认为子旗的做法是错误的，难道又要去做他做过的错事么？斗成然倚仗自己对楚平王有恩，贪求无厌，在昭十四年被楚平王所杀。

〔三·四〕王将嫁季芈 mǐ，季芈畀我。季芈辞曰："所以为女子，远丈夫也。钟建负我矣。"〔王〕以〔季芈〕妻 qì钟建，以〔钟建〕为乐尹。

【丈夫】杨男子汉。

【钟建负我矣】补钟建背负季芈畀我逃难之事见定三—定四·十七·一。

【乐尹】正 补楚内朝官，乐官之长。楚昭王使钟建任乐尹，大概是由于其家族世代为楚乐官，参见成九·八·三钟仪之事。

〔四·一〕王楚昭王之在随也，子西王子申为王舆服以保路，国于脾泄。〔子西〕闻王所在，而后从王。

【王之在随也】补事见定三—定四·十八。

【子西……脾泄】正 补王子申〔担心楚昭王逃亡之后，国人溃散，因此〕冒用楚昭王车服以保证道路安全，在脾泄建立〔临时〕政权。【脾泄】正 杨楚邑。

〔四·二〕王使由于王孙由于城麇 jūn。〔由于〕复命。子西问高厚焉，〔由于〕弗知。子西曰："〔汝〕不能，如辞。城不知高厚小大，何知?"[由于]对曰:"[余]固辞不能,子使余也。人各有能有不能。王遇盗于云中,余受其戈,其所犹在——"[由于]袒而示之背,曰:"——此余所能也。脾泄之事,余亦弗能也。"

【高厚】正 补 [城墙]高度厚度。

【不能,如辞】正 [自知]不能,应当推辞[不做]。如,当。

【固辞不能,子使余也】补 [我本来]坚决推辞不能胜任,[当时]是您派我[去做的]。

【王遇……其戈】补 事见<u>定三—定四·十六</u>。

【袒】补 脱去上衣。

定公五年·八

地理 晋见定地理示意图 1。晋、鲜虞/中山见定地理示意图 2。

人物 范献子(<u>襄十四·四·五</u>)、观虎(<u>定三·二</u>)

春秋 冬,晋士鞅范献子帅师围鲜虞。

左传 晋士鞅范献子围鲜虞,报观虎之败也。

【观虎之败】补 见<u>定三·二</u>。

定公六年·一

地理 郑、楚1见定地理示意图1。郑、许2、楚1见定地理示意图5。

人物 游速（昭十八·三·二·三）、许男斯（定三—定四·春秋）

春秋 六年，春，王正月癸亥十八日，郑游速帅师灭许，以许男斯归。

○补 哀元·二及哀十三·二又有"许男"（许元公），应是楚复封之。

左传 六年，春，郑灭许，因楚败也。

○补 据定三—定四·春秋所引清华简二《系年》，则定四年吴入郢之前，许已服于晋。据定三—定四·五·三，知定四年召陵之会后，郑对晋有二心，故本年有郑伐周王室之事（定六·四·一）。许旧主为楚，此时楚经历亡国之祸，志不在诸侯；许新主为晋，此时晋政事多门，霸业衰落。郑为许之宿敌，此时既不惧怕楚，也不顾忌晋，故而抓住许在地缘政治上无依无靠的战略机遇，一举灭之。

定公六年·二

地理 鲁、郑、晋、卫见定地理示意图1。鲁、郑、晋、卫、匡见定地理示意图3。

人物 鲁定公（定元·○）、季桓子（定五·四·二）、孟懿子（昭七·九·二·一）、阳虎（昭二十七·七）、卫灵公（昭七·十二·一·一）、弥子瑕、公叔文子（襄二十九·九·四）、鲁昭公（襄三十一·三·五·一）、卫文公（闵二·五·四·一）、卫成公（僖二十五—僖二十六·春秋）、卫定公（宣十八·一·春秋）、太姒、周公旦（隐八·二）、康叔封（僖三十一·五·二）、范献子（襄十四·四·五）、晋定公（昭三十一·一·春秋）、赵简子（昭二十五·二·春秋）

春秋 二月，公鲁定公侵郑。

公_{鲁定公}至自侵郑。

○[正]此条《春秋》无对应《左传》。

夏,**季孙斯**_{季桓子}、**仲孙何忌**_{孟懿子}如晋。

[左传][一]"二月,公侵郑",取匡,为晋讨郑之伐胥靡也。[我师]往,不假道于卫。及还,**阳虎使季**_{季桓子}、**孟**_{孟懿子}自[卫]南门入,出自[卫]东门,舍 shè 于豚泽。

【匡】[杨]见文元·三·一。

【郑之伐胥靡】[杨]见本年下文(定六·四·一)。【胥靡】[杨]见襄十八·四·三。

【往,不假道于卫】[补][鲁师]前往郑[的路上第一次途经卫]时,没有[依照礼制]向卫人借道。从下文所述情况推断,这应该是阳虎强迫鲁君臣所为,其目的也是为了使季氏、孟氏得罪邻国。

【阳虎……豚泽】[正][杨][补]阳虎迫使季桓子、孟懿子[率师]从卫都南门进入,[穿过都城,]从东门出来,驻扎在豚泽。定五年阳虎控制季氏,此时其势力进一步扩张,竟得以驱使鲁二卿行此违礼之事,此即《论语·季氏》"陪臣执国命"。阳虎此举目的,一方面可能是为了向晋表忠心,因为此时卫灵公正准备要叛晋服齐(参见定七·四);一方面可能是为了使季氏、孟氏得罪邻国,从而巩固自己的专权地位。【南门】【东门】[补]皆为卫都城门。【豚泽】[杨]泽名,在卫都东门外。

卫侯_{卫灵公}怒,使**弥子瑕**追之。**公叔文子**老矣,辇 niǎn 而如公_{卫灵公},曰:

【弥子瑕】[正][杨][补]弥氏,字瑕。卫灵公嬖大夫。食采于彭封。

【辇】[补]乘人力车。

"尤人而效之,非礼也。**昭公**_{鲁昭公}之难 nàn,君将以**文**_{卫文公之}

舒鼎，成卫成公之昭兆，定卫定公之鞶 pán 鉴，苟可以纳之鲁昭公，择用一焉；公子与二三臣之子，诸侯苟忧之，将以为之质，此群臣之所闻也。今将以小忿蒙旧德，无乃不可乎！

【尤人而效之】正 补 责怪别人却又效仿他。公叔文子意谓，卫灵公既以鲁师不告而入其国门为非礼，则自己不应行非礼之事追伐鲁师。据下文"天将多阳虎之罪以毙之"，则公孙文子已知鲁师此举是阳虎指使。

【昭公之难】杨 补 指昭二十五年鲁昭公攻打季氏失败出逃之事，参见昭二十五·五。

【君将……一焉】正 杨 补 卫文公的舒鼎、卫成公的昭兆、卫定公的鞶鉴等三件国宝，如果可以帮助鲁侯归国复位，[国君愿意]从中拿出一件来[贿赂诸侯]。昭兆，宝龟名。鞶鉴参见庄十九—庄二十一—庄二十一·十一·二。

【公子……之质】正 补 国君的公子与诸位大臣之子，如果诸侯愿意为鲁侯之事而忧虑，[国君]将愿意把他们送给诸侯当作人质。二三臣，诸位大臣。

【蒙】正 杨 覆，掩盖。

"大（太）姒 sì，太姒之子，唯周公周公旦、康叔康叔封为相睦也，而效小人以弃之，不亦诬乎！天将多阳虎之罪以毙之，君姑待之，若何？"

【大姒】正 补 太姒。姒姓。周文王（僖五·八·一）妃，伯邑考、周武王（桓元—桓二·三·二）、管叔鲜（襄二十一·五·四·三）、周公旦（隐八·二）、蔡叔度（襄二十一·五·四·三）、曹叔振铎（僖二十七—僖二十八·二十六·二）、成叔武、霍叔处、康叔封（僖三十一·五·二）、聃季载（定三—定四·五·四）之母。

【周公、康叔】杨 分别为鲁、卫始封君。

【诬】补 无故而不当。

【多】补 增加。【毙】补 仆倒，引申为失败，这里是使动用法。

[公]乃止。

【二】夏,季桓子如晋,献郑俘也。阳虎强使孟懿子往报夫人之币。晋人兼享之。

【阳虎……之币】正 杨 补 阳虎强迫孟懿子[与季桓子一同]前往[晋,]回报晋君夫人[早先送给鲁]的财礼。季桓子如晋献俘,应有朝见晋君的环节。依礼制,则朝聘他国君主与夫人,一位使者可兼任,不须为夫人而额外加派使者。此处阳虎强使孟懿子专门前往聘问晋君夫人,一则为困辱鲁正卿,二则希望求媚于晋。先前晋君夫人送财礼,必然是晋君聘鲁送财礼的伴随行动,此处只说"报夫人之币",而不说"报晋君之币",是因为此次季桓子向晋君献俘,就已经是报聘晋君的行动。

【晋人兼享之】正 补 晋人设享礼同时招待季桓子、孟懿子二人。"享"见桓九—桓十・一・二。若季桓子专为献俘,孟懿子专为聘问晋君夫人,则《春秋》应书"季孙斯如晋。仲孙何忌如晋",而且晋人应分别设享礼招待。如今《春秋》书"季孙斯、仲孙何忌如晋",似乎鲁人是以季桓子为正使、孟懿子为副手,而晋人也就据此设享礼同时招待二位鲁卿。

孟孙孟懿子立于房外,谓范献子曰:"阳虎若不能居鲁,而息肩于晋,所不以[阳虎]为[晋]中军司马者,有如先君!"献子范献子曰:"寡君晋定公有官,将使其人。鞅范献子何知焉?"

【阳虎……先君】正 杨 补 阳虎如果不能在鲁安居,而来到晋以放下负担,[晋]如果不让他做中军司马,[必遭神谴,]有先君为证! 孟懿子知道阳虎没有家族根基,又过于专横,将不能长久把持鲁政,日后必将奔晋,故作此誓辞,一则使晋人得知阳虎专横、驱使正卿的情状,以及日后必将奔晋的前景;二则以鲁先君之名恳请晋人将中军司马的职位(大夫职位中最尊贵者)留给阳虎,使其奔晋后能安心留在晋,而不会再回鲁为害。息肩见襄二・五・一。中军司马见成十

<u>八·三·一</u>。

<u>献子谓简子</u>赵简子曰："鲁人患阳虎矣。<u>孟孙知其衅</u>，以为必适晋，故强 qiǎng 为之请，以取入焉。"

【衅】杨 兆。指阳虎不容于鲁、终将出奔的预兆。

【适】补 往。

【以取入焉】杨 补 为了［给阳虎］求取［日后］进入［晋之后的禄位］。这是为了使阳虎安心留在晋，不再返回鲁作乱］。

定公六年·三

地理 吴、楚 1、楚 2 见定地理示意图 1。吴、楚 1、楚 2（都）、繁扬见定地理示意图 5。

人物 太子终累、潘子臣、小惟子、王子结（<u>定三—定四·十八·二</u>）、王子申（<u>昭二十六·七·二</u>）

左传 四月己丑十五日，吴大(太)子终累太子终累败楚舟师，获潘子臣、小惟子及大夫七人。楚国大惕，惧亡。子期王子结又以陵师败于繁扬。令尹子西王子申喜曰："［国］乃今可为矣。"于是乎迁郢 yǐng 于鄀 ruò，而改纪其政，以定楚国。

【大子终累】正 补 太子终累。姬姓，名终累。吴王阖庐（<u>昭十七·六·三</u>）之子，吴王夫差（<u>定十四·五·二</u>）之兄。

【潘子臣、小惟子】正 皆为楚舟师将领。

【陵师】正 陆军。【繁扬】杨 即繁阳，见<u>襄四·一·一</u>。

【令尹】补 见<u>庄四·二·二</u>。

【乃今可为矣】正 补 现在［楚政事］可以治理了。王子申认为，此前楚借秦人之力复国，使楚人有苟安之心，不利于推行政事。如今楚又被吴人所败，使楚人意识到若不励精图治则将又有亡国之祸，如此则政令可行，政事可治。

【迁郢于都】 杨 补 楚人称其国都为"郢"(参见僖十二·二),故称迁都为"迁郢"。据杨注及《图集》的传统说法,此次迁郢是从纪南城(楚1)迁至都(楚2),都即钟祥之都(见僖二十五·三)。迁都之后,到战国时期、楚惠王五十六年又迁回纪南城。据《楚居》,在阖庐入郢之后,楚昭王先是住在秦溪之上,然后迁到媺郢,没有提到都郢。本书示意图标注了传统说法,同时用"楚?"标注蛮河下游说。

【纪】 杨 补 纲纪,治理。

定公六年·四

地理 周 2、郑见定地理示意图 1。周 2、郑、冯、滑、胥靡、负黍、阙塞见定地理示意图 3。

人物 儋翩、王子朝(昭二十二·四·一)、阎没(昭二十八·五·二·一)

左传【一】周儋 dān 翩率王子朝之徒因郑人将以作乱于周。郑于是乎伐冯、滑、胥靡、负黍、狐人、阙 què 外。

【儋翩】 正 杨 补 姬姓,儋氏,名翩。儋季(襄三十·六·一·一)之后。王子朝党羽。定七年入于仪栗以叛。

【冯】 正 杨 补 在今河南荥阳西。周邑。参见《图集》22—23⑪18。

【滑】 正 补 见庄十六·四·春秋。此时为周邑。

【胥靡】 正 补 见襄十八·四·三。此时为周邑。

【负黍】 正 杨 补 在今河南登封大金店镇南城子村已发现其遗址(详见下)。周邑。参见《图集》22—23⑪17。

【狐人】 正 周邑。

【阙外】 正 杨 在今河南伊川北,阙塞(见昭二十六·六)之外。周邑。

○ 正 补 此段所叙之事皆在本年二月鲁定公侵郑之前。《左传》欲连言下段六月晋戍周、城胥靡之事,故将其置于此处。

○正下启本年周敬王处于姑莸(定六—定七·一)。

> ○补**负黍故城遗址**：遗址北有颍河,东有安庙河,西有段村河,南依青红岭。城址平面近似正方形,南北长约六百五十米,东西宽约六百米。城址内出土了春秋战国时期的遗物。

【二】六月,晋阎没戍周,且城胥靡。

定公六年·五

地理 晋、宋见定地理示意图 1。晋、宋、绵上见定地理示意图 2。

人物 乐祁犁(昭二十二·二·三)、宋景公(昭二十·四·三)、陈寅、乐溷、赵简子(昭二十五·二·春秋)、范献子(襄十四·四·五)、晋定公(昭三十一·一·春秋)

春秋 秋,晋人执宋行人乐祁犁。
【行人】补宋外朝官,掌外交事务。
○正补据襄十一·二·五·一,则《春秋》书"行人",表明乐祁犁是外交使者,暗示晋人不应将其扣留。

左传【一】秋,八月,宋乐祁乐祁犁言于景公宋景公曰："诸侯唯我事晋。今使不往,晋其憾矣。"乐祁告其宰陈寅。陈寅曰："[君]必使子往。"
【宰】补见襄十七·四·三·一。
【陈寅】补陈氏,名寅。乐祁犁家宰。

【二】他日,公宋景公谓乐祁曰："唯寡人说(悦)子之言,子必往!"陈寅曰："子立后而行,吾室亦不亡,唯君亦以我为知难而行也。"[乐祁]见(现)溷 hùn,乐溷[于公]而行。

【子立后而行】正 补 您立了继承人之后再上路。陈寅知晋政多门，前往恐将有难，因而有此劝告。

【见溷而行】正 补 [乐祁犁把儿子]引见乐溷[给宋景公]之后就上路了。乐祁犁此举一则确立了乐溷的继承人地位，二则表明自己准备为国事死难的决心。参见宣十四·四·一。【溷】正 补 乐溷。子姓,乐氏,名溷,字明。乐祁犁(昭二十二·二·三)之子。宋大夫,官至卿位。其名(溷)、字(明)相应,溷为水浊貌,浊则不明。

【三·一】赵简子逆[乐祁],而饮 yìn 之酒于绵上。[乐祁]献杨楯(盾)六十于简子赵简子。

【逆】补 迎。

【绵上】补 见襄十三·三·一。

【杨楯】正 杨 黄杨木制作的盾牌。

【三·二】陈寅曰:"昔吾主范氏。今子主赵氏,又有纳焉,以杨楯贾祸,弗可为也已。然子死晋国,子孙必得志于宋。"

【昔吾……也已】正 补 从前我们以范氏为主,如今您改以赵氏为主,又进献礼物,这是用杨木盾牌招来祸患,已经没有办法了。其他诸侯以晋卿大夫为主之事参见昭三·四·二·三。

【三·三】范献子言于晋侯晋定公曰:"以君宋景公命越疆而使,未致使而私饮酒,不敬二君,不可不讨也。"乃执乐祁。

【越疆而使】杨 乐祁犁由宋至晋,必然要越过郑,故曰"越疆而使"。

【未致使而私饮酒】补 还没有[在晋朝廷]执行使命就私下饮酒。

【二君】杨 指晋定公、宋景公。

○补 范献子以不敬二君为由扣押乐祁犁,与定元年以不复命于君而田为由减损魏献子葬礼待遇一样(参见定元·一·一·二),都是卿族政治斗争的借口,定元年是与魏氏斗争,而本年是与赵氏斗争。

○补 下启定八年乐祁犁卒于晋(定八·三)。

定公六年·六

地理 鲁见定地理示意图1。鲁、五父之衢见定地理示意图4。

人物 阳虎(昭二十七·七)、鲁定公(定元·○)、季桓子(定五·四·二)、孟懿子(昭七·九·二·一)、叔孙武叔

左传 阳虎又盟公鲁定公及三桓于周社,盟国人于亳 bó 社,诅于五父 fǔ 之衢 qú。

【三桓】补 季桓子、孟懿子、叔孙武叔。

【周社】【亳社】杨 见闵二·三·四·一"间于两社"。

【诅于五父之衢】杨 见襄十一·一·一。

○补 鲁君及三桓为周人,因此在周社结盟,国人多为商奄"殷民六族"(参见定三—定四·五·四)之后,因此在亳社(商社)结盟。

○正 下启定八年阳虎作乱(定八·七)。

定公六年—定公七年(定公七年·一)

地理 鲁、齐、周 2 见定地理示意图 1。鲁、齐、周 2、郓(西郓)见定地理示意图 3。

人物 季桓子(定五·四·二)、孟懿子(昭七·九·二·一)、周敬王(昭二十二—昭二十三·春秋)、儋翩(定六·四·一)

春秋 冬,[我]城中城。

【中城】 杨 见成九·十三·春秋。
○ 正 此条《春秋》无对应《左传》。

季孙斯季桓子、仲孙[何]忌孟懿子帅师围郓 yùn。

【郓】 补 西郓,见成四·六·春秋。
○ 正 补 郓本为鲁邑,此时被齐占据,因此季桓子、孟懿子率师围郓。
○ 正 此条《春秋》无对应《左传》。

七年,春,王正月。

左传 【一】 冬,十二月,天王周敬王处于姑莸 yóu,辟(避)儋 dān 翩之乱也。

【姑莸】 正 周地。

【二】 七年,春,二月,周儋翩入于仪栗以叛。

【仪栗】 正 周邑。

定公七年·二

地理 齐、鲁见定地理示意图 1。齐、鲁、郓(西郓)、阳关见定地理示意图 4。

[人物] 阳虎（昭二十七・七）

[左传] 齐人归郓 yùn、阳关,阳虎居之以为政。

【郓】[正][补] 西郓,见成四・六・春秋。齐取郓见昭二十六・一。

【阳关】[杨] 见襄十七・四・一・一。

○[补] 下启定八年阳虎入于阳关以叛（定八・七・六）。

定公七年・三

[地理] 周2见定地理示意图1。周2、单、刘、尹见定地理示意图3。

[人物] 单武公、刘桓公

[春秋] 夏,四月。

[左传] 夏,四月,单武公、刘桓公败尹氏于穷谷。

【单武公】[正][补] 姬姓,单氏,谥武。单穆公（昭二十二・四・一）之子。周王室卿士。

【刘桓公】[正][补] 姬姓,刘氏,谥桓。刘文公（昭二十二・四・一）之子。周王室卿士。

【穷谷】[杨][补] 当在尹与成周（周2）之间。疑即穷石（襄四・八）。

○[正][补] 尹氏本为王子朝党羽,此时又与儋翩勾结作乱,故单武公、刘桓公伐之。

定公七年・四

[地理] 齐、郑、卫、晋见定地理示意图1。齐、郑、卫、晋、咸、沙见定地理示意图3。

[人物] 齐景公（襄二十五・一・四）、郑献公（昭三十・二・二）、北宫结、卫灵公（昭七・十二・一・一）

春秋 秋,齐侯_{齐景公}、郑伯_{郑献公}盟于咸。

【咸】杨 见僖十二—僖十三·春秋。

齐人执卫行人北宫结以侵卫。

【行人】补 见襄十八·二·春秋。

【北宫结】补 姬姓,北宫氏,名结。北宫贞子(昭十·四·二·一)之子。定七年作为行人被齐所执。定十四年奔鲁。

○正 补 据襄十一·二·五·一,则《春秋》书"行人",表明北宫结为外交使者,暗示齐人不应将其扣留。

齐侯_{齐景公}、卫侯_{卫灵公}盟于沙。

【沙】正 杨 补 在今河北大名孙甘店乡沙庙村。参见《图集》24—25②6。《图集》标注不准确,本书示意图依据《图志》标注。

左传 "秋,齐侯、郑伯盟于咸",征会于卫。卫侯_{卫灵公}欲叛晋,诸大夫不可。〔卫侯〕使北宫结如齐,而私于齐侯曰:"执结_{北宫结}以侵我。"齐侯从之,乃盟于琐。

【征】正 召。

【卫侯欲叛晋】正 补 卫灵公想要背叛晋〔而亲附齐、郑〕。

【私】补 私下告知。

【琐】正 即沙。

○正 补 此时晋霸业已衰,齐谋求扩大势力与晋抗衡,在与郑结盟之后,又试图拉拢卫。卫亦欲叛晋,故有上述曲折谋划:齐执卫卿北宫结而侵卫,卫假装被齐胁迫而与齐盟誓,一方面达到了与齐结盟的目的,另一方面又有理由向旧盟主晋解释。晋欲阻止卫之叛离,故于明年盟卫灵公于鄟泽(定八·五)。

定公七年·五

地理 鲁见定地理示意图 1。

春秋 [我]大雩 yú。

【雩】 补 见桓五·四·春秋。

定公七年·六

地理 齐、鲁见定地理示意图1。

人物 国惠子（定三—定四·春秋）、阳虎（昭二十七·七）、季桓子（定五·四·二）、公敛阳、苫越

春秋 齐国夏 国惠子 帅师伐我西鄙。

左传 齐国夏 国惠子 伐我。阳虎御季桓子，公敛处父 fǔ，公敛阳 御孟懿子，将宵军齐师。齐师闻之，堕 huī，伏而待之。

【齐国夏伐我】 正 补 齐已叛晋，与晋相争，而鲁此时仍为晋盟国，故齐伐鲁。

【御】 补 为……驾车。

【公敛处父】 正 补 公敛阳。公敛氏，名阳，字处。孟氏家臣，成邑宰。邑宰见襄七·三·一。其名（阳）、字（处父）相应，阳处父（僖三十二·一）乃晋权臣。

【军】 补 攻击。

【堕】 正 补 毁坏[军容以引诱鲁师]。

处父 公敛阳 曰："虎 阳虎！ 不图祸，而（尔）必死！"

【虎！不图祸，而必死】 正 补 阳虎！不考虑[夜袭齐师的]祸患，你一定会死！

苫 shān 夷 苫越 曰："虎！陷二子于难 nàn，不待有司[杀女]，余必杀女（汝）！"

【苦夷】补苦越。苦氏,名越,字夷。季氏家臣。其名(越)、字(夷)相应,越为东夷。

【二子】正补季桓子、孟懿子。

【有司】补见僖十二—僖十三·二·一。

虎惧,乃还,[我师]不败。

定公七年·七

地理鲁见定地理示意图 1。

春秋九月,[我]大雩 yú。

【雩】补见桓五·四·春秋。

定公七年·八

春秋冬,十月。

定公七年·九

地理周 2、晋见定地理示意图 1。周 2、单、刘、晋、王城(周 1,现已为周邑)见定地理示意图 3。

人物单武公(定七·三)、刘桓公(定七·三)、周敬王(昭二十二—昭二十三·春秋)、籍秦(昭二十七·十)、党氏、周庄王(桓十八·三·一)

左传冬,十一月戊午二十三日,单子单武公、刘子刘桓公逆王周敬王于庆氏。晋籍秦送王。己巳十二月五日,王入于王城,馆于公族党zhǎng 氏,而后朝于庄周庄王宫。

【庆氏】正补周姑莸大夫。此处指庆氏之家。

【王城】 ⟦补⟧ 见庄十九—庄二十一—庄二十一·八。

【党氏】 ⟦正⟧⟦补⟧ 周王室大夫。此处指党氏之家。

【庄宫】 ⟦补⟧ 见昭二十二—昭二十三·一·一。

定公八年·一

地理 鲁、齐见定地理示意图 1。鲁、齐、阳州见定地理示意图 4。

人物 鲁定公（定元·〇）、颜高、籍丘子锄、颜息、冉猛、冉会、苫越（定七·六）

春秋 八年，春，王正月，公鲁定公侵齐。

〇正 此次侵齐，应是为了报复定七年齐国惠子率师伐我西鄙。

公鲁定公至自侵齐。

〇正 此条《春秋》无对应《左传》。

左传 [一·一] "八年，春，王正月，公侵齐"，门于阳州。

【门于阳州】正 攻打阳州城门。【阳州】补 见襄三十一·二。

[一·二] ［我］士皆坐列，曰"颜高之弓六钧"，皆取［颜高之弓］而传观之。阳州人出，颜高夺人弱弓，籍丘子锄击之颜高，［颜高］与一人俱毙。［颜高］偃，且射子锄籍丘子锄，中颊，［子锄］殪 yì。颜息射人中眉，退曰："我无勇，吾志其目也。"

【颜高之弓六钧】正 杨 指颜高之弓拉满力可达一百八十斤，合今六十斤。【颜高】正 鲁人。

【籍丘子锄】正 齐人。

【与一人俱毙】正 杨 ［颜高］与［其他］一人都［被击］倒。

【偃，且射子锄】正 杨 ［颜高翻身］躺倒［，面朝上］，并且［用手中夺来的弱弓仰］射籍丘子锄。

【殪】正 死。

【颜息】正 鲁人。

【我无勇，吾志其目也】正 杨 补 我没有勇力，我本意是［射］他眼睛的。颜息此言其实是自我矜夸。

【一·三】师退,冉猛伪伤足而先。其兄会_{冉会}乃呼曰:"猛_{冉猛}也殿!"

【冉猛】 正 补 鲁人,季氏家臣。

【猛也殿】 杨 补 猛去殿后! 冉会不希望冉猛先行撤退,所以叫他去殿后。

【二】苦_{shān}越生子,将待事而名之。阳州之役获焉,名之曰"阳州"。

【阳州之役获焉】 杨 补 本年阳州之役鲁有所俘获。

○ 正 补 参见叔孙庄叔败长狄于咸,获长狄侨如、长狄虺、长狄豹,用以命名其三子之事(文十一·四·一及襄三十·三·一·一)。

○ 补 通行本中,本节(定八·一·二)原在定八·四·一后,定八·四·二前。本节是补充说明阳州之役轶事,而并非廪丘之役轶事,因此应在定八·一之后,而非定八·四·一之后。据上述理由,有此调整。

定公八年·二

地理 周2见定地理示意图1。周2、单、刘、谷城、盂见定地理示意图3。

人物 单武公(定七·三)、刘桓公(定七·三)

左传 二月己丑,单子_{单武公}伐谷城,刘子_{刘桓公}伐仪栗。辛卯_{三月二十八日},单子伐简城,刘子伐盂,以定王室。

【二月己丑】 杨 据王韬所推春秋历,二月无己丑,最近的己丑是三月二十八日。

【谷城】正 杨 补在今河南洛阳西北谷东村附近。周邑。此时被王子朝余党所占据。参见《图集》22—23⑪17。

【仪栗】正 补见定六—定七·二。此时被王子朝余党儋翩所占据。

【简城】杨 补周邑，当在距王城不远处。此时被王子朝余党所占据。

【盂】杨 补即邘，见隐十一·三·一。此时被王子朝余党所占据。此邑不应远在河水以北，而应与谷城、简城类似，是王城附近城邑。本书示意图按照《图集》定点，而在此提醒读者注意。

定公八年·三

地理 晋、宋见定地理示意图 1。晋、宋、州见定地理示意图 3。

人物 赵简子（昭二十五·二·春秋）、晋定公（昭三十一·一·春秋）、乐祁犁（昭二十二·二·三）、范献子（襄十四·四·五）、乐溷（定六·五·二）、陈寅（定六·五·一）

左传【一·一】赵鞅赵简子言于晋侯晋定公曰："诸侯唯宋事晋。[晋]好逆其使，犹惧不至；今又执之乐祁犁，是绝诸侯也。"将归乐祁乐祁犁。

【今又执之】补晋人执乐祁犁之事见定六·五。

士鞅范献子曰："三年止之乐祁犁，无故而归之，宋必叛晋。"

【一·二】献子范献子私谓子梁乐祁犁曰："寡君晋定公惧不得事宋君宋景公，是以止子。子姑使溷 hùn，乐溷代子。"

【子姑使溷代子】正 补您姑且让［您儿子］乐溷来代替您［做人质，您自己可以回国］。

子梁以告陈寅。陈寅曰："宋将叛晋，[子若使溷代子]，是弃溷也，不如待之。"

【不如待之】正补不如[留在晋]等待[，而不让儿子来代替自己]。

[二] 乐祁乐祁犁归，卒于大（太）行。士鞅范献子曰："宋必叛，不如止其尸以求成焉。"乃止诸（之于）州。

【乐祁归】补乐祁犁没有听从陈寅的意见，仍然执意归国。

【大行】正杨见襄二十三·七·三。

【宋必……成焉】补宋必然会背叛我国，不如扣留住乐祁犁的尸体以要求[对我方有利的]讲和[条件]。

【州】正补见隐十一·三·一。

〇正下启定九年宋景公使乐大心如晋迎乐祁犁之尸（定九·一）。

定公八年·四

地理鲁、齐、曹、晋见定地理示意图 1。鲁、齐、曹、晋、瓦、廩丘见定地理示意图 3。

人物鲁定公（定元·〇）、曹靖公、国惠子（定三—定四·春秋）、阳虎（昭二十七·七）、冉猛（定八·一·一·三）、高昭子（昭二十九·二·春秋）、范献子（襄十四·四·五）、赵简子（昭二十五·二·春秋）、中行文子（昭二十九·五·一）

春秋二月，公鲁定公侵齐。

〇正本年早先侵齐未能得志，故又侵之。

三月，公鲁定公至自侵齐。

〇正此条《春秋》无对应《左传》。

曹伯露曹靖公卒。

【曹伯露】补曹靖公。姬姓,名露,谥靖。曹平公(昭十一·二·春秋)之子,曹声公之弟。定五年弑曹隐公而即位,在位四年。定八年卒。

○正此条《春秋》无对应《左传》。

夏,齐国夏国惠子帅师伐我西鄙。

○补本年鲁两次侵齐,故齐伐鲁以报之。

公鲁定公会晋师于瓦。

【瓦】正杨补在今河南滑县瓦岗寨乡。卫地。参见《图集》24—25③5。

公鲁定公至自瓦。

○正此条《春秋》无对应《左传》。

左传【一】"公侵齐",攻廪 lǐn 丘之郛 fú。主人焚冲,或濡 rú 马褐以救之,遂毁之。主人出,[我]师奔。阳虎伪不见冉猛者,曰:"猛冉猛在此,[我师]必败。"猛逐之齐师,顾而无继,伪颠。虎阳虎曰:"尽客气也。"

【廪丘】杨补见襄二十六—襄二十七·一。

【郛】补见隐五·八·一。

【主人……毁之】正杨补廪丘守军放火焚烧[鲁师]攻城车,[鲁师中]有人浸湿了粗麻布短衣灭火,最终毁坏了廪丘外城。

【师奔】杨鲁师奔逃。

【猛在此,必败】正补冉猛如果在这里,[我军]必定失败。本年初阳州之役,冉猛伪装成足伤而先归,故阳虎出此言以刺激冉猛。

【猛逐……伪颠】正杨补冉猛[受阳虎言语激励,]追逐廪丘守军,回头看到没有后援,便假装[不支从车上]跌下。

【尽客气也】 正 补 阳虎意谓,鲁师士卒没有入主廪丘之心,作战时表现出的都是过客的气势。

【二】夏,齐国夏国惠子、高张高昭子伐我西鄙。晋士鞅范献子、赵鞅赵简子、荀寅中行文子救我。"公会晋师于瓦。"范献子执羔,赵简子、中行文子皆执雁。鲁于是始尚羔。

【范献……尚羔】 正 杨 按春秋时贽见之礼,来宾按照自己的身份与任务,手执某种礼物,举行相见仪式。鲁有三卿,原来皆以羔为见面礼。晋有六卿,仅首卿范献子执羔,其余执雁。鲁自此仿效晋礼,以羔为贵,专属于首卿。

定公八年 · 五

地理 陈、晋、郑、卫、曹、鲁见定地理示意图1。陈、晋、郑、卫、曹、鲁、温、原、虫牢见定地理示意图3。

人物 陈怀公(定三—定四·春秋)、范献子(襄十四·四·五)、曹靖公(定八·四·春秋)、季桓子(定五·四·二)、孟懿子(昭七·九·二·一)、卫灵公(昭七·十二·一·一)、赵简子(昭二十五·二·春秋)、涉佗(昭二十二·五·二)、成何、王孙贾、成桓公

春秋 秋,七月壬辰七日,陈侯柳陈怀公卒。

○ 正 此条《春秋》无对应《左传》。

晋士鞅范献子帅师侵郑,遂侵卫。

葬曹靖公。

○ 正 此条《春秋》无对应《左传》。

九月，葬陈怀公。

○ 正 补 据隐元·五，诸侯五月而葬。陈怀公三月而葬，于礼为速。

○ 正 此条《春秋》无对应《左传》。

季孙斯季桓子、仲孙何忌孟懿子帅师侵卫。

左传【一·一】晋师将盟卫侯卫灵公于鄟 zhuān 泽。赵简子曰："群臣谁
敢盟卫君卫灵公者？"涉佗、成何曰："我能盟之。"

【鄟泽】 正 补 泽名。卫地。

【涉佗、成何】 正 晋大夫。

○ 正 补 晋师自瓦回国，过卫地，遂盟卫灵公于鄟泽。卫灵公去年叛
晋而与齐盟，故赵简子询问军中谁能盟卫灵公并使其畏服。

【一·二】卫人请［晋人］执牛耳。成何曰："卫，吾温、原也，焉得视
诸侯？"

【卫人请执牛耳】 正 盟誓时用牛耳，由卑者手执，尊者莅临。卫于晋
虽为小国，但此次为卫灵公与晋大夫盟，则卫灵公应为尊。因此卫人
请晋大夫执牛耳，而卫灵公莅临。

【卫，吾……诸侯】 正 杨 补 卫，［不过和］我国的温县、原县［差不
多］，哪里能和诸侯一样看待？视，比拟。【温】 补 见隐三·四·二。
此时为晋县。【原】 补 见隐十一·三·一。此时为晋县。

【一·三】将歃 shà，涉佗捘 zùn 卫侯卫灵公之手，［血流］及捥（腕）。卫
侯怒。王孙贾趋进，曰："盟以信（伸）礼也，有如卫君，其敢不
唯礼是事而受此盟也？"

【将歃……及捥】 正 杨 补 ［卫灵公手捧敦］正欲歃血，涉佗推卫灵
公手，［敦中牲血溅出流］到卫灵公手腕上。捘，推。

【王孙贾】 正 杨 补 姬姓，王孙氏，名贾，字商。卫康伯（即王孙牟，

昭十二·十一·二)之后。卫大夫。《论语·宪问》:"子言卫灵公之无道也。康子曰:'夫如是,奚而不丧?'孔子曰:'仲叔圉治宾客,祝鮀治宗庙,王孙贾治军旅。夫如是,奚其丧?'"可见王孙贾有治军之才。

【盟以……卫君】 杨 补 盟誓是用来伸张礼仪的,就像卫君所做的那样。王孙贾意谓,卫灵公伸礼,则晋大夫为非礼。

【二·一】卫侯卫灵公欲叛晋,而患诸大夫。王孙贾使[公]次于郊。

【郊】 补 卫都郊外。

大夫问故,公卫灵公以晋诟语 yù 之,且曰:"寡人辱社稷,其改卜嗣,寡人从焉。"

【晋诟】 正 杨 晋人施加的羞辱。诟,耻。

【改卜嗣】 正 改卜其他公子以嗣先君。参见僖十五·八·一·八"其卜贰圉也"。

大夫曰:"是卫之祸,岂君之过也?"

公曰:"又有患焉,[晋]谓寡人'必以而(尔)子与大夫之子为质'。"

【质】 补 人质。

大夫曰:"苟有益也,公子则往。群臣之子,敢不皆负羁绁以从?"

【羁绁】 补 见僖二十三—僖二十四·九·二。

【二·二】[公子与大夫之子]将行,王孙贾曰:"苟卫国有难,工商未尝不为患,使皆行而后可。"公卫灵公以告大夫,乃皆将行之。

○ 正 补 卫灵公、王孙贾上述安排,是为了激起诸公子、诸大夫、工、商对晋人的怨恨,从而为叛晋作舆论准备。

【二·三】行有日,公卫灵公朝国人,使贾王孙贾问焉,曰:"若卫叛晋,晋五伐我,病何如矣?"

【行有日】正补已经定下[公子、大夫之子、工商业者]启程日期。

【病】补困苦。

[国人]皆曰:"五伐我,犹可以能战。"

贾曰:"然则如叛之!病而后质焉,何迟之有?"

【如】杨当。

【病而……之有】补[晋如果屡次讨伐我国,使我国]困苦不堪,而后再输送人质,有什么晚的呢?

[卫]乃叛晋。晋人请改盟,[卫]弗许。

【三】秋,晋士鞅范献子会成桓公侵郑,围虫牢,报伊阙què也。遂侵卫。

【成桓公】正补姬姓,成氏,谥桓。郕简公(昭七·八·三)之后。周王室卿大夫。

【虫牢】杨见成五·七·春秋。

○正补定六年郑伐周,及于伊阙之外(定六·四)。本年晋侵郑,以为周王室报仇为名,而实为讨其叛晋而与齐结盟。侵郑之后,晋又侵卫,亦讨其叛晋。

【四】九月,[我]师侵卫,晋故也。

定公八年·六

地理卫、郑见定地理示意图1。卫、郑、曲濮见定地理示意图3。

　　人物 卫灵公(昭七·十二·一·一)、郑献公(昭三十·二·二)

　　春秋 冬,卫侯 卫灵公、郑伯 郑献公盟于曲濮。

　　【曲濮】 正 杨 补 在今河南长垣东北,濮水曲折之处。卫地。参见《图集》24—25③5。

定公八年·七

　　地理 鲁见定地理示意图 1。鲁、成、五父之衢、谨、阳关见定地理示意图 4。

　　人物 阳虎(昭二十七·七)、季寤、公锄极、公山不狃(定五·四·一)、叔孙辄、叔仲志、鲁僖公(闵二·三·二)、季桓子(定五·四·二)、公敛阳(定七·六)、孟懿子(昭七·九·二·一)、林楚、公期、鲁定公(定元·〇)、叔孙武叔

　　春秋 [我]从祀先公。

　　〇 正 补 从祀,即顺祀,也就是按去世顺序祭祀先君,即先祭祀鲁闵公,后祭祀鲁僖公。自文二年将鲁僖公位次升至鲁闵公之上,至今已一百二十三年。参见文二·五"逆祀"。

　　盗窃宝玉、大弓。

　　【盗】 正 阳虎为家臣,位贱,名氏不得见于《春秋》,故称"盗"。

　　【宝玉、大弓】 正 补 应即是定三—定四·五·四提及的夏后氏之璜及封父之繁弱弓。

　　左传 [一] 季寤 wù、公锄极、公山不狃 niǔ 皆不得志于季氏。叔孙辄无宠于叔孙氏。叔仲志不得志于鲁。故五人因阳虎。阳虎欲去三桓,以季寤更季氏,以叔孙辄更叔孙氏,已更孟氏。

【季寤】正补 姬姓,季氏,名寤,字言。季平子(昭九·六·二)之子,季桓子(定五·四·二)之弟。定八年叛乱事败出奔。其名(寤)、字(言)相应,《仓颉篇》:"觉而有言曰寤。"《毛诗·邶风》:"寤言不寐。"

【公锄极】正 杨 补 姬姓,公锄氏,出自季氏,名极。隐侯伯之子,公锄(襄二十三·八·一·一)(字锄)曾孙。

【叔孙辄】正补 姬姓,叔孙氏,名辄,字张。叔孙成子(定元·二·一)庶子。定十二年奔齐。哀八年前已至吴。

【叔仲志不得志于鲁】正 杨 补 襄三十一年叔仲昭伯窃取鲁昭公拱璧,由是得罪鲁君。昭十二年叔仲穆子与南蒯、公子慭谋逐季氏,事败,叔仲穆子禄位几乎不保。叔仲志不得志于鲁,推而可知。【叔仲志】正 杨 补 姬姓,叔仲氏,出自叔孙氏,名志。叔仲穆子(襄二十三·八·一·一)之子,叔仲昭伯(襄七·三·一)之孙。

【因】杨 依靠。

【以季寤更季氏】正补 让季寤代替季桓子[担任季氏族长]。

【己更孟氏】正补 [阳虎]自己代替孟懿子[担任孟氏族长]。阳虎为孟氏之后,因而有此谋划。

[二] 冬,十月,[阳虎]顺祀先公而祈焉。辛卯二日,[阳虎]禘dì 于僖公鲁僖公。壬辰三日,[阳虎]将享季氏季桓子于蒲圃而杀之,戒都车曰:"癸巳四日至。"

【冬,十……祈焉】正补 据文二·五·一的分析,鲁僖公在前、鲁闵公在后的"逆祀"做法,应该是三桓诸卿为首的"逆祀派"斗败了"顺祀派"卿大夫之后确定下来的。因此,阳虎将祭祀顺序改回"顺祀",是表明自己在一百二十多年后终于纠正了三桓诸卿的违礼做法,宣示自己"反三桓"的决心,为接下来针对三桓族长的"斩首"行动提供正当性。

【禘于僖公】正补 在鲁僖公庙举行禘祭。此为常禘,见闵二·二·春秋。笔者认为,鲁僖公在僖十七年淮之会后就一直在打压三桓诸卿,而培植以东门襄仲、臧文仲为首的亲国君诸卿,以扩张公室权威。因此,阳虎祭祀鲁僖公,是在表明自己致力于继承鲁僖公遗志,宣示自己"张公室"的决心,为接下来针对三桓族长的"斩首"行动提供正当性。

【享】补见桓九—桓十・一・二。【蒲圃】补见襄四・三・一。

【戒】杨敕令。【都车】补大城邑中的兵车。这里所说的"都"应该是指季氏所拥有的各个大城邑,包括公山不狃所控制的费邑。都参见闵二・七・四"大都耦国"以及昭二十六・三・三・一"有都,所以卫国也"。

○正补阳虎计划在三日(壬辰)行享礼时杀季桓子,然后在四日(癸巳)率领从季氏各都邑集结到国都的兵车攻打叔孙氏、孟氏。笔者对阳虎为什么要采取这样的极端措施有详细分析,参见专著《陵迟:鲁国的困境与抗争》(出版中,暂定书名)相关章节。

成宰公敛处父 fǔ,公敛阳告孟孙孟懿子,曰:"季氏戒都车,何故?"

【成】补见桓六・三・春秋。此时为孟氏采邑。

【宰】补邑宰,见襄七・三・一。

【季氏戒都车】杨阳虎为季氏家宰,此时已控制了季氏家政,故公敛阳曰"季氏戒都车"。

孟孙曰:"吾弗闻。"

处父公敛阳曰:"然则乱也。[难]必及于子,先备诸(之乎)。"

[处父]与孟孙以壬辰三日为期。

○正补[孟氏成邑宰公敛阳]与孟懿子约定于三日[率成邑私卒入

鲁都以备不测〕。笔者认为,孟氏应是设法与被阳虎控制的季桓子取得了联系,表示如果季桓子自己能想办法从阳虎党羽的挟持中挣脱出来,那么孟氏愿意接应收容季桓子。

【三】 阳虎前驱,林楚御桓子季桓子,虞人以铍 pī、盾夹之,阳越殿,将如蒲圃。

【林楚】补季氏家臣,林氏,名楚,字南。【御】补为……驾车。

【虞人】补鲁外朝地方官,职掌山林水泽物产、国君田猎。

【铍】补见襄十七·四·三·一。

【阳越】正补阳氏,名越。阳虎(昭二十七·七)从弟。定八年被孟氏所杀。

桓子咋(乍)谓林楚曰:“而(尔)先皆季氏之良也,尔以是继之?”

【咋】正杨突然。

【尔以是继之】补你就这样继承你的先辈? 指林楚助阳虎为虐。

[林楚]对曰:“臣闻命后。阳虎为政,鲁国服焉。违之征死,[臣]死无益于主季桓子。”

【臣闻命后】正杨补臣下听到这话已经晚了。

【违之征死】杨补违背他就是找死。征,召。

桓子曰:“何后之有? 而(尔)能以我适孟氏乎?”

[林楚]对曰:“[臣]不敢爱死,惧不免主[于难]。”

【爱】杨惜。

桓子曰:“往也!”

孟氏选圉 yǔ 人之壮者三百人,以为公期筑室于门外。林楚怒马,及衢 qú 而骋。阳越射之,不中。[桓子之车入于孟氏,]筑者阖门。有自门间射阳越,杀之。

【孟氏……门外】正 杨孟氏以为公期建房为由聚集壮丁,实际上是准备接应季桓子。圉人,男奴隶。

【公期】正 补姬姓,孟氏,字期。孟氏支子。

【怒马】正 杨 补策马使其激奋。

【衢】补大街。

【四】阳虎劫公鲁定公与武叔叔孙武叔,以伐孟氏。公敛处父公敛阳帅成人自上东门入,与阳氏战于南门之内,弗胜;又战于棘下,阳氏败。

【武叔】正 补叔孙武叔。姬姓,叔孙氏,名州仇,谥武,排行叔。叔孙成子之子。鲁大夫,官至卿位。任司马(卿职)。

【成人】补成邑之人。【上东门】正鲁都东城北门。

【阳氏】补这里应该是指仍然服从于阳虎的阳氏族人。参见下引《公羊传》"阳越者,阳虎之从弟也,为右;诸阳之从者,车数十乘"。

【棘下】正城内地名。

【五·一】阳虎说(脱)甲如公宫,取宝玉、大弓以出。[虎]舍 shè 于五父 fǔ 之衢 qú,寝而为食。

【五父之衢】补见襄十一·一·一。

【寝而为食】杨[阳虎]睡下,而[让随从]做饭。

其徒曰:"追其将至!"

虎阳虎曰:"鲁人闻余出,喜于征 tīng(缇)死,何暇追余?"

【征死】杨缓死。征,缓。

从者曰："噫！速驾，<u>公敛阳</u>在。"

【五·二】<u>公敛阳</u>请追之_{阳虎}，<u>孟孙</u>_{孟懿子}弗许。<u>阳</u>_{公敛阳}欲杀<u>桓子</u>_{季桓子}，<u>孟孙</u>惧而归之_{季桓子}。

【归之】杨 把季桓子送回家。

【五·三】<u>子言</u>_{季寤}辨舍 shè 爵于<u>季氏</u>之庙而出。

【辨舍爵于季氏之庙】正 补 在季氏祖庙里向祖宗一一斟酒祭告。此为出奔前告别之礼。辨，周遍。舍爵，参见<u>桓二·五·二</u>。

【六】阳虎入于讙、阳关以叛。

【讙】杨 见<u>桓三·六·春秋</u>。【阳关】杨 见<u>襄十七·四·一·一</u>。○补 下启定九年鲁伐阳关（<u>定九·四·二</u>）。

○杨 补 **传世文献对读**：《公羊传·定公八年》叙此事，与《左传》不同，可扫码阅读。

定公八年·八

地理 郑见定地理示意图 1。

人物 驷歂、游吉（<u>襄二十二·七·二</u>）

左传 郑<u>驷歂</u> chuán 嗣<u>子大_(太)叔</u>_{游吉}为政。

【驷歂】正 补 姬姓，驷氏，名歂，字然，谥庄。驷乞（<u>昭十九·十·一</u>）之子。郑大夫，官至卿位。定八年任为政（卿职，继游吉）。

定公九年·一

地理 宋、晋见定地理示意图1。

人物 宋景公（昭二十·四·三）、乐大心（昭七·七·三·二）、向巢、
乐祁犁（昭二十二·二·三）、乐溷（定六·五·二）

春秋 九年，春，王正月。

左传 九年，春，宋公宋景公使乐大心盟于晋，且逆乐祁乐祁犁之尸。
[乐大心]辞，伪有疾。[公]乃使向巢如晋盟，且逆子梁乐祁犁之尸。

【且逆乐祁之尸】 补 而且去迎回乐祁犁的尸体。定八年乐氏大宗宗
主乐祁犁死于晋。如今宋景公派乐氏小宗族人、乐溷之族父乐大心
去晋迎接乐祁犁之尸。

【向巢】 正 杨 补 子姓，向氏，名巢。向戌（成十五·六·三）之孙或
曾孙。宋大夫，任左师（卿职）。哀十四年奔鲁。

子明乐溷谓桐门右师乐大心出，曰："吾犹衰 cuī 绖 dié，而子击钟，
何也？"右师乐大心曰："丧不在此故也。"既而[右师]告人曰："己
乐溷衰绖而生子，余何故舍钟？"

【子明谓桐门右师出】 正 杨 补 向巢出城后，乐溷族父乐大心前往
乐溷住处，乐溷由此确认乐大心先前是装病，于是呵斥乐大心，命他
出去，并且出言指责他。

【吾犹……何也】 正 杨 补 我仍然穿着丧服[，因此不能出国]，而您
击钟[为乐，可见并无疾患]，为什么[不往晋迎乐祁犁]呢？衰绖见僖
六—僖七·三。

【丧不在此故也】 杨 补 这是因为[乐祁犁的]丧事不在这里的缘故。
乐大心意谓，乐祁犁之子为丧主，自应服衰绖；我为乐氏族人，此时已
除丧服，乐祁犁之丧又不在宋而在晋，因此可以击钟为乐。

子明闻之,怒,言于公宋景公曰:"右师将不利戴氏,不肯适晋,将作乱也。不然,无疾。"[宋]乃逐桐门右师。

【右师将不利戴氏】正 补 乐大心将[做出]不利于乐氏[的事情]。戴氏,指乐氏,因其为宋戴公之后,参见哀二十六·二·四。昭二十五年时乐大心已有不满于乐氏大宗的言论,可参看昭二十五·一·一。【适】补 往。

【不然,无疾】杨 补 [乐大心]如果不是[想要作乱],就不会[伪装]有病。

【乃逐桐门右师】正 补 于是[后来]驱逐了乐大心。乐大心于定十年出奔曹,《左传》提前言之。

定公九年·二

地理 郑见定地理示意图1。

人物 驷歂(定八·八)、邓析

左传 【一】郑驷歂 chuán 杀邓析,而用其《竹刑》。

【邓析】补 郑人。定九年被驷歂所杀(有争议,详见下)。《荀子·非十二子》评价其人"不法先王,不是礼义,而好治怪说,玩琦辞,甚察而不惠,辩而无用,多事而寡功,不可以为治纲纪。然而其持之有故,其言之成理,足以欺惑愚众"。

【竹刑】正 杨 补 写在竹简上的刑律。此刑律应比昭六年公孙侨铸在鼎上的刑律更加完备。

○杨 补 传世文献对读:《吕氏春秋·离谓》载邓析之事,可扫码阅读。

《吕氏春秋·离谓》记载了邓析帮助民众依据公孙侨所公布的刑律进行狱讼,并从中牟利,给郑狱讼秩序带来破坏性影响,最终被公孙侨所杀之事。《荀子·宥坐》亦称邓析为公孙侨所杀。邓析究竟为何人所杀虽有异议，但《离谓》篇所载公孙侨执政期间民众依据官方刑律进行狱讼，争辩是非，此与昭六年公孙侨铸刑书时羊舌肸预言"民知争端矣，将弃礼而征于书，锥刀之末，将尽争之，乱狱滋丰，贿赂并行"（昭六·三·二）颇相合，很可能反映了当时的真实情况。可以想象邓析在其狱讼实践过程中，发现了公孙侨所铸刑书中许多不完善的地方，在此基础上编撰了更为严密完备的《竹刑》。

【二】君子谓："子然_{驷歂}于是不忠。苟有可以加于国家者，弃其邪可也。《静女》之三章，取彤管焉。《竿旄 máo》'何以告之'，取其忠也。故用其道，不弃其人。《诗》云：'蔽芾 fèi 甘棠，勿翦勿伐，召伯所茇 bá。'思其人，犹爱其树，况用其道而不恤其人乎？子然无以劝能矣。"

【子然于是不忠】补 子然在这件事上算不得公忠体国。从下文"苟有可以加于国家者，弃其邪可也"判断，此处之"忠"，最接近于僖九·二·一二荀息所言"公家之利，知无不为，忠也"之"忠"，所以译为"公忠体国"。

【弃其邪】正 杨 不追究他的邪恶。邓析之"邪"可参见上引《荀子》及《吕氏春秋》。

【《静女》……管焉】正 补《毛诗·邶风·静女》共三章，第一章为"静女其姝，俟我于城隅。爱而不见，搔首踟蹰"，第二章为"静女其娈，贻我彤管。彤管有炜，说怿女美"，第三章为"自牧归荑，洵美且异。匪女之为美，美人之贻"。可译为"善良姑娘真美好，城墙一角等我来。躲躲藏藏不见面，让我搔头又徘徊"，"善良姑娘真漂亮，送我红管情意长。细看红管光闪闪，我爱红管为姑娘"，"野地采回那柔荑，真是美丽又稀奇。并非柔荑多美丽，美女所赠应珍惜"。第二章之"彤管"即第三章之"柔荑"。所谓"取彤管焉"，是指取诗作者喜爱静女、珍惜静女所赠彤管的情意。此处君子以美女比邓析,以彤管比《竹刑》,意谓郑执政应珍惜为国编制《竹刑》的邓析。【彤管】补白茅(*Imperata cylindrica* (L.) Beauv)早春苞叶初出土的幼嫩穗苞,形状为两头尖,中间鼓,露出部分为紫红色,包在心叶中的部分为嫩白色。

【《竿旄》……忠也】正 杨 补《毛诗·鄘风·干旄》第三章有"彼姝者子,何以告之",可译为"那个美好的人,我拿什么奉送他"。所谓"取其忠焉",是指取诗作者对"彼姝者子"的忠心。

【蔽芾……所芨】补见于《毛诗·召南·甘棠》(全诗见襄十四·四·七)。

定公九年·三

地理郑见定地理示意图 1。

人物郑献公(昭三十·二·二)

春秋夏,四月戊申二十二日,郑伯虿 chài,郑献公卒。

定公九年·四

地理鲁、郑、齐、晋见定地理示意图 1。鲁、郑、齐、晋、阳关见定地理示意图 3。

人物郑献公(昭三十·二·二)、阳虎(昭二十七·七)、齐景公(襄二十五·一·四)、鲍文子(成十七·四·三·一)、季桓子(定五·四·二)、孔子(僖二十七—僖二十八·二十五·三)

春秋[我]得宝玉、大弓。

六月,葬郑献公。

○正补据隐元·五，诸侯五月而葬。郑献公三月而葬，于礼为速。
○正此条《春秋》无对应《左传》。

左传【一】夏，阳虎归宝玉、大弓。[《春秋》]书曰"得"，器用也。凡获器用曰"得"，得用焉曰"获"。

【得用焉曰"获"】正补应用器物而得的成果《春秋》称为"获"，包括获囚俘及获野兽，参看僖元·六·春秋"获莒挐"，哀十四·一·春秋"获麟"。

【二】六月，[我师]伐阳关。阳虎使焚莱门。[我]师惊，[虎]犯之而出，奔齐。

【阳关】补见襄十七·四·一·一。此时为阳虎所占据。
【莱门】正阳关邑门之一。
【师惊……奔齐】杨鲁师惊骇，[阳虎]突围而出，奔逃到齐。

【三】[虎]请[齐]师以伐鲁，曰："三加[师于鲁]，必取之。"齐侯齐景公将许之。鲍文子谏曰：

【三加】正补三次施加[武力于鲁]。即三次讨伐鲁。

"臣尝为隶于施氏矣，鲁未可取也。上下犹和，众庶犹睦，能事大国，而无天灾，若之何取之？

【臣尝为隶于施氏矣】正补指鲍文子早年在鲁大夫施氏家担任家臣。参见成十七·四·三·二。

"阳虎欲勤齐师也。齐师罢(疲)，大臣必多死亡，己阳虎于是乎奋其诈谋。夫阳虎有宠于季氏，而将杀季孙季桓子，以不利鲁国，而求容焉。[阳虎]亲富不亲仁，君焉用之？君富于季氏，而大于鲁国，兹阳虎所欲倾覆也。鲁免其疾，而君又收之，无乃害乎!"

【勤】杨劳。

【求容】正补请求[齐]收容。

【兹】杨补此,指齐侯之国。

【四·一】齐侯齐景公执阳虎,将东之。阳虎愿东,[齐人]乃囚诸(之于)西鄙。[阳虎]尽借邑人之车,锲其轴,麻约而归之。[阳虎]载葱灵,寝于其中而逃。[齐人]追而得之,囚于齐。[阳虎]又以葱灵逃,奔宋,遂奔晋,适赵氏。

【将东之】杨补准备把他送到齐东部。齐东部远离中原,出逃不便。

【阳虎……西鄙】正补阳虎[表示]愿意[被囚禁在齐]东部,[齐人]于是把他囚禁在西部边境地区。阳虎实际上希望被安置在接近中原的齐西部,以便于出奔至其他国家。阳虎预料自己如果主动提出要求,齐人由于认为阳虎狡诈,必然会反其道而行之,所以谎称愿意服从齐人命令到齐东部去。齐人果然中计,认为阳虎此举有诈,于是将其安置在齐西部。

【尽借……归之】正杨补[阳虎]把所居住邑中的马车全部借来,用刀深刻车轴,缠上麻然后归还。车轴被深刻,在快速行驶时则容易折断,这是阳虎在为逃亡作准备,他预期自己逃跑时,邑中齐人会驾着这些车追赶他,到时候车轴折断,则难以追上。【轴】补参见《知识准备》"车马"。

【载葱灵,寝于其中而逃】正杨[阳虎]在葱灵车上载满[衣物],自己睡在衣物中逃跑。睡在衣物中,是为了防止他人看见。【葱灵】正补葱(异体作蔥),通窗。灵,今作棂,窗内横木。葱灵是一种有车窗、有窗棂、前后有屏蔽、用来装载衣物的车。日本藏《玉篇》古写本残卷作"窗軨",窗为窗异体字,軨为车前及左右横木,可备一说。

【齐】补指齐都临淄。

○补 **传世文献对读**：《韩非子·难四》论及此事，可扫码阅读。

【四·二】仲尼_{孔子}曰："赵氏其世有乱乎！"
○补 下启定十三范氏、中行氏伐赵氏（定十三·二）。

○补 **传世文献对读**：《孔子家语·辩物》记载了孔子上述评论的上下文背景，可扫码阅读。
○杨 补 **传世文献对读**：《韩非子·外储说左下》论阳虎相赵氏成效，与《左传》所叙史事颇合，可扫码阅读。

定公九年·五

地理 齐、卫、晋见定地理示意图 1。齐、卫、晋、五氏、夷仪、中牟、禚、媚、杏、冠氏见定地理示意图 3。

人物 齐景公（襄二十五·一·四）、卫灵公（昭七·十二·一·一）、敝无存、东郭书、王猛、褚师圃（昭二十·五·一）

春秋 秋，齐侯_{齐景公}、卫侯_{卫灵公}次于五氏。

【五氏】正 杨 补 在河北武安午汲村已发现其遗址（详见下）。晋邑，曾为邯郸午采邑。参见《图集》24—25②5。

○补 **武安午汲古城遗址**：城址平面呈不规则长方形，东西长889米，南北宽768米。城址内发现了春秋至战国古墓群。有学者认为午汲古城就是春秋五氏邑所在地。

左传 【一·一】秋，齐侯_{齐景公}伐晋夷仪。

【夷仪】杨 补 在河北邢台西。晋地。因与卫夷仪（闵二·八·一）

为两地,故特加"晋"字以示区别。

○[正][补]定八年卫叛晋,叛晋则必事齐。当年晋侵卫,鲁亦为晋伐卫,故本年齐景公伐晋以报之。参见哀十五·三·三。

【一·二】敝无存之父将室之,[敝无存]辞,以[女]与其弟,曰:"此役也[吾若]不死,反(返),必娶于高、国。"[敝无存]先登,求自门出,死于霤 liù 下。

【敝无存】[正]齐人。【室之】[正]为敝无存娶妻。

【必娶于高、国】[正][补]高氏、国氏世代为齐上卿(参见僖十二—僖十三·二·一)。敝无存认为此役将有功,返国后将得以娶名门望族之女。

【先登……霤下】[正][杨][敝无存]先登[城墙入城],又寻求从城门出城,死在城门檐沟之下。

【一·三】东郭书让(攘)登,犁弥王猛从之,曰:"子让(攘)而左,我让(攘)而右,使登者绝而后下。"书东郭书左,弥王猛先下。

【让登】[杨]抢登。让(繁体为讓),推。

【犁弥】[补]王猛。王氏,名猛,字犁弥。

【子让……后下】[正][杨][补]您抢登上城后向左[拼杀],我抢登上城后向右[拼杀],等[齐师]登城之人到齐,而后[我们一起]下去。

书与王猛息。

【息】[正]战斗结束后休息。

猛王猛曰:"我先登。"

书敛甲,曰:"曩 nǎng 者之难,今又难焉!"

【书敛甲】[正][补]东郭书收拾甲胄[,将要与王猛打斗]。

【曩者之难,今又难焉】杨 补之前[先我而下,]让我为难;如今[以此自夸,]又让我为难!

猛笑曰:"吾从子,如骖之靳 jìn。"

【靳】补参见《知识准备》"车马"。

○补王猛笑着说:"我跟随您,如同骖马上的靳环[套着骖马]。"

【二·一】晋车千乘 shèng 在中牟。卫侯卫灵公将如五氏,卜过之中牟,龟焦。卫侯曰:"可也! 卫车当其半,寡人当其半,敌矣!"乃过中牟。

【晋车千乘在中牟】正 补晋兵车屯驻在中牟,应是为了救援夷仪。

【中牟】正 杨 补在今河南鹤壁以西。晋邑,曾为赵氏采邑。参见《图集》22—23⑥11。

【卫侯将如五氏】补卫灵公将要前往五氏。齐、卫应是约好在五氏会合,因此卫灵公前往。

【龟焦】正 杨 补灼龟而焦,则兆象不成,无法用来占卜。焦,《说文》引作"𤈦",疑为古文正字。

【卫车……敌矣】正 杨 补卫师[五百辆]兵车可以抵挡晋师[一千辆兵车]的一半,寡人[亲在军中]可以抵挡晋师[一千辆兵车]的另一半,这样就和晋师匹敌了!

【二·二】中牟人欲伐之。卫褚 zhǔ 师圃亡在中牟,曰:"卫虽小,其君在焉,未可胜也。齐师克城而骄,其帅又贱,遇,必败之。不如从齐。"[中牟人]乃伐齐师,败之。

【卫褚师圃亡在中牟】补昭二十年褚师圃奔晋,此时在中牟。

○补综合《春秋》《左传》描述,此次战役的一个可能过程如下:卫师欲前往五氏与齐师会合,则一定要经过中牟。中牟人放过卫师,卫师于是到达五氏,击溃守卫五氏的晋大夫邯郸午守军(参见定十·一·

二·二）。齐师攻克夷仪之后，也前往五氏，由于骄傲疏于防备，在途中被中牟人击败。此后齐师到达五氏，与卫师会合（参见定九·五·春秋）。齐、卫虽合兵次于五氏，但认为继续西进伐晋无望，于是罢兵各自回国。

【三·一】**齐侯**齐景公**致禚** zhuó**、媚、杏于卫。**

【禚】杨见庄二·四·春秋。

【媚】正杨补在今山东禹城西北。齐邑。参见《图集》26—27③3。

【杏】正杨补在今山东东阿西北。齐邑。参见《图集》26—27③3。
○正补三邑皆在齐、卫边境，齐景公将其赠予卫，以答谢卫全力与齐共同伐晋之厚意。

【三·二】**齐侯赏犁弥**王猛**。犁弥辞，曰："有先登者，臣从之，皙帻** zé(齰)**而衣** yì**狸制。"**

【皙】正肤色白。

【帻】正补《说文》引作"齰"，应为古文正字，指牙齿上下相齐。

【狸制】正杨狸皮斗篷。

公齐景公**使**[犁弥]**视东郭书。**[犁弥]**曰："乃夫子**东郭书**也——吾贶** kuàng**子**东郭书**。"**

【乃夫子也——吾贶子】正杨补[王猛先对齐景公说：]"正是那一位先生"，[然后对东郭书说：]"我[把]赏赐[让给]您"。

公赏东郭书。[东郭书]**辞，曰："彼**王猛**，宾旅也。"乃赏犁弥。**

【彼，宾旅也】杨补他，是[新来的]羁旅之臣。羁旅之臣应受优待，参见昭元·九·三·二。

【三·三】**齐师之在夷仪也，齐侯谓夷仪人曰："得敝无存者，以**

五家免。"乃得其尸。公三襚之,与之犀轩与直盖,而先归之。
[公]坐引者,以师哭之,亲推之三。

【以五家免】[正]赏赐五户,免除劳役。

【三襚】[正][杨]"襚"见文九·四·春秋,此处作动词,为死人穿衣。把尸体搬到袭上而为其穿衣,为一襚;小敛时为其穿衣,为二襚;大敛时为其穿衣,为三襚。

【犀轩】[正][补]以犀皮做装饰的轩车,是卿所乘车。轩见闵二·五·二。【直盖】[正][杨]马车上的车盖,直柄,形似长柄伞。

【坐引……之三】[正][杨][补]齐景公让牵引灵柩车的人跪坐[,灵柩车暂停],让军队为敝无存哭泣,而且亲自推灵柩车三下。

○[补]可能是齐景公得知了敝无存希望战胜归国后娶于高、国的愿望,于是给予他"三襚""犀轩""直盖""坐引者""以师哭之""亲推之三"的特别待遇。

○[补]定四年以来,郑、卫先后叛晋而事齐,宋也因乐祁犁之事欲叛晋。本年齐景公联合卫灵公伐晋,战事结束后奉送边境三邑给卫以表谢意,而且以卿礼厚待敝无存,似乎是想要树立英主形象,挑战晋霸主地位,争夺中原霸权。

定公九年·六

[地理]秦见定地理示意图1。

[人物]秦哀公(定三—定四·十九·二)

[春秋]秦伯_{秦哀公}卒。

冬,葬秦哀公。

定公十年·一

地理 鲁、齐、晋、卫、北燕见定地理示意图 1。鲁、齐、晋、卫、夹谷、郓（西郓）、讙、龟阴、邯郸、五氏见定地理示意图 3。

人物 鲁定公（定元·○）、齐景公（襄二十五·一·四）、赵简子（昭二十五·二·春秋）、孔子（僖二十七—僖二十八·二十五·三）、王猛（定九·五·一·三）、兹无还、梁丘据（昭二十·八·一·一）、卫灵公（昭七·十二·一·一）、邯郸午、涉佗（昭二十二·五·二）、成何（定八·五·一·一）

春秋 十年，春，王三月，[我]及齐平。

○正 定八年鲁人两次侵齐，至本年两国讲和。

夏，公鲁定公会齐侯齐景公于夹谷。

【夹谷】 杨 补 在今山东济南莱芜西南李条庄村南的夹谷峪。齐地。参见《图集》26—27③4。

公鲁定公至自夹谷。

○正 此条《春秋》无对应《左传》。

晋赵鞅赵简子帅师围卫。

齐人来归郓 yùn、讙 huān、龟阴田。

【郓、讙、龟阴】 正 这三个城邑都属于汶阳之田范围。

【郓】 杨 西郓，见成四·六·春秋。

【讙】 杨 见桓三·六·春秋。

【龟阴】 正 杨 补 在今山东泰安徂徕镇东。鲁邑。定十年前曾被齐占据，定十年齐归之于鲁。参见《图集》26—27③4。

左传【一〇·一】十年,春,"及齐平"。

【一〇·二】夏,公_{鲁定公}会齐侯_{齐景公}于祝其_(实夹谷),孔丘_{孔子}相 xiàng。

【实夹谷】 正 补 [祝其]就是[现在的]夹谷。祝其为旧名称,夹谷是本段成文时的名称。

【孔丘相】 正 补 孔子佐助[鲁定公]盟会礼仪。

犁弥_{王猛}言于齐侯_{齐景公}曰:"孔丘_{孔子}知礼而无勇。若使莱人以兵劫鲁侯_{鲁定公},必得志焉。"齐侯从之。

【莱人】 正 杨 莱见宣七·二·春秋,襄六年被齐所灭,迁于郳。夹谷所在的今山东济南莱芜区境本为莱人流落聚居之处,齐景公可就地召唤使用他们。相关地理形势参见襄地形示意图 3,可扫码阅读。

【兵】 补 武器。

孔丘_{鲁定公}以公退,曰:"士,兵之! 两君合好,而裔夷之俘以兵乱之,非齐君_{齐景公}所以命诸侯也。裔不谋夏,夷不乱华,俘不干盟,兵不逼好——于神为不祥,于德为愆 qiān 义,于人为失礼,君必不然。"齐侯闻之,遽辟_(避)之。

【士,兵之】 正 补 战士们,拿起武器[攻上去]!

【裔夷之俘】 正 杨 补 裔,边远,这里是华夏之外的意思。莱,东夷国。莱被齐所灭,其民众为齐人俘虏,故称其为"裔夷之俘"。

【干】 正 犯。

【愆】 补 失。

【遽辟之】 正 使莱人避退。

将盟,齐人加于载书曰:"齐师出竟_(境),而[鲁]不以甲车三百乘 shèng 从我者,有如此盟!"孔丘使兹无还 xuán 揖对,曰:"而[齐]不反_(返)我汶阳之田,吾以共_(供)命者,亦如之!"

【载书】补见僖二十五—僖二十六·四·二。

【齐师……此盟!】正补齐师[如果]出境[作战],[鲁]如果不派三百辆兵车跟随,[必遭神谴,]如同此次盟誓[诅咒所言]!

【兹无还】正鲁大夫。

【而不……如之】正补[齐]如果不先归还我国汶阳之田,使得我国可以依靠[它]来供给[齐的]命令,[必遭神谴,]也如此次盟誓[诅咒所言]!成八年晋迫使鲁将汶阳之田交给齐(参见成八·一)。

齐侯齐景公将享公鲁定公。孔丘谓梁丘据曰:"齐、鲁之故,吾子何不闻焉?事既成矣,而又享之,是勤执事也。且牺、象不出门,嘉乐不野合。飨而既具,是弃礼也;若其不具,用秕 bǐ 稗 bài 也。用秕稗,君辱;弃礼,名恶。子盍(何不)图之?夫享,所以昭德也。不昭,不如其已也。"乃不果享。

【享】补见桓九—桓十·一·二。

【故】正旧典。

【事】正会盟之事。

【勤】补劳烦。

【牺、象】正补牺尊、象尊,享礼用酒器。

【嘉乐】正钟磬之乐。

【飨而……稗也】正杨补[在祝其这种野外地点举行]飨礼,如果[上述牺、象、嘉乐]都具备,则是抛弃了["牺、象不出门,嘉乐不野合"的]礼制;如果不具备,那就得用秕子稗子[一样的替代品]。【秕】正子实不饱满的谷物。【稗】正补学名 *Echinochloa crusgalli* (L.) Beauv.,禾本科一年生草本植物,稻田常见杂草,形态特征与水稻相似,极难去除。

【已】杨止。

{一·三}"齐人来归郓、谨、龟阴之田。"

○正补《春秋》书晋赵简子围卫在前,齐人来归田在后,而《左传》则反之。可能《左传》是为终言夹谷之会后齐人归汶阳三邑之事,故将其提前至此;而《春秋》所据为诸侯通告上所书时间(晋、卫之事)及事件发生时间(齐、鲁之事)。

○ 杨 补 **传世文献对读**:《穀梁传·定公十年》叙此事与《左传》不同,多出斩杀侏儒一事,可扫码阅读。
○ 杨 补 **传世文献对读**:《孔子家语·相鲁》叙此事始末更详细,且多处与《左传》不同,可扫码阅读。

[二·一] 晋赵鞅_{赵简子}围卫,报夷仪也。

○ 正 定九年齐、卫伐晋夷仪,故本年晋围卫以报之。

[二·二] 初,卫侯_{卫灵公}伐邯郸午于寒氏,城其西北而守之,[晋师]宵熸_{jiān}。

【邯郸午】 正 补 嬴姓,邯郸氏,出自赵氏,名午。赵顷子(襄二十三·七·三)之子。晋邯郸大夫。定十三年被赵简子囚于晋阳,同年被赵简子所杀。食采于邯郸。【邯郸】 正 杨 补 在今河北邯郸已发现其遗址(详见下)。本为卫邑,定十年地已入于晋,先为赵氏小宗邯郸氏核心城邑,后归于赵简子。参见《图集》24—25②5。

【寒氏】 正 补 即五氏,见定九·五·春秋,在邯郸附近。

【城其……宵熸】 正 杨 补 [卫师]在寒氏城西北筑城并派兵据守,[晋师]在晚上溃散。

及晋围卫,午_{邯郸午}以徒七十人门于卫西门,杀人于门中,曰:"请报寒氏之役。"涉佗曰:"夫子_{邯郸午}则勇矣,然我往,[彼]必不敢启门。"[涉佗]亦以徒七十人,且门焉,步左右,皆至而立,如植。日中,[卫人]不启门,[涉佗]乃退。

【门】 补 攻打城门。

【涉佗……启门】杨 补 涉佗说："这个人的确勇敢,但是如果我去,[他们]肯定不敢开门[出战]。"涉佗意谓卫人惧怕自己甚于惧怕邯郸午。定八年涉佗曾在盟会时欺侮卫灵公,因此卫人惧怕他。

【门焉】补 攻打城门。

【步左右】正 走向城门左右两边。

【如植】正 补 像树木一样[站立不动]。

○补 **邯郸故城遗址**：遗址先后为春秋时期晋邑、战国时期赵国都城、汉代邯郸县。遗址内的古城址包括赵王城及大北城两部分。其中,赵王城为战国时赵国都城宫城遗址,分为东、西、北三城,平面呈"品"字形,类似于晋都新田的格局。大北城位于宫城的东北,面积比赵王城大,叠压在邯郸市区下面。有学者认为,大北城的前身就是春秋邯郸故城,大北城最晚在春秋时期已有一定规模,赵都迁入后继续扩建,比赵王城早,延续时间也长。

[二·三] 反(返)役,晋人讨卫之叛故,曰"由涉佗、成何",于是执涉佗以求成于卫。卫人不许。晋人遂杀涉佗,成何奔燕。

【讨】杨 责问。

【由涉佗、成何】正 杨 补 是由于涉佗、成何。涉佗、成何欺侮卫灵公之事见定八·五·一·三。

【求成】补 求和。

【燕】杨 补 应为北燕(庄三十一—庄三十一·一)。

君子曰："此之谓弃礼,必不钧(均)。《诗》曰'人而无礼,胡不遄 chuán 死',涉佗亦遄矣哉!"

【此之谓弃礼,必不钧】杨 补 这叫作抛弃礼制,[两个人的罪过]肯定不均等。成何仅在言语上把卫比作晋县,而涉佗则动手推搡卫灵公。二人皆为无礼,而涉佗罪过更重。

【人而无礼,胡不遄死】补见昭三・四・一・二。

定公十年・二

地理鲁、齐见定地理示意图 1。鲁、齐、郈、宿见定地理示意图 4。

人物叔孙武叔(定八・七・四)、孟懿子(昭七・九・二・一)、叔孙成子(定元・二・一)、公若藐、公南、侯犯、圉人、驷赤

春秋叔孙州仇叔孙武叔、仲孙何忌孟懿子帅师围郈 hòu。

【郈】正补见昭二十五・九・一。此时为叔孙氏采邑。

秋,叔孙州仇叔孙武叔、仲孙何忌孟懿子帅师围郈。

左传【一】初,叔孙成子欲立武叔叔孙武叔。公若藐固谏,曰“不可”。成子叔孙成子立之叔孙武叔而[成子]卒。公南使贼射之叔孙武叔,不能杀。公南为马正,使公若公若藐为郈 hòu 宰。

【公若藐固谏,曰“不可”】补公若藐坚决劝谏,说“不可以”。笔者认为,叔孙武叔既然排行“叔”,则一定不是长子,而很可能与季悼子情况相似,是叔孙成子的爱子。公若藐劝谏详细内容已不可知,但据春秋时卿大夫选择继承人时常有的状况推测,公若藐反对的理由很可能是因为叔孙武叔之立不合“有嫡立嫡,无嫡立长”的礼制。参见襄二十三・八・一・一所叙季武子立季悼子之事。【公若藐】正补姬姓,叔孙氏,名藐,字若。叔孙氏族人。定十年被叔孙武叔指使圉人所杀。

【公南】正杨补姬姓,叔孙氏,字南。叔孙氏马正。公若藐上级、同党。

【马正】补见襄二十三・八・一・三。

【宰】补邑宰,见襄七・三・一。

【二】武叔_{叔孙武叔}既定，使郘马正侯犯杀公若_{公若藐}，不能。其_{叔孙武叔}圉 yǔ 人曰："吾以剑过朝，公若必曰：'谁之剑也？'吾称子_{叔孙武叔}以告，[公若]必观之。吾伪固而授之末，则可杀也。"[武叔]使如之。公若曰："尔欲吴王我乎？"[圉人]遂杀公若。侯犯以郘叛。武叔_{叔孙武叔}、懿子_{孟懿子}围郘，弗克。

【圉人】补见庄三十二·四·二。

【吾伪固而授之末】正我假装固陋[不懂礼节]，而把剑尖递给公若。据《礼记·少仪》，授人以刀剑，应以柄向受者，而以锋刃向己。

【尔欲吴王我乎】正补你想把我当作吴王么？公若藐意谓，圉人想效仿鱄设诸刺杀吴王州于一样刺杀自己。鱄设诸杀吴王州于之事见昭二十七·二。

【三】秋，二子及齐师复围郘，弗克。

【二子】补叔孙武叔、孟懿子。

叔孙_{叔孙武叔}谓郘工师驷赤曰："郘非唯叔孙氏之忧，社稷之患也。将若之何？"

【工师】正补卿大夫家臣，掌采邑工匠。

[驷赤]对曰："臣之业，在《扬水》卒章之四言矣。"叔孙稽 qǐ 首。

【臣之……言矣】正杨臣下的事业，在《扬水》末章的四个字里。《毛诗·唐风·扬之水》末章有"我闻有命"。驷赤意谓接受叔孙武叔之命。

【叔孙稽首】正补叔孙武叔行稽首大礼拜谢驷赤接受自己的命令。稽首见僖五·二·二·一。

【四】驷赤谓侯犯曰："[郘]居齐、鲁之际而无[所服]事，必不可矣。子盍(何不)求事于齐以临民？不然，[民]将叛。"侯犯从之。

【居齐、鲁之际而无事】正 补 [郈邑]处在齐、鲁之间却无所事奉。
【临】补 监临,统治。

[五] 齐使至。驷赤与郈人为之宣言于郈中曰:"侯犯将以郈易于齐,齐人将迁郈民。"众凶惧。

驷赤谓侯犯曰:"众言异矣。子不如易[郈]于齐,与其死也。犹是郈也,而[难]得纾焉,何必此郈? 齐人欲以此郈逼鲁,必倍与子地。且盍(何不)多舍 shè 甲于子之门,以备不虞?"侯犯曰"诺",乃多舍甲焉。

【子不……必此】正 杨 补 与其[被众人杀]死,您不如拿郈邑与齐人做交易。还[可以在齐得到和]郈邑[一样大的土地],而且[患难]可以得到缓解,为什么非要[死抱着]这里[不放]?
【舍】杨 置。
【不虞】补 意外。虞,度。

[六] 侯犯请易于齐。齐有司观郈。[齐人]将至,驷赤使周走呼曰:"齐师至矣!"郈人大骇,介侯犯之门甲,以围侯犯。驷赤将射之[郈人],侯犯止之,曰:"谋免我[于死]。"侯犯请行,[郈人]许之。

【有司】补 见僖十二—僖十三·二·一。
【介侯犯之门甲】杨 穿上侯犯[先前放置在]门口的甲胄。

驷赤先如宿,侯犯殿。[侯犯]每出一门,郈人闭之。[侯犯]及郭门,[郈人]止之,曰:"子以叔孙氏之甲出,有司若诛之,群臣惧死。"驷赤曰:"叔孙氏之甲有物,吾未敢以出。"犯侯犯谓驷赤曰:"子止而与之数 shǔ。"驷赤止,而纳鲁人。

【宿】杨 补 见隐元·八·春秋。此时已为齐邑。由郈至宿,不过西行十余里。

【有司若诛之】 正 杨 补 官员如果要治失甲之罪。诛,责。

【物】 正 补 标记。

【鲁人】 补 此鲁人即为包围郈邑的鲁师之人。

〔七〕 侯犯奔齐。齐人乃致郈[于鲁]。

【齐人乃致郈】 正 杨 补 齐人就把[刚接收的象征]郈邑[所有权的
土地簿册送还给鲁人]。

○ 正 下启本年叔孙武叔聘于齐(定十·四)。

定公十年·三

地理 宋、曹见定地理示意图 1。

人物 乐大心(昭七·七·三·二)

春秋 宋乐大心出奔曹。

○ 正 乐大心奔曹缘由参见定九年(定九·一)。

定公十年·四

地理 宋、陈、齐、卫、郑、鲁见定地理示意图 1。

人物 公子地(昭二十·四·春秋)、齐景公(襄二十五·一·四)、
卫灵公(昭七·十二·一·一)、游速(昭十八·三·二·三)、叔孙
武叔(定八·七·四)、宋景公(昭二十·四·三)、公子辰(成九—
成十·一)、仲佗、石䵺、蘧富猎、向魋、鲁定公(定元·○)、侯犯(定
十·二·二)

春秋 宋公子地出奔陈。

冬，齐侯_{齐景公}、卫侯_{卫灵公}、郑游速会于安甫。

○┃正┃此条《春秋》无对应《左传》。

叔孙州仇_{叔孙武叔}如齐。

○┃正┃┃杨┃┃补┃《春秋》书叔孙武叔如齐在前，宋公子、大夫出奔陈在后，而《左传》反之。可能《春秋》所据为事件发生时间（叔孙武叔如齐）及宋人通告上所书时间（宋国之事），而《左传》所据皆为事件发生时间。

宋公_{宋景公}之弟辰_{公子辰}暨jì仲佗、石𫷷kōu 出奔陈。

【暨】┃正┃与。

【仲佗】┃正┃┃补┃子姓，仲氏，名佗，字服。仲几（昭二十二·二·三）之子。宋大夫，官至卿位。定十年奔陈。定十一年自陈入于萧以叛。

【石𫷷】┃正┃┃补┃子姓，石氏，名𫷷。公子段（襄二十·七·一）（字石）之子。宋大夫，官至卿位。定十年奔陈。定十一年自陈入于萧以叛。

┃左传┃【一·一】 宋公子地嬖bì 蘧qú 富猎，十一分其室，而以其五与之_{蘧富猎}。

【嬖】┃补┃宠信。

公子地有白马四。公_{宋景公}嬖向魋tuí，魋_{向魋}欲之_{白马}。公取［公子地之马］而朱其尾、鬣liè 以与之_{向魋}。地_{公子地}怒，使其徒抶chì 魋而夺之。魋惧，将走，公闭门而泣之，目尽肿。

【向魋】┃正┃┃补┃子姓，向氏，名魋，向巢（定九·一）之弟，向戌（成十五·六·三）之孙或曾孙，宋桓公（庄十一·二·二·二）之后。宋大夫，官至卿位。任司马（卿职）。哀十四年入于曹以叛，同年奔卫。后奔齐。食采于鄵。

【朱其尾、鬣】┃杨┃┃补┃把马尾、马鬣（马颈上长毛）涂成红色。

【抶】补笞击。

母弟辰公子辰[言于地]曰："子公子地分室以与猎蘧富猎也,而独卑
雌,亦有颇焉。子为君宋景公礼,不过出竟(境),君必止子。"

【母弟】补同母弟,胞弟。

【颇】补偏颇,不公平。

【子为君礼】杨补您对待国君一向守礼[并无宿怨]。

[一·二] 公子地出奔陈,公弗止。辰公子辰为之请,[公]弗听。辰
曰："是我迁 kuāng(诓)吾兄公子地也。吾以国人出,君谁与处?"
冬,母弟辰暨仲佗、石彄出奔陈。

【迁】正杨欺。

○补下启定十一年公子辰及仲佗、石彄、公子地自陈入于萧以叛(定
十一·一)。

[二] 武叔叔孙武叔聘于齐。

○正叔孙武叔此次聘于齐,是为拜谢齐归还郓邑。

齐侯齐景公享之,曰:"子叔孙叔孙武叔! 若使郓 hòu 在君鲁定公之他
竟(境),寡人何知焉? 属 zhǔ 与敝邑际,故敢助君忧之。"

【享】补见桓九—桓十·一·二。

【属与敝邑际】杨补[郓邑]恰好与我国交界。属,适。际,交界。

[武叔]对曰:"非寡君鲁定公之望也。所以事君齐景公,封疆社稷是
以,敢以家隶侯犯勤君齐景公之执事? 夫不令之臣,天下之所恶
wù 也,君岂以[不令之臣]为寡君赐?"

【所以……执事】正杨补我们事奉您,是用[我们]疆土与国家政
权[的人力物力],怎敢用[叛变的]家臣(指侯犯)来劳烦您的官使?

【不令】 杨 不善。

【君岂以为寡君赐】 补 贵国君主难道会把［不善的臣子］作为给我国君主的恩赐吗？

定公十一年·一

地理宋、陈、曹见定地理示意图1。宋、陈、曹、萧见定地理示意图3。

人物宋景公(<u>昭二十·四·三</u>)、公子辰(<u>成九一成十·一</u>)、仲佗(<u>定十·四·春秋</u>)、石弨(<u>定十·四·春秋</u>)、公子地(<u>昭二十·四·春秋</u>)、乐大心(<u>昭七·七·三·二</u>)、向魋(<u>定十·四·一</u>)

春秋十有(又)一年,春,<u>宋公</u>宋景公<u>之弟辰</u>公子辰<u>及仲佗、石弨</u>kōu<u>、公子地</u>自陈入于萧以叛。

【萧】正杨见庄十二一庄十三·一·二。此时为宋邑。

○补《春秋》不直书公子辰,而点出其为宋景公之弟,表明宋景公在此事上有过错。宋景公之过,在于宠信向魋,而疏远兄弟。

夏,四月。

秋,宋<u>乐大心</u>自曹入于萧。

○正补定十年乐大心奔曹(<u>定十·三</u>),此时加入在萧邑的公子辰及其党羽的行列。

左传十一年,春,<u>宋公</u>宋景公<u>母弟辰</u>公子辰暨jì<u>仲佗、石弨、公子地</u>入于萧以叛。秋,<u>乐大心</u>从之。大为宋患,[公]宠<u>向魋</u>tuí故也。

【母弟】补同母弟,胞弟。

○补下启定十四年公子辰自萧奔鲁(<u>定十四·九·春秋</u>),及哀十四年向魋入于曹以叛(<u>哀十四·七</u>)。

定公十一年·二

地理鲁、郑、晋见定地理示意图1。

人物 子叔成子

春秋 冬,［我］及郑平。

○ 正 定六年鲁伐郑,取匡(定六·二),从此两国有怨,至本年讲和。

叔还 xuán,子叔成子 如郑莅盟。

【叔还】 正 补 子叔成子。姬姓,子叔氏,名还,谥成。西巷敬叔之子,定伯阅之孙,子叔敬子(襄三十·八·春秋)之曾孙。鲁大夫,官至卿位。哀十四年卒。【莅盟】 补 见隐七·七·一·二。

左传 "冬,及郑平",［我］始叛晋也。

○ 正 杨 补 晋政多门,国势衰弱,霸主地位渐失,此前齐、郑、卫皆已叛晋而另组同盟。鲁自成公初年以来,世代服于晋。定十年鲁与齐讲和,定十一年鲁又与郑讲和,其实质是加入齐—郑—卫同盟而叛晋,故曰"始叛"。

定公十二年·一

地理 薛见定地理示意图 4。

人物 薛襄公(定三—定四·春秋)

春秋 十有(又)二年,春,薛伯定_{薛襄公}卒。

夏,葬薛襄公。

定公十二年·二

地理 鲁、卫、曹、齐见定地理示意图 1。鲁、卫、曹、齐、郈、费、成、郓、
姑蔑见定地理示意图 4。

人物 叔孙武叔(定八·七·四)、公孟彄、季桓子(定五·四·二)、孟
懿子(昭七·九·二·一)、鲁定公(定元·〇)、齐景公(襄二十五·
一·四)、滑罗、仲由、公山不狃(定五·四·一)、叔孙辄(定八·七·
一)、季武子(襄六·五·春秋)、孔子(僖二十七—僖二十八·二十
五·三)、申句须、乐颀、公敛阳(定七·六)

春秋 叔孙州仇_{叔孙武叔}帅师堕 huī 郈 hòu。
【堕郈】正 补 毁坏郈邑城墙。堕,毁。【郈】 补 见昭二十五·九·
一。此时为叔孙氏采邑。

卫公孟彄 kōu 帅师伐曹。
【公孟彄】正 补 姬姓,公孟氏,名彄,公孟絷(昭七·十二·一·一)
之子。卫大夫,官至卿位。定十四年奔郑,自郑奔齐。哀十年自齐归
于卫。哀十五年又奔齐。

季孙斯_{季桓子}、仲孙何忌_{孟懿子}帅师堕费 bì。

【费】补见僖元·六。此时为季氏采邑。

○补笔者认为,季桓子是故意带上孟懿子去拆毁费邑城墙,其用意一是要以身作则,二是要让孟懿子现场体会邑宰发动采邑民众叛乱的恐怖,从两方面给孟懿子施加压力,从而促使孟懿子尽快落实"堕三都"的既定政策,尽快拆毁从未叛乱过的成邑的城墙。

○补李廉曰:"费,鲁强邑。僖元年,赐季友汶阳之田及费,于是为季氏邑矣。自南遗既城之后(在襄七年),费邑强,南蒯继为费宰,非特季氏世卿,而陪臣亦世其邑。昭十二年,南蒯欲出季氏,不克,以费叛如齐。十三年叔弓围费,弗克,败焉。十四年,费人叛南氏,蒯奔齐,齐来归费。及季桓子立,公山不狃为费宰。定八年,不狃以费叛。十二年,始用子路堕三都,不狃、叔孙辄帅费人袭鲁,孔子命申句须、乐顽伐之。二子奔齐,遂堕费。此一费之始终也,而季氏之盛衰可考矣。"

秋,[我]大雩yú。

【雩】补见桓五·四·春秋。
○正此条《春秋》无对应《左传》。

冬,十月癸亥二十七日,公鲁定公会齐侯齐景公盟于黄。

【黄】杨见桓十六—桓十七·一·一。
○正补鲁叛晋,故转而与齐盟。
○正此条《春秋》无对应《左传》。

十有(又)一月丙寅朔初一,日有食之。

【朔】补见桓三·五·春秋。
【日有食之】补见隐三·一·春秋。
○正此条《春秋》无对应《左传》。

公鲁定公至自黄。

○正此条《春秋》无对应《左传》。

十有二月,公鲁定公围成。

【成】补见桓六·三·春秋。此时为孟氏采邑。

公鲁定公至自围成。

○正补成邑强,如敌国,鲁定公兴师伐之,出入皆告于宗庙,《春秋》因而书之。参见桓二·五。

○正此条《春秋》无对应《左传》。

左传[一·一]十二年夏,卫公孟彄伐曹,克郊。

【郊】正杨补在今山东定陶西南。曹邑。参见《图集》24—25③6。

[一·二][师]还,滑罗殿。[卫人]未出[曹竟],[滑罗]不退于列。

【滑罗】正卫大夫。

【未出,不退于列】正杨补[卫师]尚未出[曹边境之前],[滑罗]没有[按殿后应做的那样,]退在部队行列之后[,而是留在行列之中]。

其御曰:“殿而在列,其为无勇乎?”

【御】补驾车人。

罗滑罗曰:“与其素厉,[吾]宁为无勇。”

【与其素厉,宁为无勇】正杨补与其空得[殿后]勇猛[的名声],[我]宁愿被人认为没有勇气[而问心无愧]。滑罗认为曹人必不敢追赶,因此认为殿后之勇是有名无实。素,空。厉,猛。

【二·一】仲由为季氏宰,将堕_{huī}三都。于是叔孙氏堕郈。

【仲由】 正 补 子姓,仲氏,名由,字路,排行季。鲁卞邑之人,孔子弟子,比孔子小九岁。"孔门十哲"之一,以政事见长。定十二年已为季氏家宰。哀七年已为孔氏蒲邑宰。哀十五年被卫太子蒯聩之徒所杀。其名(由)、字(路)相应,路为人行所由,《孟子·离娄上》"舍正路而弗由",成语"必由之路"可参。据《大戴礼记·卫将军文子》,孔子弟子端木赐认为:"不畏强御,不侮矜寡,其言曰性,都其富哉,任其戎,是仲由之行也。夫子未知以文也,诗云:'受小共大共,而为下国恂蒙。何天之宠,傅奏其勇。'夫强乎武哉,文不胜其质。"

【宰】 补 见文十七—文十八·七。

【将堕三都】 正 杨 补 [仲由]将要毁坏三都的城墙。"三都"指叔孙氏之郈,季氏之费,以及孟氏之成。经过三家长期经营,这三个主要采邑已经达到大城邑的规模,故称"三都"。昭十二年季氏费邑宰南蒯以费叛,定八年费邑宰公山不狃以费叛,定十一年叔孙氏郈邑马正侯犯以郈叛,对季氏、叔孙氏造成重大损害,因此两家能认同仲由老师孔子的谋划(详见下),下决心毁坏费、郈城墙。孟氏成邑之宰公敛阳则颇有胆识才干(参见定七·六及定八·七),且并无反叛之举,因此孟氏并不愿意毁坏成邑城墙,如下文《左传》所述。

【于是叔孙氏堕郈】 补 此时叔孙氏已经毁坏了郈邑城墙。叔孙氏家臣侯犯以郈叛,定十年叔孙武叔、孟懿子两次率师围之而不克,可见郈邑城守之固。因此,定十年最终平定侯犯叛乱之后,叔孙武叔听取仲由建议,毁坏郈邑城墙,以防止家臣再起祸乱。

○ 补 **传世文献对读**:据《公羊传·定公十二年》,"孔子行乎季孙,三月不违,曰:'家不藏甲,邑无百雉之城。'于是帅师堕郈,帅师堕费"。则《公羊传》版本认为此事谋主和执行者皆为孔子,而支持者是季桓子。据《孔子家语·相鲁》,"孔子言于定公曰:'家不藏甲,邑无百雉之城,古之制也。今三家过制,请皆损之。'乃使季氏宰仲由堕三都"。《史记·孔子世家》版本与《家语》版本略同。则《家语》《史记》版本认为此事谋主为孔子,执行者为其学生仲由,而支持者是鲁定公。

○补笔者对"堕三都"的谋划过程有详细分析,请见专著《陵迟:鲁国的困境与抗争》(出版中,暂定书名)相关章节。

【二·二】季氏将堕费,公山不狃 niǔ、叔孙辄帅费人以袭鲁。公 鲁定公与三子入于季氏之宫,登武子 季武子之台。费人攻之,弗克,入及公侧。仲尼 孔子命申句 qú 须、乐颀 qí 下,伐之,费人北。国人追之,败诸(之于)姑蔑。二子奔齐。[鲁]遂堕费。

【公山不狃】正补费邑宰,不得志于季氏。参见定八·七·一。

【叔孙辄】正补叔孙氏族人,不得志于叔孙氏。参见定八·七·一。

【三子】杨补季桓子、叔孙武叔、孟懿子。

【入及公侧】杨补疑为"矢及公侧",可译为"箭已射到鲁定公身边"。参见襄二十三·六·六"矢及君屋"。

【申句须、乐颀】正鲁大夫。

【姑蔑】杨即蔑,见隐元·二·春秋。

【二子】正公山不狃、叔孙辄。

○补鲁定公与三桓躲入季氏之宫的事实说明,当时季氏之宫已经修筑得比公宫还要险固。国君与三桓聚于台上,公山不狃乱党在台下强攻,在此危急时刻,到底是应该让所有士兵死守在台上,还是应该派一部分士兵下台与乱党厮杀? 在鲁定公与三桓惊慌失措之时,孔子挺身而出作了决定,选派得力将士下台杀敌,最终取得胜利,可见孔子有急智、有武略。

【二·三】将堕成,公敛处父 fǔ,公敛阳谓孟孙 孟懿子:"堕成,齐人必至于北门。且成,孟氏之保障也。无成,是无孟氏也。子伪不知,我将不堕。"

【公敛处父】 杨 补 成邑宰。邑宰见襄七·三·一。

【堕成……北门】 正 杨 补 毁坏成邑城墙[之后]，齐人必然可以直抵鲁都北门。成在鲁都稍西而北五十余里，是鲁北部边境重镇，所以公敛阳有此说法。

冬，十二月，公 鲁定公 围成，弗克。

○ 补 三桓之中，只有孟氏的核心私邑成邑城墙没有被拆毁，在当时孟懿子一定认为自己占了很大的便宜。然而，孟懿子没有料到的是，这个结果为哀十五年成邑邑宰占据成邑发动叛乱埋下了伏笔（哀十四—哀十五）。

定公十三年·一

地理 齐、卫、晋见定地理示意图1。齐、卫、晋(绛)、垂葭、河水、河内见定地理示意图3。

人物 齐景公(襄二十五·一·四)、卫灵公(昭七·十二·一·一)、邴意兹

春秋 十有(又)三年,春,齐侯齐景公、卫侯卫灵公次于垂葭 jiā。

【垂葭】 杨 补 在今山东巨野西南境。卫地。参见《图集》26—27④3。

左传【一】 十三年,春,"齐侯、卫侯次于垂葭(实郹 jú 氏)",使师伐晋。[齐侯]将济河,诸大夫皆曰"不可"。邴 bǐng 意兹曰:"可。锐师伐河内,传 zhuàn 必数日而后及绛。绛不三月,不能出河,则我既济水矣。"[齐师]乃伐河内。齐侯皆敛诸大夫之轩,唯邴意兹乘轩。

【实郹氏】 正 补 [垂葭]就是[现在的]郹氏。垂葭为旧名称,郹氏是本段成文时的名称。

【河】 补 见闵二·五·三。

【邴意兹】 正 补 邴氏,名意兹。齐大夫。哀六年奔鲁。

【河内】 补 晋东南,河水西北地区。本为卫地。闵二年卫迁于河外(河水东南地区),河内之地遂入于晋。参见《图集》24—25③4—③5。

【传】 杨 补 见成五·四。【绛】 补 晋都,见成六·五·一·二。

【绛不……水矣】 杨 补 晋都发兵,不到三个月不能东渡河水[讨伐齐],那时我军早已渡河[回国]了。晋西、南、东三面被河水环绕,如同在一个口袋之中,因此邴意兹称晋师东渡河水为"出河"。

【轩】 补 见闵二·五·二。

【二】 齐侯齐景公欲与卫侯卫灵公乘 chéng,与之卫灵公宴,而[命齐人]驾

乘 shèng 广 guàng，载甲焉。[齐侯]使告曰："晋师至矣！"齐侯曰：
"比 bǐ 君卫灵公之驾也，寡人齐景公请摄。"[齐侯]乃介而与之卫灵公
乘，驱之。或告曰"无晋师"，乃止。

【齐侯……甲焉】 正 杨 补 齐景公想和卫灵公一同乘车，[于是一方
面]与卫灵公饮宴，另[一方面暗令齐人]套好战车，并在车上备好甲
胄。宴参见文四·四。驾，套车。

【使告……至矣】 正 补 [齐景公]使人[在饮宴时]进来报告："晋军
到了！"这是齐景公派人谎报军情。

【比君……请摄】 正 杨 补 等您套好车，寡人请代替[您的御者驾
车]。实际上，此时卫灵公之车已解马，突闻晋师至，情急之间，只能
乘齐景公已经备好的兵车，穿戴齐景公备好的甲胄。

【介】 杨 着甲。

○ 正 此事足见齐景公轻浮，无霸主格局，不足以成就功业。

定公十三年·二

地理 鲁、卫、曹、晋见定地理示意图1。卫、曹、晋（绛）、晋阳、朝歌、
邯郸、河水见定地理示意图2。

人物 公孟彄（定十二·二·春秋）、赵简子（昭二十五·二·春秋）、
中行文子（昭二十九·五·一）、范昭子、邯郸午（定十·一·二·
二）、涉宾、赵稷、籍秦（昭二十七·十）、董安于、范皋夷、梁婴父、知文
子（昭九·四·三）、魏襄子、晋定公（昭三十一·一·春秋）、韩简子
（昭三十二·五·春秋）、高强（昭二·一·二）

春秋 夏，[我]筑蛇渊囿 yòu。

【蛇渊囿】 杨 补 囿见庄十九—庄二十一—庄二十一·一。此囿在今
山东肥城南，大汶河北岸。【蛇】 补 水名，今名漕河，源于山东泰安
岱岳区北留村以东，西流至肥城市北庄村与浊河汇流，其下称漕浊
河，西南流至肥城肖家店村西，在堽城坝下游注入大汶河。

○[正]此条《春秋》无对应《左传》。

［我］大蒐 sōu 于比蒲。

【蒐】[补]见僖二十七—僖二十八·三。

○[正]此条《春秋》无对应《左传》。

卫公孟彄 kōu 帅师伐曹。

○[正]此条《春秋》无对应《左传》。

秋,晋赵鞅赵简子入于晋阳以叛。

【晋阳】[杨][补]在今山西太原西南晋源街道已发现其遗址(详见下)。晋邑,赵简子时成为赵氏核心城邑,三家分晋后成为赵国首个国都。参见《图集》22—23④9。

○[补]《史记·赵世家》记载本段《春秋》书法为"孔子闻赵简子不请晋君而执邯郸午、保晋阳,故书《春秋》曰'赵鞅以晋阳畔'"。

○[补]**晋阳古城遗址：**晋阳城先后为春秋中晚期晋卿赵氏宗邑、战国时期赵国早期都城、汉代代郡治所、北齐陪都、唐代北京、北汉都城,宋灭北汉时将其夷为平地。遗址内有一座周长一万四千八百米、面积约一千二百万平方米的古城址,可能就是春秋战国时期的晋阳城郭城。此外,在遗址西北五公里发现了晋卿赵简子大墓。

○[补]根据先秦时期地名命名的一般规律,晋阳(山西太原前身)应该是"晋水以北"的意思,说明如今流经太原市西南的晋水在春秋时期已经被叫作"晋水"。此外,在太原市西南有平原地带称为"大原"(昭元·五·一),是太原市名称的来源。有意思的是,位于山西南部的晋国核心区在远古时期也被称为"大原"(昭元·八·一·一),而晋国核心区范围内也有好几条河流被称为

"晋水"。有学者认为,由于晋人先在晋南开始发展壮大,然后向北部太原盆地开拓,因此太原市一带的"晋水""大原"等地名应该都是从南部核心区移植过来的。

冬,晋荀寅中行文子、士吉射范昭子入于朝zhāo歌以叛。

【士吉射】正补范昭子。祁姓,范氏,出自士氏,名吉射,谥昭。范献子(襄十四·四·五)之子。晋大夫,官至卿位。定十三年可能已任下军佐(卿职)。定十三年奔朝歌以叛。哀三年奔邯郸。哀四年奔鲜虞,同年入于柏人。哀五年奔齐。

【朝歌】补见襄二十三·七·三。

晋赵鞅赵简子归于晋。

左传【一·一】晋赵鞅赵简子谓邯郸午曰:"归我卫贡五百家,吾舍shè诸(之于)晋阳。"午邯郸午许诺。[午]归,告其父兄。父兄皆曰:"不可。卫是以为邯郸,而置诸(之于)晋阳,绝卫之道也。不如侵齐而谋之。"[午]乃如之,而归之卫贡于晋阳。

【邯郸】补见定十·一·二·二。

【归我……晋阳】正补还给我卫进贡的五百户人家,我将把他们安置在晋阳。以往年史事推之,应该是定十年赵简子率晋师围卫后,卫人惧怕,于是向赵氏大宗宗主赵简子进贡了五百户人家,当时安置在靠近卫的邯郸,由赵氏小宗邯郸氏管理。本年赵简子准备将这五百家迁到自己的核心大邑晋阳。

【卫是……道也】正杨补卫送来这五百家本是为了邯郸,如果[就这样]把他们安置到晋阳,[那就会]断绝[邯郸与]卫[之间友好往来]的道路。

【不如侵齐而谋之】正补不如侵伐齐而图谋[解决]此事。邯郸午父兄意谓,邯郸人侵齐,齐必来报复,然后邯郸人以惧怕齐人对卫贡五百家造成伤害为借口把卫贡五百家迁徙到晋阳，则邯郸与卫可保持友好。

【一·二】赵孟赵简子怒，召午邯郸午，而囚诸(之于)晋阳。[赵孟]使其从者说(脱)剑而入，涉宾不可。[赵孟]乃使告邯郸人曰："吾私有讨于午也，二三子唯所欲立。"遂杀午。赵稷、涉宾以邯郸叛。

【赵孟……晋阳】 正 杨 补 赵简子发怒，召来邯郸午，而把他囚禁在晋阳。赵简子可能是认为邯郸午私自侵齐是目无大宗宗主，或者认为他们在侵齐之后才归还卫贡五百家是违背先前承诺，所以发怒。

【涉宾】 正 补 涉氏，名宾。邯郸午家臣。定十三年以邯郸叛。

【二三子唯所欲立】 正 补 诸位可以按你们的愿望另立邯郸氏宗主。

【赵稷】 正 补 嬴姓，赵氏，名稷。邯郸午(定十·一·二·二)之子。定十三年以邯郸叛。哀四年邯郸降，奔临。同年至齐。

【二·一】夏，六月，上军司马籍秦围邯郸。邯郸午，荀寅中行文子之甥也；荀寅，范吉射范昭子之姻也，而相与睦，故[荀寅、范吉射]不与yù围邯郸，将作乱。

【上军司马】 补 见成十八·三·一。

【邯郸午，荀寅之甥也】 补 邯郸午是中行文子姊妹的儿子。

【荀寅，范吉射之姻也】 正 补 中行文子是范昭子女婿的父亲。也就是说，中行文子的儿子娶了范昭子的女儿。

○ 补 从定十四·十三"晋人败范、中行氏之师于潞，获籍秦、高强"可知，籍秦为范氏、中行氏党羽，而并不是赵氏党羽。当时晋三军将佐情况如下：知文子任中军帅，赵简子任中军佐；中行文子任上军帅，韩简子任上军佐；范昭子任下军帅，魏襄子任下军佐。从"上军司马籍秦围邯郸""[中行文子、范昭子]不与围邯郸"判断，赵简子应该是以国事为名命令中行氏控制的上军、范氏控制的下军出兵讨伐邯郸叛党，结果两军仅派出上军司马籍秦参与充数。中行文子、范昭子都没有参与包围邯郸,而是加紧谋划发动武装政变驱逐赵氏。

○ 补 邯郸赵氏一方面是受晋阳赵氏统领的赵氏小宗,另一方面又与中行氏建立了联姻友好关系。之所以会造成这样一个微妙的局面,地理因素可能起了重要作用:一、赵简子为宗主的赵氏大宗(晋阳赵氏)核心区晋阳位于太行山以西的太原盆地,而邯郸午为宗主的赵氏小宗(邯郸赵氏)核心区邯郸位于太行山以东的河北平原,地理上的阻隔使得邯郸赵氏逐渐获得较大的独立性。二、中行氏核心区是潞邑,与邯郸赵氏核心区邯郸之间距离近而且通过山谷间道路相互连通;中行氏重要领地是原白狄居地(即鲜虞、肥、鼓所在地),与邯郸一样位于太行山以东的河北平原上,之间没有高山阻隔,直接连通。地理上的接近和连通为中行氏拉拢邯郸赵氏奠定了基础,也为晋阳赵氏容忍邯郸赵氏与中行氏联姻提供了理由。实际上,范氏核心区朝歌也位于河北平原上,也就是说,后来作乱的范氏、中行氏、邯郸赵氏的核心区相互接近而且连通,形成了一个相互支撑的三角形态势。参见定地形示意图 2,可扫码阅读。

董安于闻之,告赵孟 赵简子,曰:"先备诸(之乎)?"

【董安于】 正 补 董氏,名安于。赵简子家臣,先后任秉笔、司马、宰人。定十四年自缢而死。

赵孟曰:"晋国有命,始祸者死。[吾]为后可也。"

【为后可也】 补 后发制人就可以了。

安于 董安于 曰:"与其害于民,宁 nìng 我独死。请以我说。"

【说】 杨 解说。

○ 正 补 董安于认为范氏、中行氏必将攻打赵氏,将使民众受兵革之害,故提出赵简子到时可以用自己作为解说,以换取赵氏安宁。

赵孟不可。

【二·二】秋,七月,范氏、中行氏伐赵氏之宫,赵鞅_{赵简子}奔晋阳。晋人围之。

【赵氏之宫】有学者认为,"赵氏之宫"可能并不在晋都新田遗址(参见成六·五·二)的"品"字形宫城内,而是宫城以东四座小城中的一座。

【三·一】范皋夷无宠于范吉射_{范昭子},而欲为乱于范氏。

【范皋夷】正 补 祁姓,范氏,出自士氏,名皋夷。范氏侧室子。晋大夫,官至卿位。定十三年可能已任下军佐(卿职),定十四年可能已任下军帅(卿职),哀元年可能已任上军帅(卿职)。哀三年被赵简子所杀。

梁婴父_{fǔ} 嬖_{bì}于知_{zhì}文子,文子_{知文子}欲以为卿。

【梁婴父】杨 补 梁氏,名或字婴。晋大夫,官至卿位。定十三年可能已任下军帅(卿职),定十四年可能已任上军佐(卿职),哀元年可能已被逐出卿列。【嬖】补 得宠。

韩简子与中行文子相恶_{wù}。

魏襄子亦与范昭子相恶_{wù}。

【魏襄子】正 补 姬姓,魏氏,名曼多,谥襄。魏简子之子,魏献子(襄二十三·六·二·一)之孙。晋大夫,官至卿位。定十三年可能已任下军佐(卿职),同年范昭子、中行文子出奔后可能升任上军佐(卿职),定十四年可能已任上军帅(卿职),哀元年可能已任中军佐(卿职)。

故五子谋,将逐荀寅_{中行文子},而以梁婴父代之;逐范吉射,而以范皋夷代之。

【五子】正范皋夷、梁婴父、知文子、韩简子、魏襄子。

【三·二】苟跞[i],知文子言于晋侯晋定公曰："君命大臣，'始祸者死'，载书在河。今三臣始祸，而独逐鞅赵简子，刑已不钧(均)矣。请皆逐之。"

【载书在河】正 补有沉在河水里的盟书[为证]。春秋时常以宝物沉祭河神(参见僖二十七—僖二十八·二十二·一)，此处则是将盟书沉入河中。从侯马盟书(参见成六·五·二)的实物来看，其材质多为石片、玉片，都是可以沉入水中的。

【三臣】杨 补范昭子、中行文子、赵简子。

冬，十一月，'苟跞'、'韩不信'韩简子、魏曼多魏襄子奉公晋定公以伐范氏、中行氏，弗克。二子将伐公晋定公。齐高强曰："三折肱知为良医。唯伐君为不可，民弗与也。我以伐君在此矣。三家未睦，可尽克也。克之，君晋定公将谁与？若先伐君，是使[三家]睦也。"[二子]弗听，遂伐公。国人助公，二子败，[三家]从而伐之。丁未十八日，苟寅、士吉射范昭子奔朝歌。

【二子】杨 补范昭子、中行文子。

【三折肱知为良医】杨 补三次大臂骨折之后就知道怎么做一个好医生。犹言"久病成良医"。

【与】补助。

【我以伐君在此矣】杨 补我就是因为讨伐国君[，所以]到了这里。昭十年高强攻打陈桓子、鲍文子，然后攻打齐景公，事败奔鲁，遂至晋。

【三家】正知氏、韩氏、魏氏。

【克之，君将谁与】杨 补攻克[三家]之后，国君[除了范氏、中行氏，]还能亲附谁？

【从而伐之】杨 补[知文子、韩简子、魏襄子]跟随[国人及公室军队〕讨伐范昭子、中行文子。

○补根据晋都新田遗址考古的成果(参见成六·五·二),当时的六大卿族可能在国都"品"字形内城之外各有一座小城。所以这场六大卿族之间的内战应该不是发生在内城的狭小空间里,而是以六座卿城作为根据地,发生在内城之外更加广阔的地区。

【三·三】韩韩简子、魏魏襄子以赵氏为请。十二月辛未十二日,赵鞅赵简子入于绛,盟于公宫。

【绛】补晋都,见成六·五·一·二。

定公十三年·三

地理薛见定地理示意图 4。

人物薛伯比

春秋薛弑其君比薛伯比。

【比】补薛伯比。任姓,名比。薛襄公(定三—定四·春秋)之子。定十三年即位,同年被国人所弑。

○正补据宣四·三·一·二,则臣弑君,《春秋》只称君之名,而弑君者以其国代之,则表明薛伯比无道。

定公十三年—定公十四年(定公十四年·一)

地理 卫、鲁、宋见定地理示意图1。

人物 公叔戍、赵阳、公叔文子(襄二十九·九·四)、卫灵公(昭七·十二·一·一)、史鳟(定十·一·二·二)、南子

春秋 十有(又)四年,春,卫公叔戍来奔。卫赵阳出奔宋。

【公叔戍】 补 姬姓,公叔氏,名戍。公叔文子(襄二十九·九·四)之子。卫大夫,官至卿位。定十四年奔鲁。

【赵阳】 正 补 赵氏,名阳。赵昭子之子,赵懿子(昭八—昭九·三)之孙。卫大夫,官至卿位。定十四年奔宋。

左传【一】 初,卫公叔文子朝,而请享灵公卫灵公。[文子]退,见史鳟qiū而告之。

【而请享灵公】 正 补 请求在家中设享礼招待卫灵公。"享"见桓九—桓十·一·二。

史鳟曰:"子必祸矣。子富而君卫灵公贪,[难]其及子乎!"

文子公叔文子曰:"然。吾不先告子,是吾罪也。君既许我矣,其若之何?"

史鳟曰:"无害。子臣,可以免。富而能臣,必免于难nàn,上下同之。戍公叔戍也骄,其亡乎!富而不骄者鲜xiǎn,吾唯子之见。骄而不亡者,未之有也。戍公叔戍必与yù焉。"

【子臣】 正 补 您[如果能谨守]臣道。

【上下同之】 正 补 无论上下都适用这一原则。

【吾唯子之见】 杨 补 即"吾唯见子",可译为"我只见过您一位"。

○ 补 **传世文献对读**：《论语·宪问》："子曰：'贫而无怨，难；富而无骄，易。'"孔子观点与史鳅似有不同。

【二】及文子公叔文子卒，卫侯卫灵公始恶 wù 于公叔戌，以其富也。公叔戌又将去夫人南子之党。夫人诉之曰："戌公叔戌将为乱。"十四年，春，卫侯卫灵公逐公叔戌与其党，故赵阳奔宋，戌公叔戌来奔。

【夫人】 正 补 南子。宋南氏女，子姓。卫灵公（昭七·十二·一·一）夫人。

○ 补 **传世文献对读**：《礼记·檀弓下》记载了公叔文子去世之后议谥之事，可扫码阅读。

定公十四年·二

地理 晋见定地理示意图1。

人物 梁婴父（定十三·二·三·一）、董安于（定十三·二·二·一）、知文子（昭九·四·三）

左传 【一】梁婴父 fù 恶 wù 董安于，谓知 zhì 文子曰："不杀安于董安于，使终为政于赵氏，赵氏必得晋国。盍（何不）以其先发难 nàn 也，讨于赵氏？"

【二】文子知文子使告于赵孟赵简子曰："范、中行氏虽信为乱，安于则发之，是安于与 yù 谋乱也。晋国有命，始祸者死。二子既伏其罪矣，敢以告。"赵孟患之。安于曰："我死而晋国宁，赵氏定，将焉用生？人谁不死，吾死莫（暮）矣。"［安于］乃缢而死。

【范、中……乱也】 正 补 范氏、中行氏虽然确实是叛乱的主犯，但事情是安于挑起的，这样说来安于参与了图谋叛乱。《左传》中记载的董安于之谋见定十三·二·二·一，这个版本中董安于只是提醒赵简子要防备，并主动请死以平乱。如果真是如此，则知文子所言为污蔑之词。然而《左传》版本的董安于之谋是否属实，则已不可确知。

【二子】 补 范昭子、中行文子。

【吾死莫矣】 杨 补 我死得算迟了。大概此时董安于年事已高。

【三】赵孟尸诸(之于)市，而告于知氏知文子曰："主命戮罪人安于，既伏其罪矣，敢以告。"知伯知文子从赵孟盟，而后赵氏定。[赵氏]祀安于于庙。

【尸】 补 陈尸。

【祀安于于庙】 正 补 [赵氏]在自己家庙[祭祀祖先时]陪祭董安于。按春秋时礼制，周王之臣有大功，则可在周王宗庙享受陪祭（配食）。诸侯应该也有以功臣陪祭之礼。如今赵氏在其家庙祭祀祖先时陪祭董安于，其意与周王室、诸侯以功臣陪祭类似。

○ 补 **传世文献对读**：除了《左传》中记载的事迹之外，董安于对于赵氏的重大功绩之一是在赵氏与范氏、中行氏发生冲突之前长期治理赵氏宗邑晋阳。《战国策·赵策一》记载了春秋末年知、韩、魏三家进攻赵氏之前，赵襄子与谋臣张孟谈的对话，里面详细描述了董安于如何巧妙地将战略物资储备融入城市建设之中，可扫码阅读。

定公十四年·三

地理 楚 2、陈、晋见定地理示意图 1。楚 2、陈、顿、晋见定地理示意图 5。

人物 王子结(定三—定四・十八・二)、公孙佗人、顿子牂

春秋 二月辛巳二十三日,楚公子结王子结、陈公孙佗人帅师灭顿,以顿子牂 zāng 归。

左传 顿子牂欲事晋,背楚而绝陈好。二月,楚灭顿。

定公十四年・四

地理 卫、鲁见定地理示意图 1。

人物 北宫结(定七・四・春秋)、公叔戍(定十三—定十四・春秋)

春秋 夏,卫北宫结来奔。

左传 "夏,卫北宫结来奔",公叔戍之故也。

定公十四年・五

地理 越、吴见定地理示意图 1。越、吴、槜李、陉见定地理示意图 5。

人物 吴王阖庐(昭十七・六・三)、越王句践、灵姑浮、吴王夫差

春秋 五月,於 yú 越败吴于槜 zuì 李。

【於越】补 见定五・三・春秋。【槜李】正 杨 补 在今浙江嘉兴南四十五里。越地。参见《图集》29—30⑥12。

吴子光吴王阖庐卒。

左传 【一】吴伐越,越子句 gōu 践越王句践御之,陈于槜李。句践越王句

践患吴之整也,使死士再禽(擒)焉,[吴师]不动。[句践]使罪人三行,属 zhǔ 剑于颈,而辞曰:"二君有治,臣奸 gān 旗鼓,不敏于君越王句践之行 háng 前,不敢逃刑,敢归死。"遂自刭 jīng 也。[吴]师属(瞩)之目,越子越王句践因而伐之,大败之。灵姑浮以戈击阖庐吴王阖庐,阖庐伤将指,[灵姑浮]取其一屦 jù。[阖庐]还,卒于陉,去檇李七里。

【吴伐越】正吴此次伐越,是为了报复定五年越趁吴侵楚而入吴。

【越子句践】正补越王句践。姒姓,名句践。越王允常之子。定十四年即位,在位三十二年。获麟之岁(哀十四年)后十六年卒。

【御】补抵抗。

【使死士再禽焉】正杨[越王句践]使敢死之士两次[冲击吴阵,]擒拿[站在前列的吴人回来],想要使吴师惊乱]。

【属剑于颈】正补把剑架在脖颈上。属,注。

【二君有治】正补两位国君治军作战。治,治军旅。

【奸旗鼓】正犯军令。

【不敏】补不审慎得当。

【自刭】补割颈自杀。

【灵姑浮】正越大夫。

【将指】正足大趾。

【取其一屦】正补[灵姑浮]得到吴王阖庐一只鞋。

【陉】补在今浙江嘉兴南,檇李以北七里。吴地。参见《图集》29—30⑥12。

[二] 夫 fú 差 chāi 吴王夫差使人立于庭,苟[己]出入,必谓己曰:"夫差! 而(尔)忘越王越王句践之杀而(尔)父吴王阖庐乎?"[己]则对曰:"唯,不敢忘!"三年,乃报越。

【夫差】正补吴王夫差。姬姓,传世文献中所见名号为"夫差"(《左传》)。铜器铭文中所见名号为"夫差"(多种容器、兵器铭文)、"差"

(霍山戈)。吴王阖庐(昭十七·六·三)之子。定十五年即位,在位二十三年。哀二十二年自缢而死。

○正 补 下启哀元年吴王夫差入越(哀元·三)。

定公十四年·六

地理 鲁、齐、卫、宋、晋、周 2 见定地理示意图 1。鲁、齐、卫、宋、晋(绛)、周 2、牵、洮、朝歌见定地理示意图 3。

人物 鲁定公(定元·○)、齐景公(襄二十五·一·四)、卫灵公(昭七·十三·一·一)、宋景公(昭二十·四·三)、析成鲋、小王桃甲

春秋 公鲁定公会齐侯齐景公、卫侯卫灵公于牵。

【牵】正 杨 补 在今河南浚县北。卫地。参见《图集》24—25③5。

公鲁定公至自会。

○正 此条《春秋》无对应《左传》。

秋,齐侯齐景公、宋公宋景公会于洮。

【洮】正 补 见僖七—僖八·春秋。

○补 据定八·三·一,"诸侯唯宋事晋",而晋不善待之,扣留其卿乐祁犁,使其客死于晋(参见定六·五及定八·三)。本年齐、宋会于洮,谋救范氏,则宋亦叛晋。然郑、卫叛晋,皆与齐盟,而宋仅与齐会,程度不同。

左传 【一】晋人围朝 zhāo 歌。公鲁定公会齐侯齐景公、卫侯卫灵公于脾、上梁之间,谋救范、中行氏。

【朝歌】补 见襄二十三·七·三。此时为范氏采邑,被范昭子、中行文子所占据。

【脾、上梁之间】正即牟。

○正齐、鲁、卫既叛晋,故合谋救晋叛臣范昭子、中行文子。

[二]析成鲋 fù、小王桃甲率狄师以袭晋,战于绛中,不克而还。士鲋析成鲋奔周,小王桃甲入于朝歌。

【析成鲋】正 杨 补祁姓,析成氏,出自士氏,名鲋。范昭子(定十三·二·春秋)族人。晋大夫,范、中行氏党羽。定十四年奔周。

【小王桃甲】正 杨 补小王氏,名桃甲。晋大夫,范、中行氏党羽。

【绛】补晋都,见成六·五·一·二。

○补析成鲋兵败后出奔周王室,是周王室支持范氏(参见哀三·六)的证据之一。

[三]"秋,齐侯、宋公会于洮",范氏故也。

定公十四年·七

地理周 2、鲁见定地理示意图 1。

人物周敬王(昭二十二—昭二十三·春秋)、石尚

春秋天王周敬王使石尚来归(馈)脤 shèn。

【石尚】正 补石氏,名尚。周王之士。【归脤】正 补周王室祭社之后,将祭肉赐给同姓诸侯。与昭十六·四·一·三之"归脤"不同。

定公十四年·八

地理卫、宋、郑、齐见定地理示意图 1。卫、宋、郑、齐、洮见定地理示意图 3。

人物太子蒯聩、公孟彄(定十二·二·春秋)、卫灵公(昭七·十二·一·一)、南子(定十三—定十四·二)、宋朝、戏阳速

春秋 卫世子蒯 kuǎi 聩太子蒯聩出奔宋。

【世子蒯聩】 补 太子蒯聩，后为卫后庄公。姬姓，名蒯聩，谥庄。
卫灵公(昭七·十二·一·一)嫡子。定十四年奔宋。哀二年晋人
纳之于戚。哀十六年自戚入于卫都即位，在位二年。哀十七年晋
伐卫，卫人逐之。同年自卫鄄地复入于卫都。同年奔于戎州，被己
氏所杀。

卫公孟驱 kōu 出奔郑。

左传 【一】 卫侯卫灵公为夫人南子召宋朝。

【宋朝】 正 杨 补 子姓，出奔后为宋氏，名朝。宋公子，哀十一年前
出奔。宋朝为当时有名美男子，《论语·雍也》"不有祝鲍之佞，而有
宋朝之美"云云，足见其美。
○ 正 补 南子未出嫁之前，便与宋朝私通。南子成为卫灵公夫人之
后，仍不能忘，故使卫灵公召宋朝。

【二】 会于洮，大(太)子蒯聩献盂于齐，过宋野。野人歌之曰：
"既定尔娄猪，盍(何不)归吾艾豭 jiā?"大(太)子太子蒯聩羞之，谓戏
阳速曰："[尔]从我而朝少 shào 君南子。少君见我，我顾，乃杀
之。"速戏阳速曰："诺。"

【会于……宋野】 正 补 卫为了加强与齐国的友好关系，借本年齐景
公、宋景公在洮地会见的机会，派太子蒯聩将盂邑献给齐，途中经过
宋国野外。【盂】 正 杨 卫东境邑。
【娄猪】 正 补 求子母猪，指南子。
【艾豭】 正 杨 貌美公猪，指宋朝。艾，貌美。
【羞之】 补 以之为羞。
【戏阳速】 正 太子蒯聩家臣。
【少君】 正 补 即小君，参见庄二十二·二·春秋。

【顾】补回头看。

【三】[太子]乃朝夫人南子。夫人见大(太)子太子蒯聩。大(太)子三顾，速戏阳速不进。夫人见其色，啼而走，曰："蒯聩太子蒯聩将杀余！"公卫灵公执其手以登台。大(太)子奔宋。[卫人]尽逐其党，故"公孟驱出奔郑"，自郑奔齐。

【走】补跑。

【四】大(太)子太子蒯聩告人曰："戏阳速祸余。"戏阳速告人曰："大(太)子则祸余。大(太)子无道，使余杀其母南子。余不许，[太子]将戕 qiāng 于余；[余]若杀夫人南子，[太子]将以余说。余是故许而弗为，以纾余死。谚曰'民保于信'，吾以信义也。"

【使余杀其母】杨补使我去杀他的[嫡]母。南子为卫灵公夫人，太子蒯聩嫡母，故戏阳速曰"其母"。

【戕】正残杀。

【将以余说】杨补[太子之后]会用我[来向世人]解说。戏阳速的意思是，太子蒯聩在事成之后会把杀嫡母的罪过全部归在戏阳速头上，并且杀了他来求得国内外的谅解。

【纾】补缓解。

【吾以信义也】正补我以道义为信[，而并不以言语承诺为信]。

定公十四年·九

地理宋、鲁见定地理示意图 1。宋、鲁、萧见定地理示意图 3。

人物宋景公（昭二十·四·三）、公子辰（成九—成十·一）

春秋宋公宋景公之弟辰公子辰自萧来奔。

【萧】补见庄十二—庄十三·一·二。此时为宋邑。

定公十四年·十

地理 鲁见定地理示意图 1。

春秋 [我]大蒐 sōu 于比蒲。

【蒐】补 见僖二十七—僖二十八·三。

定公十四年·十一

地理 鲁见定地理示意图 1。邾、鲁见定地理示意图 4。

人物 邾隐公(定三·三·春秋)、鲁定公(定元·○)

春秋 邾子邾隐公来会公鲁定公。

○正 补 鲁周边小国君主前来,大多数情况是在国都朝见鲁君,《春秋》则书"某某来朝"。此次应是鲁定公仍在比蒲,尚未返回国都,邾隐公来,即与鲁定公会于比蒲,不行朝礼,故《春秋》书"会"。

定公十四年·十二

地理 鲁见定地理示意图 1。鲁、莒父见定地理示意图 4。

春秋 [我]城莒父与霄。

【莒父】杨 补 在今山东莒县西。鲁邑。参见《图集》26—27④5。
【霄】杨 在今山东莒县境。鲁邑。
○正 补 杜注谓鲁叛晋而助范氏,故惧而城此二邑,莒父、霄在鲁东部边境,而不在鲁、晋之间,杜说不可信。此时,晋霸业已衰,新兴大国吴又远隔(参见哀七·四·三),而齐又希望拉拢鲁,深疑鲁希望抓住此时机向大国势力相对空虚的东部、南部扩展,故东向城莒父、霄,南向伐邾。

定公十四年·十三

地理 晋、郑见定地理示意图 1。晋、郑、潞、百泉见定地理示意图 3。

人物 籍秦(昭二十七·十)、高强(昭二·一·二)

左传 冬,十二月,晋人败范、中行氏之师于潞,获籍秦、高强;又败郑师及范氏之师于百泉。

【潞】 补 见文六·四·春秋"狄"。此时已为晋邑。

【百泉】 杨 补 在河南辉县百泉镇。本为卫地,鲁定公时地已入于晋。参见《图集》24—25③4。

○ 补 《墨子·所染》以染色比喻核心谋臣对于君主成败的重要影响,文中称中行文子为君,并说"中行寅染于籍秦、高强",《吕氏春秋·当染》也有类似记载。可见战国时已经将中行文子时的中行氏视为国家,而且认为中行文子的核心谋臣就是籍秦和高强。籍秦、高强均在潞邑保卫战中阵亡,这与潞邑是中行氏核心城邑的地位是匹配的。此战之后,中行文子失去了家族核心城邑,从此只能依附于范氏,居住在范氏核心城邑朝歌。

定公十五年·一

鲁见定地理示意图 1。邾、鲁见定地理示意图 4。

人物 邾隐公(定三·三·春秋)、端木赐、鲁定公(定元·〇)

春秋 十有(又)五年,春,王正月,邾子邾隐公来朝。

【朝】补 见隐四·二·七·一。

左传【一】 十五年,春,邾隐公来朝。子贡端木赐观焉。邾子邾隐公执
玉高,其容仰;公鲁定公受玉卑,其容俯。

【子贡】杨 补 端木赐。芈姓,端木氏,名赐,字贡(或作赣)。鬻熊
(僖二十六·二)之后。卫人,此时已至鲁,孔子弟子,比孔子小三十
一岁。"孔门十哲"之一,以言语见长。其名(贡)、字(赐)相应,下献
物于上为贡,上赏物于下为赐。
〇 补 诸侯朝见有授玉之礼,参见成三·十五·二·二。

【二】 子贡端木赐曰:

"以礼观之,二君者,皆有死亡焉。

"夫礼,死生存亡之体也,将左右、周旋、进退、俯仰,于是乎取
之;朝、祀、丧、戎,于是乎观之。今[二君]正月相朝,而皆不度,
心已亡矣。嘉事不体,何以能久?

【体】补 法。
【不度】正 不合礼之节度。
【嘉事不体】正 补 朝见之事不合礼法。

"高仰,骄也;卑俯,替也。骄近乱,替近病。君鲁定公为主,其

先亡乎!"

【替】楊 補 废。

○正 下启本年鲁定公薨(定十五·五),以及哀七年鲁人执邾隐公以归(哀七·四)。

定公十五年·二

地理 鲁见定地理示意图1。

春秋 鼷鼠食[我]郊牛,牛死,改卜牛。

○补 见成七·一·春秋。

定公十五年·三

地理 楚2、吴见定地理示意图1。楚2、胡、吴见定地理示意图5。

人物 楚昭王(昭二十六·七·二)、胡子豹

春秋 二月辛丑十九日,楚子楚昭王灭胡,以胡子豹归。

左传 吴之入楚也,胡子胡子豹尽俘楚邑之近胡者。楚既定,胡子豹又不事楚,曰:"存亡有命,事楚何为? 多取费焉。"二月,楚灭胡。

【吴之入楚也】正 在定三—定四。
【多】只。

定公十五年·四

地理 鲁见定地理示意图1。

春秋 夏,五月辛亥初一,[我]郊。

【郊】⟨补⟩见桓五·四。

定公十五年·五

⟨地理⟩鲁见定地理示意图 1。

⟨人物⟩鲁定公（定元·○）、孔子（僖二十七—僖二十八·二十五·三）、端木赐（定十五·一·一）

⟨春秋⟩壬申二十二日，公鲁定公薨 hōng 于高寝。

【高寝】⟨正⟩⟨杨⟩应是鲁定公在礼制规定之外另建的寝室。

⟨左传⟩〔一〕夏，五月壬申二十二日，公鲁定公薨。

〔二〕仲尼孔子曰："赐端木赐不幸言而中，是使赐多言者也。"

【是使赐多言者也】⟨补⟩这件事使端木赐成为多嘴的人。

○⟨补⟩**传世文献对读**：《论语·宪问》："子贡方人。子曰：'赐也贤乎哉？夫我则不暇。'"可见孔子对于端木赐喜好评论他人多有告诫之辞。

定公十五年·六

⟨地理⟩郑、宋、齐、卫见定地理示意图 1。郑、宋、齐、卫、老丘见定地理示意图 3。

⟨人物⟩罕达、齐景公（襄二十五·一·四）、卫灵公（昭七·十二·一·一）

⟨春秋⟩郑罕达帅师伐宋。

【罕达】杨补 姬姓,罕氏,名达,字姚,又字膍,谥武。罕婴齐(昭十六·四·三)之子。郑大夫,官至执政卿(继罕婴齐)。定十五年已任当国(卿职)。

齐侯齐景公、卫侯卫灵公次于渠蒢 chú。

左传 郑罕达败宋师于老丘。"齐侯、卫侯次于蘧 qú 挐 rú",谋救宋也。

【老丘】正 杨 补 在今河南开封祥符区袁坊乡西南。宋地。参见《图集》24—25④5。

【蘧挐】杨 即渠蒢。

○正 补 定十年公子地出奔陈(定十·四),定十一年后至宋附庸国萧(定十一·一),后来至郑。本年郑为公子地伐宋,应是想要夺取土地以安置公子地。参见哀十二—哀十三·二·一。

定公十五年·七

地理 鲁见定地理示意图1。邾、鲁见定地理示意图4。

人物 邾隐公(定三·三·春秋)

春秋 邾子邾隐公来奔丧。

○补 纵观《左传》记载,在此之前,邾一直是一个在齐支持下抵抗鲁侵略的倔强小国。然而,自从定十年齐鲁夹谷之会后,鲁加入了以齐为首的反晋联盟,与齐关系日益密切;而齐为了得到鲁支持从而与晋相争,很可能已经"投桃报李",表示将容忍鲁吞并一直与其为敌的邾。鲁于定十三年和定十四年在比蒲连续举行大阅兵(定十三·二·春秋及定十四·十·春秋),应该就是在得到了齐默许之后,向邾示威。邾隐公也意识到对于邾而言,地缘政治形势已经急剧恶化,因此一改往日与鲁为敌的常态,两年之内两次朝见鲁侯(定十四·十一及定十五·一），而且在鲁定公去世后立刻来奔丧，这应该是有两重目的：一是向鲁示好，二是想多了解鲁内部情况。不过，鲁灭邾的决策已定，哀元年之后，鲁遂屡次伐邾，直至哀七年入邾而执邾隐公（哀七·四）。

定公十五年·八

|地理|鲁见定地理示意图 1。

|人物|定姒

|春秋|秋，七月壬申二十三日，姒 sì 氏定姒卒。

【姒氏】|正||补|定姒。姒姓。鲁定公（定元·○）夫人，鲁哀公（哀元·○）之母。定十五年卒。

|左传|"秋，七月壬申，姒氏卒。"[《春秋》]不称夫人，不赴(讣)，且不袝 fù 也。

【不称……袝也】|正||补|《春秋》不称定姒为"夫人"，是因为鲁人没有向同盟诸侯发讣告，也没有把牌位放到她祖姑庙中。鲁定公未葬而姒氏又卒，丧礼事务繁琐，而公室地位又卑微，这可能是鲁人草率对待定姒丧葬事宜的原因。参见隐三·三。

定公十五年·九

|春秋|八月庚辰朔初一，日有食之。

【朔】|补|见桓三·五·春秋。
【日有食之】|补|见隐三·一·春秋。

定公十五年·十

|地理|鲁见定地理示意图 1。滕、鲁见定地理示意图 4。

　　　人物 滕顷公（定三—定四·春秋）

春秋 九月，滕子滕顷公来会葬。

定公十五年·十一

　　地理 鲁见定地理示意图 1。

　　　人物 鲁定公（定元·〇）

春秋 丁巳九日，葬我君定公鲁定公。雨，不克葬。戊午十日，日下昃 zè，乃克葬。

　　【克】补 成。

　　【日下昃】杨 补 即日昃，参见昭四—昭五·十四。

　　〇补 据隐元·五，诸侯五月而葬。鲁定公三月而葬，于礼为速。

左传 葬定公鲁定公。雨，不克襄事，礼也。

　　【克】补 能。【襄】正 成。

　　〇正 如果下雨天仍然强行下葬，则表明儿子急着想把父亲埋葬掉，有违孝道，因此不强行安葬是合于礼制的。

定公十五年·十二

　　地理 鲁见定地理示意图 1。

　　　人物 定姒（定十五·八·春秋）

春秋 辛巳十月三日，葬定姒 sì。

左传 "葬定姒。"不称"小君"，不成丧也。

○ 正 补 国君夫人,若丧礼完备,则《春秋》应书"葬我小君定姒"。据上文《左传》,则定姒之丧,不赴、不祔,则丧礼不成,故不称"小君"。

定公十五年・十三

地理 鲁见定地理示意图 1。鲁、漆见定地理示意图 4。

春秋 冬,[我]城漆。

　　【漆】 杨 见襄二十一・二・春秋。

左传 "冬,城漆。"[《春秋》]书,不时告也。

○ 正 补《春秋》记载了此事,是因为主事官员没有及时把这件事祭告祖先。修筑城邑,一般应在冬季农闲之时。修筑漆城是在秋天农忙之时,主事者没有及时祭告祖先以凸显其违背农时,而是延迟到冬季才将此事祭告祖先。《春秋》于是故意记载了这次看似完全符合农时、本不必记载的筑城行动,以表示对主事者的讥讽。

哀 公 |

扫描二维码，
阅读参考资料

哀公元年·○

人物 鲁哀公

【哀公】正 补 鲁哀公。姬姓,名蒋,谥哀。鲁定公(定元·○)之子,定姒(定十五·八·春秋)所生。哀元年既位,在位二十七年。哀二十七年逊于邾,遂如越。

哀公元年·一

地理 鲁见哀地理示意图1。

人物 鲁哀公

春秋 元年,春,王正月,公_{鲁哀公}即位。

哀公元年·二

地理 楚、陈、蔡1、吴见哀地理示意图1。楚、陈、随、蔡1、吴、江水、汝水见哀地理示意图5。

人物 楚昭王(昭二十六·七·二)、陈闵公、随侯、许元公、王子申(昭二十六·七·二)

春秋 楚子_{楚昭王}、陈侯_{陈闵公}、随侯、许男_{许元公}围蔡。

【陈侯】补 陈闵公。妫姓,名越,谥闵。陈怀公(定三—定四·春秋)之子。定九年即位,在位二十四年。哀十七年,楚灭陈。

【随侯】正 补 僖二十年楚人伐随(见僖二十·六)之后,随不再见于《春秋》《左传》,这应该是由于随此后世代服于楚,为楚私属国,不再作为一个独立诸侯国参与征伐、会盟行动。定四年吴入郢,随人庇护楚昭王(定三—定四·十八·一),楚得复国。楚人感其恩德,使随重新列于诸侯,参与围蔡,并通告鲁,于是本年随又见于《春秋》。

【许男】正 补 许元公。姜姓,名成,谥元。许悼公(襄二十八·十

<u>二・一・一</u>)之孙。哀十三年卒。定六年许被郑灭(见<u>定六・一</u>),今年又以诸侯身份见于《春秋》,应是楚人复封之。

[左传]元年,春,楚子_{楚昭王}围蔡,报柏举也。[楚人]里而栽,广丈,高倍。夫屯昼夜九日,如<u>子西</u>_{王子申}之素。蔡人男女以辨。[楚子]使[蔡]疆于江、汝之间而还。蔡于是乎请迁于吴。

【楚子围蔡,报柏举也】[正][补]定四年蔡灭沈,楚围蔡,遂有吴、楚柏举之役。因此本年楚围蔡作为报复。

【里而栽,广丈,高倍】[正][补][距离蔡都]一里而设筑墙版,[建围垒,]墙厚一丈,高两丈。

【夫屯……之素】[正][杨][补][筑垒]役夫屯驻九昼夜,如同王子申的预定计划。

【蔡人男女以辨】[正][杨][补]蔡人使男女分列[捆绑而出城投降]。辨,别。参见<u>襄二十五・二・三</u>"男女以班"。

【使疆……而还】[正][补][楚昭王]使[蔡人]将[国家]疆域迁徙到江水、汝水之间,然后就班师回国了。**【江】**[补]见<u>文十・二・二</u>。一说江水、汝水之间范围太大,不合情理,此处之"江"并非专称,而是指汝水入淮水处以西、流经原江国(<u>僖二・四・春秋</u>)的那段淮水。**【汝】**[补]见<u>成十五—成十六・二</u>。

○[正]下启哀二年蔡迁于州来(<u>哀二・三</u>)。

哀公元年・三

[地理]吴、越见哀地理示意图1。吴、越、会稽山见哀地理示意图5。

[人物]吴王夫差(<u>定十四・五・二</u>)、越王句践(<u>定十四・五・一</u>)、文种、伯嚭(<u>定三—定四・七</u>)、伍员(<u>昭二十・三・三</u>)、有过浇(<u>襄四・八</u>)、夏相(<u>僖三十一・五・二</u>)、后缗、夏少康(<u>襄四・八</u>)、椒、虞思、二姚、女艾、夏杼(<u>襄四・八</u>)、豷(<u>襄四・八</u>)、夏禹(<u>庄十一・二・二・二</u>)

[左传]【一·一】吴王夫 fú 差 chāi 败越于夫椒，报檇 zuì 李也，遂入越。越子_{越王句践}以甲楯_(盾)五千保于会 kuài 稽 jī，使大夫种_{文种}因吴大(太)宰嚭 pǐ，伯嚭以行成。

【夫椒】[杨]在今浙江绍兴北。越地。

【报檇李也】[正]檇李之役见定十四·五。

【会稽】[正][杨][补]此处应指会稽山，在今浙江绍兴市区东南部。参见哀七·四·二"[鲁]师遂入邾，处其公宫。众师昼掠。邾众保于绎"。

【大夫种】[杨][补]文种。文氏，名种，字禽。楚人，曾任宛令，此时已至越为大夫。据《墨子·所染》，"越勾践染于范蠡、大夫种"，可知文种是越王句践最重要的两位辅臣之一。

【大宰】[补]见定三—定四·七。【行成】[补]求和。

○[补]春秋中期，晋一方面与楚正面争霸，一方面培植位于楚侧翼的吴，例如重用楚叛臣屈巫臣来帮助吴加强军事力量(成七·六·三)。吴逐渐强大，最终定四年吴、晋联合伐楚，晋中途退出，吴攻入郢都，楚几乎亡国。楚在遭到吴的沉重打击之后，也开始在吴以南培植越与吴抗衡。楚昭王娶越女为妻(参见哀六·六·二)，楚惠王即为此女之子。本处提到的越王勾践名臣文种本是楚宛令，而另一位不见于《左传》的名臣范蠡则是文种在楚时的治下臣民。范蠡又向越王勾践推荐了楚善射者陈音，帮助越训练军队。

【一·二】吴子_{吴王夫差}将许之。伍员 yún 曰：

"不可。臣闻之，'树德莫如滋，去疾莫如尽'。

【滋】[补]增长。

"昔有过 guō 浇 ào 杀斟灌以伐斟鄩 xún，灭夏后相_{夏相}。后缗 mín 方娠 shēn，逃出自窦，归于有仍，生少康_{夏少康}焉。[少康]为仍牧正，惎 jì 浇_{有过浇}，能戒之。浇使椒求之_{夏少康}，[少康]逃奔有虞，为之庖 páo 正，以除其害。

【有过浇】正 补 寒浞之子，见襄四·八。【有过】正 补 即过，见襄四·八，浇住地。

【斟灌】补 即斟灌氏，见襄四·八。

【斟郭】补 即斟寻氏，见襄四·八。

【后缗】正 补 有仍氏女，夏相（僖三十一·五·二）之妻，夏少康（襄四·八）之母。

【娠】正 怀孕。【窦】补 见襄二十六—襄二十七·一。

【有仍】补 见僖二十一—僖二十二·一"任"。

【牧正】正 牧官之长。

【惎】正 补 毒，憎恶。

【戒】正 补 防备。

【椒】正 有过浇之臣。

【有虞】正 杨 补 即"虞"，夏、商时国，姚姓。夏禹始封虞舜之后商均于虞，在今河南虞城李老家乡附近。周武王封其后代胡公满于陈。夏代之有虞氏参见《图集》9—10③7。商代之虞参见《图集》13—14④10。

【庖正】正 膳食官员之长。

【以除其害】正 补 才免除了有过浇的迫害。

"虞思于是妻 qì 之夏少康以二姚，而邑诸（之于）纶，有田一成，有众一旅。[少康]能布其德，而兆其谋，以收夏众，抚其官职。[少康]使女 rǔ 艾谍浇，使季杼 zhù，夏杼诱豷 yì，遂灭过 guō、戈，复禹夏禹之绩，祀夏配天，不失旧物。

【虞思……诸纶】正 补 虞思把两个女儿嫁给少康做妻子，又把纶邑封给他。虞为姚姓，故称"二姚"。【纶】正 杨 补 在今河南虞城利民镇东南三十五里。有虞氏地。参见《图集》9—10⑦14。

【成】正 方圆十里。

【旅】正 五百人。

【兆】正始。

【使女……诱豷】正杨补[夏少康]派[他的臣下]女艾刺探有过浇，又使[他的儿子]夏杼去引诱[有过浇的弟弟]豷。

【戈】正补见襄四·八，豷住地。

"今吴不如过 guō，而越大于少康夏少康，或将丰之越，不亦难 nàn乎？句 gōu 践越王句践能亲而务施，施不失人，亲不弃劳。[越]与我同壤，而世为仇雠。于是乎克[越]而弗取，将又存之，违天而长 zhǎng 寇仇，后虽悔之，不可食已。姬之衰也，日可俟也。[吴]介在蛮夷，而长寇仇，以是求伯，必不行矣。"

【或将丰之，不亦难乎】正补有人[允许与越媾和，]将使越丰壮，不也是[吴的]祸难么？

【施不失人，亲不弃劳】正补施舍不会给错对象，亲近不会遗弃[有]功劳[的人]。

【仇雠】补仇敌。雠，仇。

【克】补胜。

【不可食已】正补吃不消。

【姬】正指吴，吴为姬姓。

【日可俟也】正指日可待。

【介在蛮夷】杨补吴处在蛮夷（比如楚、越）之间。介，间。

【求伯】杨补寻求成为诸侯霸主。

【不行】补不成。

[吴子]弗听。

[伍员]退而告人曰："越十年生聚，而十年教训，二十年之外，吴其为沼乎！"

【生聚】正补生养[子女]，积聚[货财]。

【教训】正 补 教化［民众］，训练［士卒］。

○ 正 下启哀二十二年越灭吴（哀二十二·二）。

> ○ 补 **传世文献对读**：据《孔子家语·在厄》，孔子及其弟子困于陈、蔡之间时，孔子对子路说："是以晋重耳之有霸心，生于曹、卫；越王勾践之有霸心，生于会稽。"可见孔子也认为此次吴入越是越国历史的转折点。

【二】三月，越及吴平。吴入越，［《春秋》］不书，吴不告庆，越不告败也。

> ○ 补 **传世文献对读**：《国语·越语上》详述越王勾践退保会稽山、大夫种因太宰嚭向吴国求和之事，与《左传》框架基本符合，但具体文辞多有不同。《国语·吴语》叙本年吴、越讲和之事，并未提到越王勾践兵败退保会稽山之事，又称求和使者为诸稽郢而非大夫种，具体文辞也与《左传》多有不同，可扫码阅读。

哀公元年·四

地理 鲁、齐、卫见哀地理示意图 1。鲁、齐、卫、邯郸、五鹿见哀地理示意图 3。

人物 齐景公（襄二十五·一·四）、卫灵公（昭七·十二·一·一）

春秋 鼷鼠食［我］郊牛，改卜牛。夏，四月辛巳六日，［我］郊。

【鼷鼠食郊牛，改卜牛】补 见成七·一。

○ 正 此条《春秋》无对应《左传》。

左传 夏，四月，齐侯齐景公、卫侯卫灵公救邯郸，围五鹿。

【邯郸】 补 见定十·一·二·二。

【五鹿】 杨 见僖二十三—僖二十四·二。

○ 正 补 定十三年赵稷以邯郸叛晋，此时已与范氏、中行氏合流。齐、卫自定十四年以来一直试图救援范氏、中行氏，因此在本年出兵救援邯郸。齐、卫的策略是包围晋邑五鹿，吸引包围邯郸的晋军移兵来救，从而为邯郸解围。

哀公元年·五

地理 陈、楚、吴、晋、越见哀地理示意图 1。

人物 陈怀公(定三—定四·春秋)、逢滑、吴王夫差(定十四·五·二)

左传 [一] 吴之入楚也，使召陈怀公。怀公^{陈怀公}朝国人而问焉，曰："欲与楚者右，欲与吴者左。"陈人从田，无田从党。

【吴之入楚也】 正 见定三—定四。

【欲与……者左】 杨 补 想要[我国]助楚[复国]的人站右边，想要[我国]助吴[攻打楚]的人站左边。与，助。陈怀公面朝南而坐，楚在陈西，所以在陈怀公右边；吴在陈东，所以在陈怀公左边。

【陈人从田，无田从党】 补 陈都国人[有土田的，]根据土田[位置靠近吴或楚而分立左右]，没有土田的就根据自己所党附的[有田]国人[来确定自己的立场]。

逢滑当公^{陈怀公}而进，曰："臣闻国之兴也以福，其亡也以祸。今吴未有福，楚未有祸。楚未可弃，吴未可从。而晋，盟主也。若以晋辞吴，若何？"

【逢滑当公而进】 正 补 逢滑正对陈怀公走上前[陈词，不左不右]。

【辞】 补 推辞不从。

公曰："国胜君亡，非祸而何？"

【国胜君亡】 正 杨 国家（指楚）[被吴所]战胜，国君（指楚昭王）逃亡。

[逢滑]对曰："国之有是多矣，何必不复？小国犹复，况大国乎？臣闻国之兴也，视民如伤，是其福也；其亡也，以民为土芥，是其祸也。楚虽无德，亦不艾(刈)杀其民。吴日敝于兵，暴(曝)骨如莽，而未见德焉。天其或者正训楚也。祸之适吴，其何日之有？"

【何必不复】 补 为什么就一定不能恢复？

【视民如伤】 正 补 把百姓看作受伤者[一样而加以安抚爱护]。

【土芥】 正 补 泥土和野草。芥，草。

【暴骨如莽】 杨 补 暴露的尸骨[多得]像野草一样。莽，草。

【祸之……之有】 正 补 祸患降临吴，哪里还会有多久？适，往。

陈侯_{陈怀公}从之。

【二】及夫 fú 差 chāi _{吴王夫差}克越，乃修先君之怨。秋，八月，吴侵陈，修旧怨也。

【先君之怨】 杨 定四年吴王夫差之父吴王阖闾召陈，陈不应召，故曰"先君之怨"。

哀公元年·六

地理 齐、卫、晋、鲁见哀地理示意图1。卫、晋、鲜虞/中山、乾侯、棘蒲见哀地理示意图2。

人物 齐景公（襄二十五·一·四）、卫灵公（昭七·十二·一·一）、孔文子（昭七·十二·一·一）

春秋 秋,齐侯齐景公、卫侯卫灵公伐晋。

左传【一】齐侯齐景公、卫侯卫灵公会于乾 gān 侯,救范氏也。

【乾侯】补 见昭二十五・三・二。

【二】[我]师及齐师、卫孔圉 yǔ,孔文子、鲜虞人伐晋,取棘蒲。

【棘蒲】杨 补 在今河北赵县。晋地。参见《图集》22—23④11。

哀公元年・七

地理 吴、陈、楚见哀地理示意图 1。

人物 吴王阖庐(昭十七・六・三)、吴王夫差(定十四・五・二)、王子申(昭二十六・七・二)

左传 吴师在陈。楚大夫皆惧,曰:"阖庐吴王阖庐惟能用其民,以败我于柏举。今闻其嗣吴王夫差又甚焉。将若之何?"

【以败我于柏举】补 见定三—定四・十。

子西王子申曰:

"二三子恤不相睦,无患吴矣。

【二三子】补 诸位。【恤】补 忧。

"昔阖庐吴王阖庐食不二味,居不重 chóng 席;室不崇坛,器不彤镂;宫室不观 guàn,舟车不饰;衣服财用,择不取费。在国,天有灾疠 lì,亲巡孤寡而共(供)其乏困;在军,熟食者分而后敢食,其所尝者,卒乘 shèng 与 yù 焉。[阖庐]勤恤其民,而与之劳逸,是以民不罢(疲)劳,死知不旷。吾先大夫子常襄瓦易之,[吴]

所以败我也。

【居不重席】杨 补 古代席地而坐（居），地面有席。只有士用一层席，大夫以至国君都应该用两层席。吴王阖庐则降低规格，只用一层席。

【室不崇坛】正 杨 补 古代贵族建造房屋，必先造一个高于平地的坛，然后在坛上起屋。吴王阖庐则直接在平地上建筑房屋，不起坛。崇，高。

【器不彤镂】正 杨 器物不上红漆，不雕刻花纹。

【宫室不观】正 杨 宫室里不建筑楼台亭阁。

【择不取费】正 补 选择［器物的标准是注重实用，］不浪费。

【卒乘】补 步兵、车兵。

【勤恤……劳逸】补 勤恳而体恤民众，与其同甘共苦。

【死知不旷】正 杨 补 ［即使为国事］赴死也知道不会白死。旷，空。

【易】正 反。

"今闻夫 fú 差 chāi 吴王夫差，次有台榭陂 bēi 池焉，宿有妃嫱嫔御焉；一日之行，所欲必成，玩好必从；珍异是聚，观乐是务；视民如仇，而用之日新。夫先自败也已，安能败我？"

【次】补 居处。

【台】正 积土四方而高为"台"。【榭】正 台上有屋为"榭"。

【陂】正 补 土堤障水为"陂"。【池】正 补 停水不流为"池"。

【宿】补 睡觉。【妃嫱】正 补 地位较高的内宫女官。【嫔御】正 补 地位较低的内宫女官。

【珍异是聚，观乐是务】补 即"聚珍异，务观乐"，可译为"积聚珍贵奇异之物，一心游观享乐"。

【而用之日新】杨 使用民力，一事刚完，又来一事，好似以前从未使用过一样。

○正 下启哀二十二年越灭吴（哀二十二·二）。

哀公元年 · 八

地理 鲁、晋见哀地理示意图 1。鲁、邾、晋、朝歌见哀地理示意图 3。

人物 孟懿子（昭七 · 九 · · 二 · 一）、赵简子（昭二十五 · 二 · 春秋）

春秋 冬，仲孙何忌_{孟懿子}帅师伐邾。

　　○ 补 本年伐邾之后，哀二年、哀三年、哀六年、哀七年鲁四伐邾，并于哀七年入邾而执其君。

　　○ 正 此条《春秋》无对应《左传》。

左传 冬，十一月，晋赵鞅_{赵简子}伐朝 zhāo 歌。

　　【朝歌】 补 见襄二十三 · 七 · 三。

　　○ 正 补 定十三年范氏、中行氏入于朝歌以叛，故本年赵简子率师伐朝歌。

哀公二年·一

地理 鲁见哀地理示意图 1。鲁、郑、句绎、绞、漷水、沂水（近曲阜）见哀地理示意图 4。

人物 季桓子（定五·四·二）、叔孙武叔（定八·七·四）、孟懿子（昭七·九·二·一）、郑隐公（定三·三·春秋）

春秋 二年，春，王二月，**季孙斯**季桓子、**叔孙州仇**叔孙武叔、**仲孙何忌**孟懿子帅师伐郑，取漷 kuò 东田及沂西田。癸巳二十三日，**叔孙州仇**、**仲孙何忌**及**郑子**郑隐公盟于句 gōu 绎。

【漷】补见襄十九·一·春秋。【沂】补见昭二十五·五·三。

【句绎】正杨补在今山东邹城东南峄山东南。此时为郑邑。后地入于小郑。哀十四年地入于鲁。参见《图集》26—27④4。

左传 二年，春，[我]伐郑，将伐绞。郑人爱其土，故赂以漷、沂之田而受盟。

【绞】正杨补在今山东滕州北。郑邑。参见《图集》26—27④4。

【爱】补惜。

○补襄十九年诸侯伐齐之后，鲁已取得漷水以西郑田。本年又得漷水以东以及沂水以西郑田。传文"郑人爱其土，故赂以漷、沂之田"，则漷东及沂西田应为郑外围土田，郑人所爱惜的应是郑都附近核心地域。

哀公二年·二

地理 卫、鲁、晋、郑见哀地理示意图 1。卫、滕、鲁、晋、郑、戚、铁见哀地理示意图 3。

人物 卫灵公（昭七·十二·一·一）、滕顷公（定三—定四·春秋）、赵简子（昭二十五·二·春秋）、太子蒯聩（定十四·八·春秋）、罕达

(定十五・六・春秋)、公子郢、公孙辄、阳虎(昭二十七・七)、驷弘、乐丁、晋定公(昭三十一・一・春秋)、邮无恤、繁羽、赵罗、宋勇、周文王(僖五・八・一)、康叔封(僖三十一・五・二)、卫襄公(襄三十一・七・一・一)、郑声公、傅傁、公孙龙、公孙林

[春秋] 夏,四月丙子七日,卫侯元卫灵公卒。

滕子滕顷公来朝。
【朝】[补] 见隐四・二・七・一。
○[正] 此条《春秋》无对应《左传》。

晋赵鞅赵简子帅师纳卫世子蒯kuǎi聩太子蒯聩于戚。
【戚】[补] 见文元・三・春秋。

秋,八月甲戌七日,晋赵鞅赵简子帅师及郑罕达帅师战于铁。郑师败绩。
【铁】[正] [杨] [补] 丘名,在今河南濮阳铁丘村。卫地。参见《图集》24—25③5。

冬,十月,葬卫灵公。
○[正] [补] 据隐元・五,诸侯五月而葬。卫灵公七月而葬,于礼为缓。
○[正] 此条《春秋》无对应《左传》。

[左传]【一】初,卫侯卫灵公游于郊,子南公子郢仆。公卫灵公曰:"余无子,将立女(汝)。"[子南]不对。
【子南】[正] [补] 公子郢。姬姓,名郢,字南,谥昭。卫灵公(昭七・十二・一・一)庶子。其后为南氏。其名(郢)、字(南)相应,郢为南方楚国之都。【仆】[正] [补] 做驾车人。

【余无子】囸定十四年太子蒯聩已出奔,卫灵公意谓自己没有其他嫡子。

他日,[公]又谓之。[子南]对曰:"郢 yǐng,公子郢不足以辱社稷,君卫灵公其改图。君夫人在堂,三揖在下,君命只 zhǐ 辱。"

【君夫……只辱】囸杨补夫人在堂上,卿、大夫、士在下边,[您不与他们商量就私自命我为继承人,我]只能[拒绝而]有辱君命。【三揖】囸补《周礼·司士》:"孤卿特揖,大夫以其等旅揖,士旁三揖。"特揖,指每位卿接受周王单独作揖。旅揖,指大夫按其等级分成群体接受周王作揖。旁三揖,指士按上、中、下三等接受周王从旁作揖。此处"三揖",指特揖、旅揖、旁三揖,即统称卿、大夫、士。

[二] 夏,卫灵公卒。

夫人曰:"命公子郢为大(太)子,君命也。"

[子南]对曰:"郢公子郢异于他子。且君卫灵公没于吾手,若有之,郢必闻之。且亡人太子蒯聩之子辄公孙辄在。"

【郢异于他子】囸杨补我和其他儿子不一样。有可能是公子郢不欲居君位,志趣与其他公子不同;也有可能公子郢母亲地位低贱,自己不能与其他公子相提并论。

【且君……闻之】囸补而且国君是在我的手上过世的,如果有此遗命,我一定会听到。

【辄】囸补公孙辄,后为卫出公。姬姓,名辄,无谥,号出。卫后庄公(定十四·八·春秋)(太子蒯聩)之子,卫灵公(昭七·十三·一·一)嫡孙。哀三年即位,在位十三年。哀十六年奔鲁,后至齐。哀十八年自齐归国复位,又在位七年。哀二十五年奔宋,居于卫城锄。哀二十六年越、鲁、宋纳卫出公,不克。遂卒于越。

[卫人]乃立辄。

【三】六月乙酉十七日，晋赵鞅赵简子纳卫大（太）子太子蒯聩于戚。[晋师]宵迷，阳虎曰：“右河而南，必至焉。”[晋人]使大（太）子太子蒯聩绖 wèn，八人衰 cuī 绖 dié，伪自卫逆者。[大子]告于门，哭而入，遂居之。

【宵迷……至焉】杨补[晋师]夜晚迷路，阳虎说：“以[先前渡过的]河水为右边[重建方向参照系，右是西边]，然后向南[行进]，就一定能到达[戚邑]。”

【使大……逆者】正杨补[晋人]使太子蒯聩免冠括发，另外八个人穿上丧服，伪装成从戚前来迎接[太子回国吊丧]的人。绖，见僖十五・八・一・六。衰绖，见僖六—僖七・三。

【四・一】秋，八月，齐人输范氏粟，郑子姚罕达、子般驷弘送之，士吉射范昭子逆之。赵鞅赵简子御之，遇于戚。阳虎曰：“吾车少，以兵车之旆 pèi 与罕罕达、驷驷弘兵车先陈。罕、驷自后随而从之，彼见吾貌，必有惧心，于是乎会之，必大败之。”[晋人]从之。

【秋，八……氏粟】补据《史记・齐太公世家》，则“[齐景公]五十五年，范、中行反其君于晋，晋攻之急，来请粟。田乞欲为乱，树党于逆臣，说景公曰：‘范、中行数有德于齐，不可不救。’乃使乞救而输之粟”。可备一说。【粟】补见僖十三・二，此处不能确定是狭义还是广义。

【子般】正补驷弘。姬姓，驷氏，名弘，字般。驷歂（定八・八）之子。郑大夫，官至卿位。哀二年已任为政（卿职，继驷歂）。

【御】补阻击。

【吾车……先陈】正补我军战车数量少，应该派插有旆的前驱兵车与罕达、驷弘[前锋]兵车对阵。郑师前驱看见晋师前驱兵车主动出来迎敌，以为晋师兵力充足，将不敢轻举妄动。旆，这里指插有旆的前驱兵车,曾侯乙墓简书写作"軘",参见庄二十八·四·二。

【罕、驷……败之】杨 补罕达、驷弘从后跟随来到,他们看到我的面貌,将会有惧怕之心,这时我军与之合战,必然能够大败郑师。阳虎定五年囚禁季桓子,专擅鲁国政事,定八年阳虎欲去三桓,事败之后占据阳关,被讨伐之后出奔齐,被囚于西部边境,又设计逃脱出奔晋。此人专横险诈之事,当时在诸侯之间流传必广,故诸侯之人惧怕。

○补范氏此时在朝歌。赵简子之师此时在戚附近,得知齐人向朝歌输粟,故率师阻击之,遇于戚,战于铁。

【四·二】[晋人]卜战,龟焦。乐丁曰:"《诗》曰:'爰 yuán 始爰谋,爰契我龟。'谋协,以故兆询可也。"

【龟焦】补见定九·五·二·一。

【乐丁】正晋大夫。

【爰始爰谋,爰契我龟】正 杨 补《毛诗·大雅·绵》有此句,可译为"先行谋划人事,然后刻龟占卜"。前两个"爰",语助词。第三个"爰",乃。"契",刻。契龟即占卜。

【谋协……可也】正 补[如今既然]谋划达成一致,[便不须再卜,]用[本年纳卫太子蒯聩于戚之前占卜所得的]旧兆象来咨询就可以了。晋人此前占卜后既然成行,则咨询旧兆象的结果必然是吉祥。上文两句诗的原意是先谋划、后卜筮,而乐丁则将其解为如果谋划一致,则卜筮可用以前的充数,其实是将原诗中时间顺序上的先后偷换成重要性上的先后。

简子赵简子誓曰:

"范氏、中行氏,反易天明,斩艾(刈)百姓,欲擅晋国而灭其君。寡君晋定公恃郑而保焉。今郑为不道,弃君晋定公助臣范氏、中行氏。二三子顺天明,从君命,经德义,除诟耻,在此行也。

【反易】补近义词连用,都是违背的意思。

【天明】正 补 上天的昭明[正道]。

【不道】补 无道。

【二三子】正 诸位。

【经德义】杨 补 以德义为大法。经,法。

"克敌者,上大夫受县,下大夫受郡,士田十万,庶人、工、商遂,人臣、隶、圉 yǔ 免。

【上大……受郡】正 杨 补 杜注引用《逸周书·作雒解》"千里百县,县有四郡",认为赵简子这样说的原因是春秋时期县比郡大。然而《作雒解》描述的是西周初年周公营造雒邑之事,所谓"千里百县,县有四郡"说的是雒邑周围六百里郊甸的行政区划,跟春秋时期晋国的郡、县完全不是一回事。现在学者一般认为,在春秋晚期的晋,郡和县的本质区别并不在于所辖地域的大小,而在于所担负职能的不同。县虽然在设置时是位于边境地区,但到了春秋晚期时已经成为经济发达的内地,辖区内居民需要上缴较多的赋税;郡则强调军事职能,多设置在边境战略要地,辖区内经济相对不发达,而且居民受战争破坏的可能性大,因此上缴较少的赋税。也就是说,"受县"的上大夫会比"受郡"的下大夫得到更多的实际利益。

【田十万】杨 十万,十万步。百步为一亩,故田十万即田千亩。

【遂】正 杨 指因军功而进入仕途。

【人臣】杨 奴隶。【隶】杨 服杂役的奴隶。【圉】杨 养马的奴隶。

【免】杨 指免除奴隶身份。参见襄二十三·六·五。

"志父 fǔ,赵简子 无罪,君实图之。若其有罪,绞缢以戮,桐棺三寸,不设属 zhǔ、辟 bì(椑),素车、朴马,无入于兆,下卿之罚也。"

【志父无罪,君实图之】正 补 我[如果能战胜而]无罪,[那]实在[是由于]国君的谋划。

【有罪】补 即战败。

【绞缢以戮】正 补 用绞刑处死。

【桐棺三寸】 正 杨 用三寸厚的桐木棺板。《荀子·礼论》:"刑余罪人之丧,不得合族党,犹属妻子,棺椁三寸,衣衾三领,不得饰棺。"此外,一般棺木用椫(参见襄二·四·一·一)、柏(参见定元·一·一·二)等难腐朽的木料,而桐木易坏。可见"桐棺三寸"为受刑罪人葬制。

【不设属、辟】 正 杨 没有属棺、辟棺。《礼记·丧大记》:"君大棺八寸,属六寸,椑四寸。上大夫大棺八寸,属六寸。下大夫大棺六寸,属四寸。"椑即此处之辟。也就是说,大棺、属、辟(椑)是层层嵌套的棺材,大棺在最外,属在大棺内,辟在属内。依照礼制,则君有大棺、属、辟,卿大夫仅有大棺、属而无辟。此处赵简子说战败则不设属、辟,正说明当时晋六卿葬制已僭越君主,如得善终,则有大棺、属、辟。

【素车、朴马】 正 补 送葬时用无装饰的灵柩车,用无装饰的马牵引。

【无入于兆】 正 杨 补 不能葬在本族墓地内。兆,即兆域,同族之人丛葬墓地的范围。

○ 正 赵简子为众人设赏,而为己设罚,这是此次战事晋师能够获胜的重要原因。

【四·三】甲戌七日,将战,邮无恤御简子赵简子,卫大(太)子太子蒯聩为右,登铁上。望见郑师众,大(太)子惧,自投于车下。子良邮无恤授大(太)子绥,而乘 chèng 之,曰"妇人也"。

【邮无恤】 正 补 邮氏,名无恤,字良。

【御】【为右】 补 见《知识准备》"车马"。

【铁上】 正 补 铁丘之上。

【绥】 补 参见《知识准备》"车马"。

【乘之】 杨 使之登车。

简子赵简子巡列,曰:"毕万,匹夫也,七战皆获,有马百乘 shèng,死于牖 yǒu 下。群子勉之! 死不在寇。"

【巡列】 杨 视察队伍。

【毕万】杨晋献公车右,参见闵元·四·一·一。

【死于牖下】正补指在家中善终。牖,窗户。

【死不在寇】杨[勇战未必]死于敌手。

繁羽御赵罗,宋勇为右。罗赵罗无勇,[羽、勇]麇qún之。吏诘之,御繁羽对曰:"[彼]痁shān作而伏。"

【繁羽】正晋大夫。【赵罗】正杨补嬴姓,赵氏,名罗。赵获(昭三·四·二·二)之孙。晋温大夫。哀二年被郑人所获。

【宋勇】正晋大夫。

【麇之】正补[繁羽、宋勇]把赵罗捆了起来。麇,捆。日本藏《玉篇》古写本残卷作"麕",可能是正字。

【痁】正疟疾。

卫大(太)子太子蒯聩kuǎi祷曰:"曾孙蒯kuǎi聩太子蒯聩,敢昭告皇祖文王周文王、烈祖康叔康叔封、文祖襄公卫襄公:郑胜郑声公乱从,晋午晋定公在难nàn,不能治乱,使鞅赵简子讨之。蒯聩不敢自佚(逸),备持矛焉。敢告无绝筋,无折骨,无面伤,以集大事,无作三祖羞。大命不敢请,佩玉不敢爱。"

【皇祖】正补大祖,此处指卫人始祖。参见文二·五·二·一。

【烈祖】正杨显祖,此处指始封君。烈,显。

【文祖】正补继业守文之祖,此处指太子蒯聩祖父。

【郑胜】正补郑声公。姬姓,名胜,谥声。郑定公(昭十二·四·一·一)之子。定十年即位,在位三十八年。

【乱从】杨扰乱顺道。

【晋午在难】正补指晋定公有范氏、中行氏之难。

【备持矛焉】正补充当持矛[的戎右]。

【无绝……面伤】杨补这是太子蒯聩祷告的第一层意思,就是无论此战是生是死,希望上天保佑自己筋不断,骨不折,面容无毁伤。

【以集……祖羞】正杨补这是太子蒯聩祷告的第二层意思,希望上天保佑自己此次战役成就功业,不要让皇祖、烈祖、文祖在天之灵蒙羞。集,成。作,为。

【大命……敢爱】正补这是太子蒯聩祷告的第三层意思,说实现前面所说的那些期望就够了,不敢贪求上天保佑自己一定不死,也不敢吝惜自己身上的佩玉而不献给神灵。然而,太子前面已经祈求"无绝筋,无折骨,无面伤",这实际上是跟神灵玩心眼,就是说我太子蒯聩可以死,但是不可伤及筋骨、不可毁伤面容,这其实已经将自己的死法限制在了一个很苛刻的范围内。【大命】正补指死生之命。参见《国语·晋语九》太子蒯聩祷词"死不敢请"。【佩玉】正行军途中无圭璧,故太子蒯聩战祷用佩玉代之。【爱】补惜。

○补传世文献对读:据《国语·晋语九》,则太子蒯聩祷告的对象还有"昭考灵公",就是"昭明的先父卫灵公"。

【四·四】郑人击简子赵简子,中肩,〔简子〕毙于车中,〔郑人〕获其蜂旗。大(太)子太子蒯聩救之以戈。郑师北,获温大夫赵罗。大(太)子复伐之,郑师大败,获齐粟千车。赵孟赵简子喜曰:"可矣。"傅傁 sǒu 曰:"虽克郑,犹有知 zhì,知氏在,忧未艾也。"

【毙】正补仆倒。

【蜂旗】正旗名。

【郑师……赵罗】正赵罗无勇,因此郑师虽败北,仍将其抓获。【温】补见隐三·四·二。此时为晋县。

【艾】补止。

○补定十三年知文子试图将赵氏与范氏、中行氏一网打尽不成,定十四年又逼迫赵简子杀其股肱谋臣董安于。从此之后,赵氏与知氏之间相互敌对,傅傁因而有此言论。

初,周人与范氏田,公孙龙 máng 税焉。赵氏得〔龙〕而献之,吏请杀之，赵孟_{赵简子}曰："[彼]为其主也，何罪?"止[吏]而与之田。及铁之战，[尨]以徒五百人宵攻郑师，取[简子之]蜂旗于子姚_{罕达}之幕下，献[于简子]，曰"请报主_{赵简子}德"。

【公孙尨税焉】正公孙尨[为范氏]在那里收田税。【公孙尨】正补姬姓，名尨。范氏家臣，后为赵氏家臣。

【赵氏得而献之】正补[后来]赵氏之人抓获了公孙尨并将他献给了赵简子。公孙尨被赵氏捕获之事，应在定十三年范氏、中行氏奔朝歌之后，铁之役之前。

[晋师]追郑师，姚_{罕达}、般_{驷弘}、公孙林殿而射，[晋师]前列多死。赵孟_{赵简子}曰："国无小。"

【姚、般】正补按《左传》文法惯例，郑人以字称，应为"子姚""子般"，如上文哀二·二·四·一，此处疑有脱字。

【殿】补殿后。

【前列】正杨[晋追军的]前锋。

【国无小】正补国家没有小的。赵简子意谓郑虽小，犹有善战之人，不可小看。

【四·五】既战，简子_{赵简子}曰："吾伏弢 tāo 呕血，鼓音不衰，今日我上也。"

【弢】正杨弓袋。

【今日我上也】正补今天我[的功劳]最高。

大(太)子_{太子蒯聩}曰："吾救主_{赵简子}于车，退敌于下，我，右之上也。"

【退敌于下】补在下边击退敌人。

【我，右之上也】补我是车右之中[功劳]最高的。

○补 **传世文献对读**:《国语·晋语九》载太子蒯聩之言为"吾九上九下,击人尽殪。今日之事,莫我加也",与《左传》不同,在此录以备考。

邮良邮无恤曰:"我两靷 yìn 将绝,吾能止之,我,御之上也。"[邮良]驾而乘材,两靷皆绝。

【两靷将绝,吾能止之】 正 补 [四马拉车的四根]靷带中有两根将要断了,我能够[通过巧妙的驾驭]避免这两根靷带的断裂。邮无恤的驾驭方法,很可能是充分利用另外两条靷带牵引车辆,减少两根将断靷带的负担。"靷"参见《知识准备》"车马"。

【我,御之上也】 补 我是驾车人中[功劳]最高的。

【乘材】 正 补 装载细小木条。

○补 赵简子、太子蒯聩、邮无恤战后夸耀自己功劳之事可与成公二年晋卿竞相谦让之事(成二·五·二)对观,并参看君子关于周之兴世礼让成风、乱世争善成风的言论(襄十三·三·二)。

哀公二年·三

地理 蔡 1(新蔡)、蔡 2(州来)、吴见哀地理示意图 1。

人物 公子驷、泄庸、蔡昭公(定三—定四·春秋)

春秋 十有(又)一月,蔡迁于州来。

【州来】 杨 补 见成七·六·春秋,本为吴邑,此后为蔡都。

蔡杀其大夫公子驷。

○正 补 据文六·四·三及文七·二·三,则《春秋》书国杀,又书被杀卿大夫之名氏,表明罪在公子驷。据下文《左传》,则公子驷之罪在于欺蒙其君接受吴大夫泄庸来访,导致被迫迁都的后果。

[左传]吴泄庸如蔡纳聘,而稍纳[吴]师。[吴]师毕入,众知之。蔡侯
蔡昭公告大夫,杀公子驷以说。[蔡人]哭而迁墓。冬,"蔡迁于
州来"。

【稍】[补]逐渐。

【杀公子驷以说】[补][蔡昭公]杀了公子驷作为解说。蔡昭公此举是
为了平息国内反对迁都的大夫的愤怒,所以归在公子驷身上的罪名
应该是:公子驷策划和主导了一个引入吴师以迁都的计划,这个计
划中很可能有欺蒙蔡昭公同意吴大夫泄庸来访的桥段。

○[补][蔡昭公想要迁蔡入吴(参见哀元·二),所以与吴人通谋,借]
吴大夫泄庸至蔡聘问[之机],让吴师士兵逐渐混入[蔡都]。[吴]师
完全进入之后,蔡人方才发觉。蔡昭公[这时把情况]告诉蔡诸大夫,
并且杀了公子驷作为解说。[蔡人]号哭着把[先人的]坟墓迁走。冬
天,"蔡迁到[吴邑]州来"。

哀公三年·一

地理 齐、卫见哀地理示意图 1。卫、鲜虞/中山、戚见哀地理示意图 2。

人物 国惠子(定三—定四·春秋)、石魋子

春秋 三年,春,齐国夏国惠子、卫石曼姑石魋子帅师围戚。

【石曼姑】补 石魋子。姬姓,石氏,名曼姑,谥懿。卫大夫,官至卿位。【戚】杨 补 见文元·三·春秋,此时为太子蒯聩居地。

○补 哀二年晋纳太子蒯聩于戚,意欲助其入卫都而即君位。同年太子蒯聩又随晋师而与齐、郑战于铁,阻止二国援助占据朝歌的范氏、中行氏。齐师围戚,是要打通援助范氏、中行氏的通道;卫师围戚,除去作为齐盟国的因素之外,应是由于卫出公君位已定,不愿让其父太子蒯聩回到国都与其争夺君位。

左传 三年,春,齐、卫围戚,求援于中山。

【中山】正 补 见昭十二·七"鲜虞"。

哀公三年·二

地理 鲁见哀地理示意图 1。

春秋 夏,四月甲午初一,[我]地震。

哀公三年·三

地理 鲁、陈见哀地理示意图 1。

人物 南宫敬叔(昭七·九·二·一)、子服景伯、公父文伯(定五·六)、季桓子(定五·四·二)、鲁哀公(哀元·○)、富父槐、孔子(僖二十七—僖二十八·二十五·三)

春秋 五月辛卯二十八日，[我]桓宫、僖宫灾。

【桓宫、僖宫】 补 鲁桓公庙、鲁僖公庙，在公宫墙内。

【灾】 补 见桓十四·二·春秋。

左传 [一] 夏，五月辛卯二十八日，司铎 duó 火。火逾公宫，桓[宫]、僖[宫]灾。救火者皆曰"顾府"。

【司铎】 正 杨 补 公宫外的司铎官署。司铎见昭十三·三·九·四。

【顾府】 正 补 照顾府。府是储藏财物的地方，可见普通人最看重的是财物。

南宫敬叔至，命周人出御书，俟于宫，曰："庇(庀)[于]女(汝)，而不在，死。"

【周人】 正 补 鲁外朝官，掌管周王室赐予鲁的典籍简册。

【御书】 正 补 进献给国君的简书。

【俟】 补 等待。

【庀女，而不在，死】 杨 补 [把书交给]你庇护，如有损失，[就]处死[你]。

子服景伯至，命宰人出礼书，以待命，"命不共(供)，有常刑"；校人乘 chéng 马，巾车脂辖；百官官备，府库慎守，官人肃给 jǐ；济濡帷幕，郁攸从之，蒙葺 qì 公屋，自大(太)庙始，外内以悛 quān。助所不给 jǐ；有不用命，则有常刑，无赦。

【子服景伯】 正 杨 补 姬姓，子服氏，出自孟氏，名何，谥景，排行伯。子服昭伯(昭十六·五·二)之子。鲁大夫，疑官至卿位。哀十三年被吴人所囚，同年放归。

【宰人】 杨 补 鲁内朝官，其职掌包括保管礼书。

【校人】 正 补 鲁内朝官，掌管马匹。

【乘马】正 补 使四马集结成一乘，以便于驾车。

【巾车】正 补 鲁内朝官，掌管车辆。

【脂辖】补 见襄三十一·四·一·一。

【百官官备】杨 补 各种官员坚守岗位。

【官人】补 即馆人，掌管馆舍。【肃给】正 补 认真执行供应。

【济濡……以悛】正 杨 补 打湿帷幕，救火器材跟着，覆盖公室房屋，从太庙（周公旦庙）开始，从外到内按次序来。郁攸，救火器材。悛，次序。

【助所不给】杨 补 帮助力量不足的。

公父fǔ文伯至，命校人驾乘shèng车。

季桓子至，御公鲁哀公立于象魏之外，命救火者"伤人则止，财可为也"；命藏《象魏》，曰："旧章不可亡也。"

【御公立于象魏之外】正 杨 补 ［季桓子］为鲁哀公驾车一同在象魏之外等待。象魏见庄十九—庄二十—庄二十一·九·一。火灾在雉门之内，而象魏在雉门之外，较为安全。

【《象魏》】正 杨 补 鲁历代法令，又称《象》，参见昭二·一·一·二。

富父fǔ槐至，曰："无备而官办者，犹拾沈也。"于是乎去表之藁gǎo（槁），道还（环）公宫。

【富父槐】正 补 富父氏，名槐。富父终甥（文十一·四·一）之后。

【无备……沈也】正 杨 补 没有准备而叫百官仓促办事，就像拾取洒在地上的汤水［一样徒劳无功］。沈，汁。

【于是……公宫】正 杨 补 于是搬掉火势走向标识附近的干枯易燃物，围绕公宫开辟火巷［，使火无法延及］。表，标识。

〔二〕孔子在陈，闻火，曰："其桓、僖乎！"

○ 正 补 孔子预测,此次火灾,最有可能被烧毁的大概是鲁桓公庙、鲁僖公庙,因为依照礼制规定,两庙早就应该被毁。鲁桓公为鲁哀公八世祖,而鲁僖公则为鲁哀公六世祖,据《礼记·王制》,"诸侯五庙,二昭二穆,与太祖之庙而五",则鲁桓公、鲁僖公庙早应被拆毁。之所以还未拆毁,可能因为季氏、叔孙氏、孟氏皆为鲁桓公之后,而三桓从鲁僖公之时开始执掌鲁政。

○ 杨 补 传世文献对读:《孔子家语·辩物》记载了孔子上述评论的上下文背景,可扫码阅读。

哀公三年·四

地理 鲁见哀地理示意图 1。鲁、启阳见哀地理示意图 4。

人物 季桓子(定五·四·二)、叔孙武叔(定八·七·四)

春秋 季孙斯季桓子、叔孙州仇叔孙武叔帅师城启阳。

【启阳】 正 杨 补 在今山东临沂兰山区金雀山街道办事处东关居委、东北园居委处已发现其遗址。原为鄅邑,哀三年已为鲁邑。参见《图集》26—27④5。《图集》标注不准确,本书示意图依据考古发现标注。

○ 补 启阳位于鲁东部边境,在莒父、霄(见定十四·十二·春秋)附近,定十四年鲁城莒父、霄,本年又城启阳,是鲁向东扩展战略的延续。

○ 补 启阳故城遗址:遗址前后为春秋时期鄅国及鲁国启阳邑、汉代开阳县县城。

哀公三年·五

地理 宋、曹见哀地理示意图 1。

人物 乐髡

春秋 宋乐髡 kūn 帅师伐曹。

【乐髡】补 子姓,乐氏,名髡。宋大夫,官至卿位。

○补 据哀七—哀八,则曹废公听信鄙人公孙强之说,疏远盟主晋而侵犯邻国宋,于是宋伐曹而晋不救。本年宋乐髡伐曹之后,哀六年宋向巢伐曹,哀七年宋景公围曹,终灭之。

哀公三年·六

地理 周、晋见哀地理示意图 1。周、刘、晋见哀地理示意图 3。

人物 苌弘(昭十一·二·一)、刘文公(昭二十二·四·一)、赵简子(昭二十五·二·春秋)

左传 刘氏、范氏世为昏(婚)姻,苌 cháng 弘事刘文公,故周与范氏。赵鞅赵简子以为讨。六月癸卯十一日,周人杀苌弘。

【刘氏】正 补 周王室卿族。【范氏】正 补 晋卿族。

【苌弘】补 周王室掌握实权的大夫。

【与】补 助。

○正 补 此时苌弘掌周王室政事,遵从刘文公(定四年去世)生前的既定政策,亲附晋范氏。定十四·六·二所述范氏族人析成鲋兵败后出奔周王室,哀二·二·四·四所述周王室赐予范氏土田,皆为周助范氏的例证。赵简子问罪于周王室,故周人杀苌弘作为交代。

哀公三年·七

地理 鲁、卫见哀地理示意图 1。

人物 季桓子(定五·四·二)、正常、南孺子、南孺子之子、季康子、鲁哀公(哀元·○)、共刘

春秋 秋,七月丙子十四日,季孙斯季桓子卒。

左传 [一] 秋,季孙季桓子有疾,命正常曰:"[尔]无死! 南孺子之子,男也,则以告而立之;女也,则肥季康子也可。"

【正常】 正 补 季桓子宠臣。哀三年奔卫。

【无死】 正 季桓子想要把家事托付给正常,所以敕令不让他跟随自己而死。

【南孺子】 正 杨 补 南氏女,季桓子(定五·四·二)之妻。国君之孺子为下夫人一级的妾,而卿之孺子应即为妻。

【肥】 正 补 季康子。姬姓,季氏,名肥,谥康。季桓子(定五·四·二)庶长子。鲁大夫,官至执政卿(继季桓子)。哀二十七年卒。

[二] 季孙季桓子卒,康子季康子即位。[季孙]既葬,康子在朝。南氏南孺子生男,正常载以如朝,告曰:"夫子季桓子有遗言,命其圉yǔ臣正常曰:'南氏南孺子生男,则以告于君鲁哀公与大夫而立之。'今生矣,男也,敢告。"[正常]遂奔卫。康子请退。公鲁哀公使共gōng刘视之,则或杀之矣,乃讨之。召正常,正常不反(返)。

【圉臣】 杨 补 贱臣,卿大夫家臣对国君说话时自称的谦辞。圉,男奴隶。

【共刘】 正 鲁大夫。

哀公三年·八

地理 蔡 2、吴见哀地理示意图 1。

人物 公孙猎

春秋 蔡人放其大夫公孙猎于吴。

【公孙猎】 补 姬姓,名猎。蔡大夫。哀三年被蔡人放逐至吴。

○ 正 补 公孙猎应为公子驷党羽。哀二年蔡昭公杀公子驷作为解说，仍不能平息国内反对势力，故本年又放逐公孙猎。

哀公三年·九

地理 秦、鲁、晋见哀地理示意图 1。鲁、邾、晋、朝歌、邯郸见哀地理示意图 3。

人物 秦惠公、叔孙武叔(定八·七·四)、孟懿子(昭七·九·二·一)、赵简子(昭二十五·二·春秋)、中行文子(昭二十九·五·一)、范皋夷(定十三·二·三·一)

春秋 冬，十月癸卯十三日，秦伯秦惠公卒。

【秦伯】 补 秦惠公。嬴姓，谥惠。秦哀公(定三—定四·十九·二)之孙。定十年即位，在位九年。哀三年卒。
○ 正 此条《春秋》无对应《左传》。

叔孙州仇叔孙武叔、仲孙何忌孟懿子帅师围邾。

○ 杨 补 哀二年邾人割地求和，不过一年，鲁叔孙武叔、孟懿子又围邾都，鲁欲灭邾之志，昭然若揭。
○ 正 此条《春秋》无对应《左传》。

左传【一】 冬，十月，晋赵鞅赵简子围朝 zhāo 歌，师于其南。荀寅中行文子伐其郛 fú，使其徒自北门入，己犯师而出。癸丑二十三日，[荀寅]奔邯郸。

【朝歌】 补 见襄二十三·七·三。此时被范氏、中行氏所占据。
【荀寅……而出】 杨 补 被围在朝歌城内的中行文子首先亲自率军攻打南部的郛墙，以吸引住驻扎在南部的赵简子主力，然后使朝歌城外的救兵从兵力较为空虚的北门入城，然后自己则转徙兵力至北门，与救兵合兵一处,突围而出。郫参见《知识准备》"国野制"。

【邯郸】 杨 补 见定十·一·二·二。此时被范、中行党羽赵稷所占据。

【二】十一月,赵鞅赵简子杀士皋夷范皋夷,恶 wù 范氏也。

○ 杨 补 此时范氏败局已定,范皋夷虽为定十三年逐范氏、中行氏之主谋,但终究是范氏族人,赵简子杀之以绝后患。

哀公四年·一

地理 蔡 2、吴、秦、宋见哀地理示意图 1。宋、小邾见哀地理示意图 4。

人物 蔡昭公（定三—定四·春秋）、公孙辰、秦惠公（哀三·九·春秋）、小邾子、公孙姓（定三—定四·春秋）、公孙霍、公孙翩、文之锴

春秋 四年，春，王二月庚戌_{二十一日}，盗杀蔡侯申_{蔡昭公}。

蔡公孙辰出奔吴。

【公孙辰】 杨 补 姬姓，名辰。蔡昭公党羽。哀四年被蔡人所逐，奔吴。

葬秦惠公。

〇 正 此条《春秋》无对应《左传》。

宋人执小邾子。

〇 正 此条《春秋》无对应《左传》。

夏，蔡杀其大夫公孙姓、公孙霍。

【公孙霍】 补 姬姓，名霍，字盱。蔡大夫。哀四年被蔡人所杀。

〇 补 据文六·四·三及文七·二·三，则《春秋》书国杀，又书被杀卿大夫之名氏，表明公孙姓、公孙霍有罪于蔡。据下文《左传》，则二人实无罪，而是蔡诸大夫杀蔡昭公党羽之后归罪于他们，并通报鲁国，鲁史照书而不改。

左传 四年，春，蔡昭侯_{蔡昭公}将如吴。诸大夫恐其又迁也，承公孙翩，逐而射之_{蔡昭公}，［蔡侯］入于家人而卒。［公孙翩］以两矢门之，众莫敢进。文之锴_{kǎi} 后至，曰：“［我］如墙而进，［公孙翩］多而杀

二人。"锴_{文之锴}执弓而先,翩_{公孙翩}射之,中[锴]肘,锴遂杀之_{公孙}翩。故[蔡人]逐公孙辰,而杀公孙姓、公孙盱 xū,公孙霍。

【承公孙翩,逐而射之】 杨 补 [诸大夫]尾随公孙翩,追赶[蔡昭公]并用箭射蔡昭公。公孙翩当时应与蔡昭公一起出行,行踪泄露,因此被诸大夫尾随。**【公孙翩】** 正 杨 补 姬姓,名翩。蔡大夫。蔡昭公党羽。哀四年被文之锴所杀。

【家人】 正 杨 庶民之家。

【以两……敢近】 正 杨 补 [公孙翩]拿着两支箭守在[蔡昭公进入的民家]门口[,不让诸大夫进入侮辱蔡昭公之尸],诸大夫没人敢冲进去。

【文之锴】 正 补 文氏,名锴。之,语助词。诸大夫之一。

【如墙……二人】 正 杨 [我等]并行如墙前进,[公孙翩只有两支箭,]至多能射杀两人。

【公孙辰】【公孙姓、公孙盱】 补 三人皆为蔡昭公党羽,诸大夫既杀蔡昭公,于是归罪于其党羽而杀之。

哀公四年·二

地理 晋、楚、蔡 2、吴见哀地理示意图 1。晋、蛮氏、楚、蔡 2、吴、申、叶、缯关、梁、霍、阴地、析、上雒、仓野、三户、方城、菟和山、少习山、江水见哀地理示意图 5。

人物 蛮子赤、左司马眅、申公寿余、沈诸梁(定五·五·八·二)、单浮余、士蔑、楚昭王(昭二十六·七·二)、赵简子(昭二十五·二·春秋)

春秋 晋人执戎蛮子赤_{蛮子赤}归于楚。

【戎蛮】 补 即蛮氏,见成六·四·一。

左传 [一] 夏,楚人既克夷虎,乃谋北方。左司马眅 pān、申公寿余、叶 she 公诸梁沈诸梁致蔡于负函,致方城之外于缯关,曰:"吴将溯江入郢 ying,[东]将奔命焉。"[三子]为一昔(夕)之期,袭梁及霍。单浮余围蛮氏。蛮氏溃,蛮子赤奔晋阴地。

【夷虎】[正]叛楚之蛮夷。

【左司马眅】[正][补]名眅。楚大夫,哀四年已任左司马。左司马见襄十五·三·一。

【申公寿余】[正][补]名寿余。楚大夫,哀四年已任申县公。

【致蔡……缯关】[正][补]在负函会合蔡[人],在缯关会合方城以外(即以东)[之人]。方城之外参见僖二十七—僖二十八·十一"入居于申"。【负函】[正][杨]在今河南信阳境。楚地。【缯关】[正][杨][补]在今河南方城独树镇一带。原为缯国,此时已为楚地。参见《图集》29—30③4至③5。

【江】[补]见文十·二·二。一说此处之"江"并不是指江水,而是指流经原江国(僖二·四·春秋)的淮水,参见哀元·二"疆于江、汝之间"。【郢】[补]见僖十二·二。据定六·三,此时楚都在都。据《楚居》,则此时楚都在妭郢。都与妭郢可能是一地。

【为一……及霍】[正][补]三大夫以防备吴师入侵为公开理由,约定一晚上紧急集结,然后率师突袭梁、霍,以求出其不意。【梁】[正][杨][补]在今河南汝阳刘店乡梁庄附近。蛮氏邑。参见《图集》24—25④3。《图集》标注不准确,本书示意图依据《图志》标注。【霍】[正][杨][补]在今河南汝阳刘店乡古都村。蛮氏邑。参见《图集》24—25④3。《图集》标注不准确,本书示意图依据《图志》标注。

【单浮余】[正]楚大夫。

【阴地】[杨][补]见宣二·二·二,此处应指狭义之阴地。

[二]司马左司马眅起丰、析与狄、戎,以临上雒。左师军于菟 tu 和,右师军于仓野。[司马]使谓阴地之命大夫士蔑曰:"晋、楚有盟,好 hào 恶 wù 同之。若将不废,寡君楚昭王之愿也。不然,将通于少习以听命。"士蔑请诸(之于)赵孟赵简子。赵孟曰:"晋

国未宁,安能恶 wù 于楚? 必速与之。"

【丰】正 杨 在今河南淅川老城镇西南。楚邑。

【析】补 见僖二十五·三。

【上雒】杨 补 在今陕西商洛商州区。晋地。参见《图集》29—30
②2。《图集》标注不准确,本书示意图依据《图志》标注。

【军】补 驻。

【菟和】正 杨 补 山名,在陕西丹凤资峪沟。楚地。参见《图集》
29—30③2。《图集》标注不准确,本书示意图依据《图志》标注。

【仓野】正 杨 补 在今陕西丹凤商镇。楚地。参见《图集》29—30
③2。《图集》标注不准确,本书示意图依据《图志》标注。

【命大夫】杨 补 曾受周王或晋君亲自任命的守邑大夫。阴地为晋
南要道,此地失守,则晋都门户大开,故派遣命大夫镇守。

【晋、楚……愿也】杨 补 晋、楚有过盟约(应即襄二十七年宋之盟),
[两国的]喜好或憎恶相同。如果这个盟约能保持不废除,这是寡君
的愿望。楚人这番话的实际意思是希望晋配合楚逮捕蛮子赤。

【不然……听命】正 杨 补 不然的话,[我们楚人]将打通少习山[和
阴地之间的道路]以听取[贵国的]命令。【少习】杨 补 山名,在今
陕西丹凤武关镇武关村以北。楚地。参见《图集》29—30③2。《图
集》标注不准确,本书示意图依据考证成果标注。

【晋国未宁】正 晋当时有范氏、中行氏之乱,故赵简子曰"未宁"。
○补 上雒、仓野、菟和山、少习山均在武关道上,武关道参见僖地形
示意图 5(僖二十五·三,可扫码阅读)。

〔三〕士蔑乃致九州之戎,将裂田以与蛮子蛮子赤而城之,且将
为之卜。蛮子听卜,[晋人]遂执之蛮子赤与其蛮氏五大夫,以畀 bì
楚师于三户。司马左司马眅致邑,立宗焉,以诱其蛮氏遗民,而尽
俘以归。

【士蔑……之卜】正 杨 补 士蔑于是会合九州之戎,宣称将分土田
给戎蛮子赤并为他筑城,而且将为筑城进行龟卜。【九州之戎】补

见昭二十二—昭二十三·一·四。

【以畀楚师于三户】补 在三户这个地方[将蛮子赤及其大夫]交给楚师。畀,与。【三户】正 杨 补 在河南淅川寺湾镇西北。楚地。参见《图集》29—30③3。

【司马……以归】正 补 左司马眅[假装]送给[蛮子赤]城邑,在那里建立[蛮氏]宗祀,以诱骗蛮氏遗民前来归附,然后[将他们]全部俘虏带回楚。

哀公四年·三

地理 鲁见哀地理示意图 1。

春秋 [我]城西郛 fú。

【西郛】补 参见襄十九·八·春秋。

哀公四年·四

地理 鲁见哀地理示意图 1。

春秋 六月辛丑十四日,[我]亳 bó 社灾。

【亳社】补 见闵二·三·四·一"间于两社"。

【灾】补 见桓十四·二·春秋。

哀公四年—哀公五年(哀公五年·一)

地理 蔡2、鲁、齐、宋、晋、卫见哀地理示意图1。宋、晋、卫、鲜虞/中山、五鹿、邯郸、临、邢、任、栾、鄗、逆畤、壶口、柏人、中牟见哀地理示意图2。滕、蔡2、鲁、宋、晋、卫见哀地理示意图5。

人物 滕顷公(定三—定四·春秋)、蔡昭公(定三—定四·春秋)、齐景公(襄二十五·一·四)、赵简子(昭二十五·二·春秋)、陈僖子、弦施、宁文子、中行文子(昭二十九·五·一)、赵稷(定十三·二·一·二)、国惠子(定三—定四·春秋)、范昭子(定十三·二·春秋)、王生、张柳朔

春秋 秋,八月甲寅 二十八日,滕子结 滕顷公卒。

○ 正 此条《春秋》无对应《左传》。

冬,十有(又)二月,葬蔡昭公。

○ 正 补 据隐元·五,诸侯五月而葬。蔡昭公十一月而葬,于礼为缓。

○ 正 此条《春秋》无对应《左传》。

葬滕顷公。

○ 正 此条《春秋》无对应《左传》。

五年,春,[我]城毗 pí。

○ 正 此条《春秋》无对应《左传》。

夏,齐侯 齐景公伐宋。

○ 正 此条《春秋》无对应《左传》。

晋赵鞅赵简子帅师伐卫。

左传【一】秋，七月，齐陈乞陈僖子、弦施、卫宁 nìng 跪宁文子救范氏，庚午十四日，围五鹿。九月，赵鞅赵简子围邯郸。冬，十一月，邯郸降 xiáng，荀寅中行文子奔鲜虞，赵稷奔临。十二月，弦施逆之赵稷，遂堕 huī 临。

【陈乞】正 补陈僖子。妫姓，陈氏，名乞，谥僖，排行仲。陈桓子（庄二十二・三・四・三）次子，陈武子（昭二十六・三・四・四）之弟。齐大夫，官至卿位。

【弦施】正 补弦氏，名施，字多。齐大夫。哀六年奔鲁。

【宁跪】补宁文子。姬姓，宁氏，名跪，谥文。卫大夫，官至卿位。

【五鹿】补见僖二十三—僖二十四・二。

【邯郸】补见定十・一・二・二。

【临】正 杨 补在今河北临城南台村已发现其遗址（详见下）。晋邑，曾为赵稷采邑。参见《图集》22—23④11。

【十二……堕临】杨 补十二月，弦施迎接赵稷［准备前往齐］，然后毁坏了临邑城墙［，使赵简子占领后无法守卫］。堕，毁。

○补下启哀六年晋伐鲜虞（哀六・二）。

○补临邑古城遗址：遗址位于太行山东麓一处高台地上，居高临下。城址平面呈长方形，南北长五百一十米，东西宽三百二十米，城址内出土了春秋、战国、汉代遗物。

【二】国夏国惠子伐晋，取邢、任、栾、鄗 hào、逆畤、阴人、盂、壶口，会鲜虞，纳荀寅中行文子于柏人。

【邢】杨邢台之邢，见隐四・二・八。【任】杨见襄三十・九・十二・一。【栾】正 杨 补在今河北赵县轮城庄村附近。晋邑。哀四年入于齐。参见《图集》22—23④11。【鄗】正 杨 补在今河北柏乡固城店镇已发现其遗址（详见下）。晋邑。哀四年入于齐。参见《图集》22—23④11。【逆畤】正 杨 补在今河北保定顺平县子城村。晋邑。哀四年入于齐。参见《图集》22—23③12。【阴人】正 补晋邑。当在晋东南太行山脉中。哀四年入于齐。【盂】正 杨 补疑即今山西黎城东北二十八里太行山口的吾儿峪。晋邑。哀四年入于齐。【壶口】正 杨 补关名,在今山西黎城东北的东阳关镇。哀四年入于齐。参见《图集》22—23⑤10。

【柏人】正 杨 补在今河北隆尧双碑乡已发现其遗址(详见下)。晋邑,此时为范氏采邑。参见《图集》22—23④11。

○补哀三年齐、卫围戚,求援于鲜虞/中山(哀三·一),本年齐与鲜虞终得会见。

○补鄗故城遗址:城址平面呈正方形,边长约一千五百米。
○补柏人故城遗址:遗址先后为春秋时期柏人邑、汉代柏人县县城。遗址位于泜水南岸,三面环岗,东北与尧山隔泜水相望。城址平面呈凹形,周长8 017米。

【三·一】五年,春,晋围柏人,荀寅中行文子、士吉射范昭子奔齐。

○补据《史记·赵世家》,中行文子、范昭子奔齐之后,邯郸、柏人成为赵氏采邑,而范氏、中行氏的其他采邑暂时归属晋公室。到赵襄子四年,赵、魏、韩、知四家瓜分了剩下的范、中行旧地。

【三·二】初,范氏之臣王生恶wù张柳朔。[王生]言诸(之于)昭子范昭子,使为柏人。

【使为柏人】正 补使[张柳朔]做柏人[守大夫]。

昭子曰:"夫非而(尔)雠乎?"

[王生]对曰:"私雠不及公,好hào不废过,恶wù不去善,义之经

也。臣敢违之?"

○补《吕氏春秋·当染》以染色比拟核心谋臣对于君主成败的重要影响,文中称范昭子为君,并说"范吉射染于张柳朔、王生",可见战国时已经将范昭子时的范氏视为国家,而且认为范昭子的核心谋臣就是张柳朔和王生。

及范氏出,张柳朔谓其子:"尔从主范昭子,勉之!我将止死。王生授我矣,吾不可以僭jiàn之。"[张柳朔]遂死于柏人。

【王生……僭之】正 杨 补 王生交给我[为范氏死难的大节]了,我不能对他不讲信用。僭,不信。

【四】夏,赵鞅赵简子伐卫,范氏之故也,遂围中牟。

【中牟】补见定九·五·二·一。

○补 中牟本为赵氏采邑,定十三年时邑宰为佛肸,与范氏来往密切。定十三年范一中行之乱爆发后,佛肸乘机背叛赵氏,依附了中牟的近邻、范氏的外援卫国。当时赵简子忙于与范氏、中行氏争斗,中牟叛乱一事遂被搁置。哀五年范昭子、中行文子奔齐之后,赵简子起兵征讨卫国,清算内乱期间卫国对范氏的支援,然后包围中牟。根据当时赵氏所向披靡的情势,以及《说苑·立节》"简子屠中牟,得而取之"的记载,此次赵简子应该是成功收复了中牟。

○补 传世文献对读:《孔子家语·贤君》记载了孔子对中行氏灭亡缘由的看法,可扫码阅读。

哀公五年·二

地理 齐、卫、鲁见哀地理示意图1。齐、卫、鲁、莱山见哀地理示意图4。

人物 齐景公（襄二十五·一·四）、燕姬（昭六—昭七）、鬻姒、公子茶、国惠子（定三—定四·春秋）、高昭子（昭二十九·一·春秋）、公子嘉、公子驹、公子黔、公子锄（襄二十一·三）、公子阳生

春秋 秋，九月癸酉二十四日，齐侯杵臼齐景公卒。

左传 〔一〕齐燕姬生子，不成而死。诸子鬻yù姒sì之子茶tú,公子茶嬖bì。

【不成】正 杨 未成年，未行冠礼。

【鬻姒】正 补 鬻女，姒姓。齐景公（襄二十五·一·四）妾，公子茶之母。哀六年被齐人所逐。

【茶】正 补 公子茶，后为安孺子。姜姓，名茶，号安。齐景公庶子，鬻姒所生。哀六年即位，同年被陈僖子所弑。【嬖】补 得宠。

诸大夫恐其为大（太）子也，言于公齐景公曰：“君之齿长zhǎng矣，未有大（太）子，若之何？”

【君之齿长矣】杨 补 国君的年岁大了。本年为齐景公五十八年，齐景公实为年老，诸大夫不敢言君老，因而言“长”。

公曰：“二三子间jiàn于忧虞，则有疾疢chèn。〔二三子〕亦姑谋乐，何忧于无君？”

【二三……疾疢】正 杨 诸大夫如有忧虑，则将生疾病。间，参与。虞，忧。

〔二〕公齐景公疾，使国惠子、高昭子立茶公子茶，置群公子于莱。

【莱】正 杨 补 应在莱山附近，今山东黄城东南。齐邑，在其东部边境。莱山参见《图集》26—27②7。

【三】秋,齐景公卒。

> ○ 补 传世文献对读:《论语·季氏》:"齐景公有马千驷,死之日,民无德而称焉。"

【四·一】冬,十月,公子嘉、公子驹、公子黔奔卫,公子锄、公子阳生来奔。

【公子嘉、公子驹、公子黔】【公子锄、公子阳生】 正 皆为齐景公之子,此前被安置在莱。**【公子阳生】** 正 补 后为齐悼公。姬姓,名阳生,谥悼。齐景公庶子。哀五年奔鲁。哀六年自鲁入于齐。哀七年即位,在位四年。哀十年被齐人所弑。

【四·二】莱人歌之曰:"景公_{齐景公}死乎[群公子]不与 yù 埋,三军之事乎[群公子]不与 yù 谋。师乎师乎,何党之乎?"

【师乎师乎,何党之乎】 正 补 众人啊众人,将要前往何方? 师,众,指群公子。党,所。之,往。

哀公五年·三
地理 鲁、齐见哀地理示意图1。

人物 子叔成子(定十一·二·春秋)

春秋 冬,叔还 xuán,子叔成子如齐。
○ 杨 子叔成子此次如齐,应为吊齐景公之丧,并会葬。

哀公五年·四
地理 郑见哀地理示意图1。

人物 驷秦、国参（昭三十二·五·春秋）

左传 【一】郑驷秦富而侈，嬖 bì 大夫也，而常陈卿之车服于其庭。郑人恶 wù 而杀之。

【侈】补 自多以陵人。

【嬖大夫】补 见昭元·二·四。

【二】子思 国参 曰："诗曰：'不解（懈）于位，民之攸塈（xì，呬）。'不守其位而能久者鲜 xiǎn 矣。《商颂》曰：'不僭 jiàn 不滥，不敢怠皇（遑），命以多福。'"

【不解于位，民之攸塈】补 见成二·七·三·二。

【鲜】补 少。

【不僭……多福】正 补 《毛诗·商颂·殷武》有此句，而作"不僭不滥，不敢怠遑，命于下国，封建厥福"。《左传》引文最后一句"命以多福"似为国参概括"命于下国，封建厥福"之意而自创。《左传》引文可译为"不出错不自满，不懈怠不偷闲，上天赐予各种福禄"。僭，差。滥，溢。皇，暇。

哀公五年·五
地理 齐见哀地理示意图 1。

人物 齐景公（襄二十五·一·四）

春秋 闰月，葬齐景公。

哀公六年·一

地理 鲁见哀地理示意图 1。鲁、邾瑕见哀地理示意图 4。

春秋 六年,春,[我]城邾瑕。

【邾瑕】正 杨 补 在今山东济宁南十里。本为邾邑,哀六年前已入
于鲁。参见《图集》26—27④3。

○补 如前所述,鲁趁中原无霸主之机向东、向南扩张,此次城邾瑕,
也是在贯彻此一战略。

○正 此条《春秋》无对应《左传》。

哀公六年·二

地理 晋见哀地理示意图 1。晋、鲜虞/中山见哀地理示意图 2。

人物 赵简子(昭二十五·二·春秋)

春秋 晋赵鞅赵简子帅师伐鲜虞。

左传 六年,春,晋伐鲜虞,治范氏之乱也。

○正 补 哀四年范氏、中行氏奔鲜虞,故本年晋人伐之。

○补 范—中行之乱从定十三年爆发,至哀六年基本结束,其过
程散见于定十三·二、定十四·二、定十四·六、定十四·十三、
哀元·六、哀元·八、哀二·二、哀三·六、哀三·九、哀四—哀
五、哀六·二。笔者对范—中行之乱起因、过程及赵氏取胜原因
有详细分析,请见专著《虎变:晋国大族兴盛与衰亡》(出版中,暂
定书名)相关章节。

○补 出土文献对读:银雀山汉墓竹简中的《孙子兵法·吴问》篇
记载了孙武对于范、中行、知、韩、魏、赵氏灭亡先后的论述,主要
是从六家的内部治理政策差异着眼。此文中孙子认为晋将归于

赵氏,与赵、魏、韩三家分晋不符,这正说明此文不是战国时根据三家分晋结局倒编的,而的确是春秋晚期的材料。可扫码阅读。

哀公六年·三

地理 吴、陈、楚见哀地理示意图 1。吴、陈、楚、城父(陈、吴之间)见哀地理示意图 5。

人物 楚昭王(昭二十六·七·二)、楚平王(昭元·一·三)

春秋 吴伐陈。

左传 【一】"吴伐陈",复修旧怨也。楚子楚昭王曰:"吾先君楚平王与陈有盟,不可以不救。"乃救陈,师于城父。

【吴伐陈,复修旧怨也】 正 杨 据哀元·五·二,"吴伐陈,修旧怨也"。本年又伐之,故曰"复修旧怨"。修,治。

【吾先君与陈有盟】 正 杨 昭十三年楚平王复封陈,当时必有盟誓。

【城父】 补 见僖二十二—僖二十三·八·一"夷"。

○补 下启同年楚昭王卒于城父(哀六·六)。

哀公六年·四

地理 齐、鲁见哀地理示意图 1。齐、鲁、莒见哀地理示意图 4。

人物 国惠子(定三—定四·春秋)、高昭子(昭二十九·一·春秋)、陈僖子(哀四—哀五·一)、安孺子(哀五·二·一)、鲍牧、晏圉、弦施(哀四—哀五·一)

春秋 夏,齐国夏国惠子及高张高昭子来奔。

左传【一】齐陈乞陈僖子伪事高高昭子、国国惠子者,每朝,必骖乘 chéng 焉。[陈乞]所从,必言诸大夫,曰:"彼诸大夫皆偃蹇 jiǎn,将弃子之命。皆曰:'高、国得君安孺子,必逼我,盍(何不)去诸(之乎)?'固将谋子,子早图之。图之,莫如尽灭之。需,事之下也。"及朝,[陈乞]则曰:"彼诸大夫,虎狼也。见我在子之侧,杀我无日矣。[我]请就之位。"

【每朝,必骖乘焉】 杨 补 每次上朝,[陈僖子]必[与高昭子、国惠子同车,自己]坐骖乘。"骖乘"见《知识准备》"车马"。

【所从】 杨 [陈僖子]所到之处。

【偃蹇】 正 骄傲。

【高、国得君】 正 杨 补 高氏、国氏得到国君[的倚重]。安孺子为高昭子、国惠子所立。安孺子幼小,高昭子、国惠子足以挟之以发令,故曰"得君"。

【盍去诸】 补 何不把他们赶走?

【需】 正 补 迟疑。详见下。

【请就之位】 杨 请[让我]站到他们的位列里去。

[陈乞]又谓诸大夫曰:"二子者祸矣!恃得君安孺子而欲谋二三子诸大夫,曰'国之多难 nàn,贵宠之由。尽去之,而后君定',既成谋矣。[二三子]盍(何不)及其未作也先诸(之乎)?[二子]作而[二三子]后,悔亦无及也。"大夫从之。

【二子者】 杨 指高昭子、国惠子。

【国之多难,贵宠之由】 杨 补 即"国家多难,由贵宠",可译为"国家的患难多,都是由于贵宠造成的"。诸大夫中必有为先君齐景公所尊宠者,齐景公去世后,国、高得君,诸大夫之贵宠者失势,故陈僖子以此言激之。

○ 正 古文字新证:"需"字字形演变情况如哀字形图 1 所示。金文"需"字从雨、从天,会人遇雨止立等待之意。其后字形演变情况在此不再详述。总之,从古文字学证据看,"等待"应为"需"之造字本义,引申为迟疑不决。

1 周早.孟簋《金》	2 周晚.伯公父匜《金》	3 戰.晉.貨系 291	4 戰.楚.清一·金 7	5 東漢.孔彪碑《篆》

哀字形图 1(《说文新证》,2014 年)

[二] 夏,六月戊辰二十三日,<u>陈乞</u>陈僖子、<u>鲍牧</u>及诸大夫以甲入于公宫。<u>昭子</u>高昭子闻之,与<u>惠子</u>国惠子乘 chéng 如公。战于庄,[高、国]败。国人追之。<u>国夏</u>国惠子奔莒 jǔ,遂及<u>高张</u>高昭子、<u>晏圉</u> yǔ、<u>弦施</u>来奔。

【鲍牧】正 补 姒姓,鲍氏,名牧。鲍文子(<u>成十七·四·三·一</u>)之孙。哀八年被齐悼公所杀。

【庄】补 见<u>襄二十八·九·三</u>。

【晏圉】正 补 姜姓,晏氏,名圉。晏平仲(<u>襄十七·六</u>)之子。齐大夫。哀六年奔鲁。

○补 下启同年公子阳生归于齐(<u>哀六·八</u>)。

哀公六年·五

地理 鲁、吴见哀地理示意图 1。鲁、吴相见哀地理示意图 5。

人物 子叔成子(<u>定十一·二·春秋</u>)

春秋 <u>叔还</u> xuán,子叔成子会吴于<u>柤</u> zhā。

【柤】杨 见<u>襄十·一·春秋</u>。

哀公六年·六

地理 楚、陈、周、鲁见哀地理示意图 1。楚、陈、周、鲁城父(陈、吴之间)、河水、江水、汉水、睢水、漳水见哀地理示意图 5。

人物 楚昭王(昭二十六·七·二)、王子申(昭二十六·七·二)、王子结(定三—定四·十八·二)、王子启、昭夫人、王子章、太史、孔子(僖二十七—僖二十八·二十五·三)、唐尧(文十八·三·二)

春秋 秋,七月庚寅 十六日,楚子轸 zhěn,楚昭王 卒。

左传 [一] 秋,七月,楚子 楚昭王 在城父,将救陈。[楚人] 卜战,不吉。[楚人] 卜退,不吉。王 楚昭王 曰:"然则死也。再败楚师,不如死。弃盟、逃仇,亦不如死。死一也,其死仇乎!"[楚子] 命公子申 王子申 为王,[公子申] 不可。[楚子] 则命公子结 王子结,[公子结] 亦不可。[楚子] 则命公子启 王子启,[公子启] 五辞而后许。

【再败楚师】 正 杨 定四年柏举之役吴败楚,为一败。此次卜战不吉,卜退亦不吉,若救陈则必败,如此则为再败。

【弃盟、逃仇】 杨 [若不救陈,则是]抛弃[先君]盟誓,[而且]逃避仇敌[吴]。

【公子申】 正 补 王子申为楚平王长庶子,楚昭王庶兄。昭二十六年楚平王卒,令尹囊瓦曾欲立王子申为君,王子申坚辞不受。

【公子结】 正 补 王子结为楚平王庶子,王子申之弟。定四年吴入郢,楚昭王逃亡时,曾舍命保护楚昭王。

【公子启】 正 补 王子启。芈姓,名启,字闾。楚平王(昭元·一·三)庶子,王子结(定三—定四·十八·二)之弟。哀十六年被王孙胜所杀。其名(启)、字(闾)相应,启为开门,而闾为里弄之门。

[二] 将战,王 楚昭王 有疾。庚寅 十六日,昭王 楚昭王 攻大冥,卒于城父。子闾 lǘ,王子启 退,曰:"君王舍其子而让,群臣敢忘君乎?从君之命,顺也;立君之子,亦顺也。二顺不可失也。"[子闾]与子西 王子申、子期 王子结 谋,潜师,闭涂(途),逆越女 昭夫人 之子章 王子章,立之而后还。

【大冥】 正 杨 在河南项城境。陈地。

【君王舍其子而让】 补 君王舍弃他的儿子而让位[给诸位兄长]。王子申、王子结、王子启皆为楚昭王庶兄。

【从君……顺也】 正 补 [君王在世时]服从君王的命令(指王子启五次推辞后同意当楚王),是顺;[君王去世后]立君王的儿子[而不是庶兄]为嗣君,也是顺。

【潜师,闭涂】 正 杨 补 秘密行军,封闭道路。此举是为了防止消息泄露。一说"闭"借作"祕",隐秘之意,标点为"潜师闭涂",译为"军队在隐秘的道路上潜行"。

【越女】 正 补 昭夫人。越女,姒姓。越王句践(定十四·五·一)之女,楚昭王夫人,楚惠王之母。据上博简九《邦人不称》,则哀公十六年白公之乱时昭夫人仍健在。

【章】 正 补 王子章,后为楚惠王。芈姓,熊氏,名章,谥献、惠,简谥惠(据《墨子·贵义》、清华简一《楚居》、清华简二《系年》)。楚昭王之子,昭夫人所生。哀七年即位,在位五十七年。获麟之岁(哀十四年)后四十九年卒。

○ 补 楚昭王去世后,王子启、王子申、王子结所拥立的楚惠王应该是楚昭王儿子里面年长的一个,然而从楚惠王在位五十九年推断,楚惠王被立为王时必然年幼。笔者认为,楚昭王之所以舍弃自己的儿子而立自己的庶兄,是深刻吸取当年自己年幼即位(参见昭二十六·七)、朝政被囊瓦把持最终导致吴入郢大祸的教训,希望由年长而且经历过磨炼的庶兄即位为王。王子申是庶兄中最为贤能者,而且当年囊瓦本来就是准备立王子申为王,被王子申拒绝之后才改立的楚昭王,楚昭王可能认为这样做是将本来就应该属于王子申的王位归还给他。

[三] 是岁也,有云如众赤鸟,夹日以飞三日。楚子楚昭王使问诸(之于)周大(太)史。

【楚子使问诸周大史】 正 杨 楚昭王派出使者[前往周王室]询问周

太史。此时楚昭王可能已在城父,距周王室近,距楚反而较远,故使
人问之于周太史。【大史】 补 见僖十五·八·一·七。

周大(太)史曰:"其当王楚昭王身乎! 若禜 yǒng 之,可移于令尹、
司马。"

【禜】 补 见昭元·八·一·一。

【令尹】 补 见庄四·二·二。【司马】 补 见僖二十六·三。

王曰:"除腹心之疾,而置诸(之于)股肱,何益? 不穀不有大过,
天其夭诸(之乎)? 有罪受罚,又焉移之?"

【股肱】 补 股,大腿;肱,大臂。比喻辅佐重臣。

【不穀……夭诸】 杨 补 我如果没有重大的过错,上天会让我早死
吗? 不穀,见僖二十三—僖二十四·七。楚昭王幼年即位,在位二十
七年,此时不过三十余岁,故云"夭"。

遂弗禜。

【四】初,昭王楚昭王有疾,卜曰:"河为祟。"王楚昭王弗祭。大夫
请祭诸(之于)郊。王曰:"三代命祀,祭不越望。江、汉、雎 jū、
漳,楚之望也。祸福之至,不是过也。不穀虽不德,河非所获
罪也。"遂弗祭。

【河】 补 见闵二·五·三。【祟】 补 神祸。

【大夫请祭诸郊】 杨 楚大夫请求在郊野祭[河水之神]。

【三代命祀,祭不越望】 正 补 [夏、商、周]三代时规定的祭祀制度,
祭祀不超越本国的山川。

【江】 补 见文十·二·二。【汉】 补 见桓六·二·二。【雎】 杨 见
定三—定四·十三。【漳】 杨 见宣四·五·三。

【祸福之至,不是过也】 补 即"祸福之至,不过是也",可译为"无论是

祸是福降临楚,它们的来源都不会超过这个范围"。

[五] 孔子曰:"楚昭王知大道矣。其不失国也,宜哉!《夏书》曰'惟彼陶唐_{唐尧},帅_(率)彼天常,有此冀方。今失其行 háng,乱其纪纲,乃灭而亡',又曰'允出兹在兹'。由己率常,可矣。"

【惟彼……而亡】 正 杨 补 此为逸《书》,可译为"那位君王唐尧,遵循上天常道,据有冀州这地方。如今夏王走到邪道上,搅乱了治国纪纲,于是就被灭亡"。帅,循。**【冀方】** 正 补 唐尧居地唐(僖十五·九·三·一)位于《尚书·禹贡》九州中的冀州,故称"冀方"。

【允出兹在兹】 正 补 此为逸《书》,可译为"诚信源出于此,存在于此"。允,信。

【由己率常】 补 从自己[做起]遵循常道。率,循。

哀公六年·七

地理 齐、鲁见哀地理示意图 1。

人物 邴意兹(定十三·一·一)

左传 八月,齐邴 bǐng 意兹来奔。

○ 正 补 本年早先高昭子、国惠子奔鲁。邴意兹为高、国党羽,因此随之奔鲁。

哀公六年·八

地理 齐、鲁见哀地理示意图 1。齐、鲁、赖、谷丘见哀地理示意图 4。

人物 公子阳生/齐悼公(哀五·二·四·一)、陈僖子(哀四—哀五·一)、安孺子(哀五·二·一)、南郭且于(襄二十一·三)、阚止、公孙壬、子士、鲍牧(哀六·四·二)、鲍点、齐景公(襄二十五·一·四)、胡姬、鬻姒(哀五·二·一)、王甲、江说、王豹、朱毛

|春秋| 齐阳生公子阳生入于齐。

齐陈乞陈僖子弑其君荼安孺子。

○|正||补|据《左传》，则安孺子实被齐悼公指使朱毛所杀。据宣四·三·一·二，臣弑君，《春秋》书臣之名（陈乞），表明陈僖子有罪。陈僖子之罪，在于此事起于陈僖子召公子阳生，且之后陈僖子又以言语逼迫齐悼公除掉安孺子。

|左传|[一] 陈僖子使召公子阳生。阳生公子阳生驾而见南郭且 jū 于，曰：“[吾]尝献马于季孙季康子，不入于上乘 shèng。故又献此，请与子乘 chéng 之。”出莱门而[阳生]告之南郭且于故。

【陈僖子使召公子阳生】|补|哀五年安孺子即位，公子阳生、公子锄（南郭且于）奔鲁。到本年陈僖子驱逐了拥立安孺子的高昭子、国惠子，于是召公子阳生回国即位。

【尝献……乘之】|正||杨||补|[我]曾经把马奉献给季孙，没能列为他的上等乘马。于是又献这几匹，请和您一起试驾。此时季康子已将其妹妹嫁给公子阳生，所以公子阳生为季康子妹夫。公子阳生想与南郭且于商议返齐之事，担心在南郭且于家商议会走漏消息，于是以试驾献马为由，诱骗南郭且于出城。

【莱门】|正||补|鲁都东北郭门。

阚 kàn 止知之，先待诸（之于）外。公子公子阳生曰：“事未可知。[女]反（返），与壬公孙壬也处[于鲁]。”[公子]戒之阚止，遂行。

【阚止……诸外】|正||补|阚止得知公子阳生将返齐之事，于是在城外等候[，准备与公子阳生一同返回齐]。【阚止】|正||补|阚氏，名止，字我。此时为公子阳生家臣。哀六年公子阳生即位之后至齐，任大夫。哀十四年被陈氏之徒所杀。

【壬】|正||补|公孙壬，后为齐简公。姜姓，名壬，谥简。齐悼公（哀

五·二·四·一)之子。哀十一年即位，在位四年。哀十四年被陈成子所执，同年被陈成子所弑。

【戒之】正 杨 补 告诫阒止。公子阳生不知此去吉凶如何，心存疑惑，因此对留守鲁的家臣阒止有所告诫嘱咐，比如说不要泄露此次回齐之事。

逮夜，[公子]至于齐，国人知之。僖子陈僖子使子士之母养之公子阳生，与馈者皆入[于公宫]。

【逮】补 及。

【子士】正 补 妫姓，陈氏，字士。陈僖子(哀四—哀五·一)庶子。

【与馈者皆入】正 [让公子阳生]跟着送食物的人一起进入[并居处在公宫]。

[二] 冬，十月丁卯二十四日，立之公子阳生。

将盟，鲍子鲍牧醉而往。

其臣差车鲍点曰："此谁之命也？"

【差车】正 补 卿大夫家臣，职掌乘车。一说"差车"即成元—成二·十一·二之"佐车"，副车之意，此处指职掌副车的官职。

【鲍点】正 补 姒姓，鲍氏，名点。

陈子陈僖子曰："受命于鲍子。"遂诬鲍子曰："子之命也。"

【诬】正 补 诬陷。陈僖子见鲍牧喝醉了，于是就把责任推到鲍牧身上。

鲍子曰："女(汝)忘君齐景公之为孺子安孺子牛而折其齿乎？而背之也！"

【女忘……齿乎】正 杨 补您忘记先君曾经为孺子当牛而折断牙齿吗？可能齐景公爱安孺子，曾经扮为牛，与安孺子戏耍，游戏中齐景公仆倒折断了牙齿。

悼公公子阳生/齐悼公稽 qǐ 首，曰："吾子鲍牧奉义而行者也。若我可，不必亡一大夫鲍牧；若我不可，不必亡一公子公子阳生。义则进，否则退，敢不唯子鲍牧是从？废兴无以乱，则所愿也。"

【稽首】补见僖五·二·二·一。

【若我……公子】正 补公子阳生意谓，一方面，如果自己可立为国君，则必不因鲍牧今日之言而使鲍牧流亡；另一方面，如果自己不可立为国君，也请鲍牧不要迫使自己再次流亡。齐悼公最终背弃此处诺言，将鲍牧处死，见哀八·六。

鲍子曰："谁非君之子？"[鲍子]乃受盟。

【三】[齐人]使胡姬以安孺子如赖，去鬻 yù 姒 sì，杀王甲，拘江说 yuè，囚王豹于句 gōu 渎 dòu 之丘。

【胡姬】正 补胡女，姬姓（有争议）。齐景公（襄二十五·一·四）妾。哀八年被齐悼公所杀。【胡】杨 补在今河南漯河舞阳县已发现其遗址。本为周时国，姬姓。春秋初已为郑武公所灭。参见《图集》29—30③5。一说"胡姬"之"姬"并非母家姓，而是女子泛称，而此舞阳胡国与阜阳胡国（襄二十八·二·一）均为归姓，舞阳胡国被灭后，胡人东迁建立阜阳胡国。

【赖】正 杨 补在山东章丘西北。齐邑。参见《图集》26—27③4。

【王甲】【江悦】【王豹】正三人皆为齐景公宠臣，安孺子党羽。

【句渎之丘】补即谷丘，见桓十二·三·春秋。

【四·一】公齐悼公使朱毛告于陈子陈僖子，曰："微子陈僖子则不及此。然君异于器，不可以二。器二不匮，君二多难 nàn，敢布诸（之于）大夫_{陈僖子}。"

【朱毛】□正 齐大夫。

【微子……大夫】□杨 □补 没有您我到不了今天。然而国君和器物不一样，不可以有两个。有两个器物不担心缺乏，有两个国君祸难就多了，谨向您陈述［我的忧虑］。齐悼公对安孺子心有疑忌，于是跟陈僖子说了这番话，实际上意思是希望陈僖子派人杀掉安孺子。

僖子_{陈僖子}不对而泣，曰："君_{齐悼公}举不信群臣乎？ 以齐国之困，困又有忧，少 shào 君_{安孺子}不可以访，是以求长 zhǎng 君_{齐悼公}，庶亦能容群臣乎！ 不然，夫孺子_{安孺子}何罪？"

【君举……何罪】□正 □补 国君对群臣都不相信吗？ 齐国有饥荒之困，又有兵乱之忧，年幼的国君（指安孺子）无法请示［定夺大事］，因此才找来了年长的国君（指齐悼公），［以为国君］大概还能够容忍群臣吧！ 不然的话（指国君也对群臣不信任、不容忍），那孺子又有什么罪？ 陈僖子指出齐悼公这番话，实质上是不信任群臣，认为群臣日后有可能再次拥立安孺子而废掉自己，并进一步威胁齐悼公，表示如果齐悼公不能相信群臣，则群臣真有可能再行废立之事。举，皆。访，请示。

【四·二】毛_{朱毛}复命，公_{齐悼公}悔之。毛曰："君大访于陈子_{陈僖子}，而图其小可也。"[公]使毛迁孺子_{安孺子}于骀 tái。不至，杀诸（之于）野幕之下，葬诸（之于）殳 shū 冒淳。

【大】□正 指国政。

【小】□正 指杀安孺子。

【骀】□正 □杨 在今山东临朐境。齐邑。

【野幕】□正 设在郊野的帐幕。

○□补 **传世文献对读**：《公羊传·哀公六年》叙公子阳生出奔及后来陈僖子（陈乞）立其为君之事，与《左传》不同，可扫码阅读。

哀公六年·九

地理 鲁见哀地理示意图 1。鲁、邾见哀地理示意图 4。

人物 孟懿子(昭七·九·二·一)

春秋 冬,仲孙何忌_{孟懿子}帅师伐邾。

哀公六年·十

地理 宋、曹见哀地理示意图 1。

人物 向巢(定九·一)

春秋 宋向巢帅师伐曹。

　　○补 宋伐曹的原因参见哀三·五·春秋。

哀公七年·一

地理 宋、郑、晋见哀地理示意图1。

人物 皇瑗

春秋 七年,春,宋皇瑗 yuàn 帅师侵郑。

【皇瑗】 补 子姓,皇氏,名瑗。皇父充石(文十一·四·二·一)八世孙。宋大夫,官至执政卿(继乐大心)。任右师(卿职)。哀十七年奔晋,同年被宋景公召回宋。哀十八年被宋人所杀。

左传 七年,春,宋师侵郑,郑叛晋故也。

○ 杨 补 定十四年齐、宋会于洮,谋救范氏,则宋亦叛晋。然而根据《春秋》《左传》记载,郑、卫有与齐盟誓之事,而宋并无与齐盟誓之事,可见宋即使的确有叛晋行为,其程度也不如郑、卫。本年宋又为晋伐郑,则此时宋又服于晋。实际上,春秋末年,中原已无霸主,无论晋、齐,对其盟国控制力都有限。

哀公七年·二

地理 晋、卫见哀地理示意图1。

人物 魏襄子(定十三·二·三·一)

春秋 晋魏曼多 魏襄子 帅师侵卫。

左传 晋师侵卫,卫不服也。

○ 正 杨 补 哀二年晋赵简子纳卫太子蒯聩于戚,哀五年晋伐卫,但一直未能使卫臣服于晋,太子蒯聩也未立为君。故晋今年再次出师侵卫。

哀公七年·三

地理 鲁、吴见哀地理示意图 1。鲁、吴、鄫见哀地理示意图 5。

人物 鲁哀公（哀元·〇）、子服景伯（哀三·三·一）、吴王夫差（定十四·五·二）、范献子（襄十四·四·五）、伯嚭（定三—定四·七）、季康子（哀三·七·一）、端木赐（定十五·一·一）、吴太伯（闵元·四·一·二）、虞仲雍（僖五·八·一）

春秋 夏，公_{鲁哀公}会吴于鄫 zēng。

【鄫】杨 见僖十四·二·春秋。此时为鲁邑，下文又称"鄫衍"。

〇正 补 吴欲霸中国，故北上与鲁会。据下文《左传》文义，则此次吴使团里应该有吴王夫差和太宰伯嚭。

左传 【一】"夏，公会吴于鄫。"

【二】吴来征百牢。

【牢】补 见桓六·七·一。

子服景伯对曰："先王未之有也。"

吴人曰："宋百牢我，鲁不可以后宋。且鲁牢晋大夫过十，吴王_{吴王夫差}百牢，不亦可乎？"

【且鲁牢晋大夫过十】正 指昭二十一年鲁以十一牢款待范献子（见昭二十一·三）。

景伯_{子服景伯}曰："晋范鞅_{范献子}贪而弃礼，以大国惧敝邑，故敝邑十一牢之。君_{吴王夫差}若以礼命于诸侯，则有数矣。若[君]亦弃礼，则有（又）淫者矣。周之王 wàng 也，制礼，上物不过十二，以为天之大数也。今[君]弃周礼，而曰'必百牢'，亦唯执事。"

【以大国惧敝邑】 杨 补 用大国[的势力]使我国惧怕。

【数】 正 补 ［牢礼］常数。据《周礼·秋官·大行人》，则"上公九牢，侯伯七牢，子男五牢，是常数也"。吴为子爵，应用五牢。

【淫】 正 过度。

【上物不过十二】 正 杨 补 "上物"指周王举行大礼时所用器物。《周礼·秋官·掌客》："王合诸侯而飨礼，则具十有二牢。"又周王旌旗飘带数、玉路樊缨数亦皆为十二(参见桓元—桓二·三·二)。

【以为天之大数也】 正 补 大数指数目极限。据岁星纪年法(参见襄九·五·五)，岁星每年行经一个星次，十二年绕天一周，因此制礼以十二为极数。

吴人弗听。景伯曰："吴将亡矣！弃天而背本。[我]不与[吴百牢]，[吴]必弃疾于我。"乃与之。

【弃天】 正 杨 天数不过十二，而吴征百牢，故曰"弃天"。

【背本】 正 杨 吴为周太王长子太伯之后，而违周礼，故曰"背本"。

【弃疾】 杨 补 将疾患丢弃给他人，引申为加害。

○ 补 下启哀二十二年越灭吴(哀二十二·二)。

【三】大(太)宰嚭 pǐ，伯嚭 召季康子。康子 季康子 使子贡 端木赐 辞。大(太)宰嚭曰："国君 吴王夫差、鲁哀公 道长 cháng，而大夫 季康子 不出门，此何礼也？"

【大宰】 补 见定三—定四·七。

【国君道长】 正 杨 补 ［双方］国君跋涉了那么远的路。吴王从吴都至鄫，道路千余里，鲁哀公自鲁都至鄫，亦有四百余里。

[子贡]对曰：

"岂以为礼,畏大国也。大国不以礼命于诸侯,苟不以礼,岂可量也? 寡君_{鲁哀公}既共_(供)命焉,其老_{季康子}岂敢弃其国?

【苟不以礼,岂可量也】杨 补 大国如果不讲礼,那[它可能对小国做出的事情]怎么能估量呢?

【其老】杨 补 国家正卿,指季康子。

"大_(太)伯_{吴太伯}端委以治周礼,仲雍_{虞仲雍}嗣之,断发文身,裸以为饰,岂礼也哉? 有由然也。"

【端委】补 见昭元·一·七·一。

【断发文身,裸以为饰】正 杨 补 剪断头发,身上刺画文身,裸露身体,以[刺青]作为装饰。此皆为当时吴地土著习俗。

【三】[我]反_(返)自鄫,以吴为无能为也。

【以吴为无能为也】正 补 认为吴不能有所作为,也就是不能称霸。

哀公七年·四

地理 鲁、吴、晋见哀地理示意图 1。鲁、邾、负瑕、茅、绎山见哀地理示意图 4。

人物 鲁哀公(哀元·〇)、邾隐公(定三·三·春秋)、季康子(哀三·七·一)、子服景伯(哀三·三·一)、孟懿子(昭七·九·二·一)、夏禹(庄十一·二·二·二)、茅成子、吴王夫差(定十四·五·二)

春秋 秋,公_{鲁哀公}伐邾。八月己酉_{十一日},[我]入邾,以邾子益_{邾隐公}来。

左传【一】季康子欲伐邾,乃飨大夫以谋之。

【飨】补 设宴招待。

○ 杨 补 自哀元年以来，鲁屡年伐邾。此次鲁执政通过鄫之会，做出"吴为无能为也"的判断，于是决定抓住时机一举灭邾。兹事体大，故季康子飨大夫以谋之。

子服景伯曰："小所以事大，信也。大所以保小，仁也。背大国，不信；伐小国，不仁。民保于城，城保于德。失二德者，危，将焉保？"

【背大国，不信】 正 杨 补 大国指吴。据下文"若夏盟于鄫衍，秋而背之"，则鄫之会上，吴、鲁所定盟约中应有不侵犯邾的条文。鲁若伐邾，则为背盟、叛吴之举。

【二德】 正 指信、仁。

孟孙 孟懿子 曰："二三子以为何如？ 恶 wū 贤而逆之？"

○ 杨 补 孟懿子说："诸位认为怎么样？ 谁的主张明智，是应该接受的？"恶，何。逆，迎，引申为接受。据《左传》，哀元年冬孟懿子率师伐邾，哀二年季桓子、叔孙武叔、孟懿子率师伐邾，哀三年叔孙武叔、孟懿子率师围邾，哀六年孟懿子率师伐邾，则孟懿子为灭邾派核心人物，应无疑问。子服景伯提出不同意见，孟懿子不以为然，转而询问其他大夫。

[诸大夫]对曰："禹 夏禹 合诸侯于涂山，执玉帛者万国。今其存者，无数十焉，唯大不字小，小不事大也。[吾]知必危，何故不言？ 鲁德如邾，而以众加之，可乎？"

【涂山】 补 参见昭四·三·二·一。在此山南麓的蚌埠市禹会区禹会村已发现与"禹合诸侯"相呼应的龙山文化遗址（详见下）。

【字】 补 养。

【鲁德……可乎】 正 杨 补 鲁德行和邾一样，而用兵众压上去，可以吗？ 诸侯讨伐本旨，在于以有德讨伐无德。鲁为周公之后、守礼之邦,诸大夫不愿鲁公然对邻近小国发动侵略战争,故有此愤激之言。

不乐而出。

> ○补 **禹会村遗址**：遗址位于涂山南麓的淮河东岸,当地世代相传夏禹当年曾在此集会万国诸侯。遗址面积大(估计有五十万平方米),文化堆积薄,礼仪、祭祀遗迹丰富,长期居住遗迹缺乏,提示当时有较多的人在此处进行临时聚会和祭祀活动。遗址年代大致跨越公元前2500年至2000年,涵盖夏禹时代。在遗址东部Ⅰ区发现一处面积约为二千平方米的祭祀/聚会台遗迹,正南北向布局,整体呈北宽南窄的长条形,南北长一百零八米,北部宽二十三米,南部宽十三米。最下部为灰土夯筑层,其上为十五至二十厘米的纯净黄土层,黄土层上为三至三十厘米的纯净白土层。台面上从北到南排列有柱洞、凸岭、沟槽、烧祭/烧烤面、方土台、长排柱坑(共三十五个)。在西侧的沟中出土了大量陶器残片、火烧过的动物碎骨以及粟、稻、小麦、大麦遗迹。在遗址西部Ⅱ区已清理出八座祭祀坑,里面埋有大量鼎、鬶、罐、豆、杯、盆等陶器,还发现了四处直径为一米左右的圆圈遗迹。在Ⅱ、Ⅲ区发现了大型简易工棚建筑遗迹。遗址出土文物的文化因素组成复杂,与周边诸多文化之间存在着密切的联系,涵盖了中原龙山文化、黄河下游龙山文化、长江中游江汉平原、江淮及长江三角洲同时期文化的因素。2013年"禹会村遗址与淮河流域文明研讨会"将遗址定性为"大型礼仪性建筑基址",认为禹会村遗址与文献记载的"禹合诸侯"事件密切相关,大体再现了当时来自不同区域的部落曾在此为实施某项重要任务举行过大型聚会和祭祀活动,由此烘托出"禹合诸侯于涂山,执玉帛者万国"这一历史事件发生的真实性。

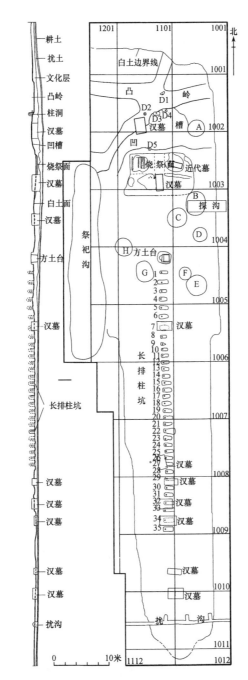

哀遗址图 1　禹会村遗址祭祀/聚会台平面、剖面图

《蚌埠禹会村》,2013 年

【二·一】秋,[我]伐邾。[我师]及范门,犹闻钟声。大夫谏,[邾子]不听。茅成子请告于吴,[邾子]不许。[邾子]曰:"鲁击柝 tuò 闻于邾,吴二千里,不三月不至,何及于我? 且国内岂不足?"成子茅成子以茅叛。

【范门】正邾都郭门。

【大夫谏,不听】杨 补邾大夫谏[邾隐公,应该停止奏乐,整兵抵抗],[邾隐公]不听。

【茅成子】正补茅氏,名夷鸿,谥成。茅地(昭二十二—昭二十三·二·一)之弟。邾大夫。哀七年入于茅以叛。食采于茅。【茅】正补在今山东鱼台东北南阳湖西南侧湖中。邾邑。参见《图集》26—27④3。

【击柝】正手持两木相敲,作为巡夜警戒的证明。

【二·二】[我]师遂入邾,处其公宫。众师昼掠。邾众保于绎。[我]师宵掠。[我]以邾子益邾隐公来,献于亳 bó 社,囚诸(之于)负瑕。负瑕故有绎。

【掠】正抢掠财物。

【绎】正杨补此应为绎山,在今山东邹城东南。参见《图集》26—27④4。

【献于亳社】补亳社参见闵二·三·四·一。昭十年季平子伐莒,亦献俘于亳社。邾、莒皆为东夷国,鲁似乎有在亳社进献东夷俘虏的礼制。此为进献活人,邾隐公在仪式中并未被杀死。

【负瑕】正杨补在今山东兖州新驿镇东顿村南已发现其遗址(瑕丘故城遗址)。鲁邑。参见《图集》26—27④3。

【负瑕故有绎】杨负瑕从此有了绎人。

○正瑕丘故城遗址:遗址先后是春秋时期负瑕邑、汉代瑕丘县县城。

【三】邾茅夷鸿茅成子以束帛、乘 shèng 韦自请救于吴,曰:"鲁弱
晋而远吴,冯(凭)恃其众,而背君吴王夫差之盟,辟(僻)君之执事,
以陵我小国。邾非敢自爱也,惧君威之不立。君威之不立,
小国之忧也。若[鲁]夏盟于鄫 zēng 衍,秋而背之,[鲁]成求而
[吴]不违,四方诸侯其何以事君? 且鲁赋[于吴]八百乘 shèng,君
之贰也;邾赋[于吴]六百乘,君之私也。以私奉贰,唯君图之。"
吴子吴王夫差从之。

【束帛】杨 补 五两(匹)帛,为一捆,称"束帛"。两(匹)参见闵二·
三·四·二。【乘韦】杨 见僖三十二—僖三十三·四。

【弱】杨 以……为弱。【远】杨 以……为远。

【辟】杨 以……为鄙陋。

【鄫衍】正 即鄫。

【成求而不违】正 补 [鲁]成其所求,而[吴]无所违逆。违,逆。

【且鲁……私也】正 杨 补 而且鲁按八百辆兵车国家规模[向吴交
纳]贡赋,[在地位上是]君王的陪贰;邾按六百辆兵车国家规模[向吴
交纳]贡赋,[在地位上是]君王的私属。茅成子意谓,鲁是吴陪贰之
国,未必忠心;邾是吴私属之国,忠心无二,而且邾交纳的贡赋规模只
比鲁少二百乘,所以吴应该尽全力保护邾。"贰"参见昭三十二·
六·二。鲁、邾向吴交纳贡赋参见哀十三·三·四·一。

○正 下启哀八年吴伐鲁(哀八·二)。

哀公七年—哀公八年(哀公八年·一)

[地理] 宋、曹、郑、晋见哀地理示意图 1。

[人物] 驷弘(哀二·二·四·一)、宋景公(昭二十·四·三)、曹废公、国参(昭三十二·五·春秋)、曹叔振铎(僖二十七—僖二十八·二十六·二)、公孙强、子肥

[春秋] 宋人围曹。

冬,郑驷弘帅师救曹。

八年,春,王正月,宋公宋景公入曹,以曹伯阳曹废公归。

【曹伯阳】[补] 曹废公。姬姓,名阳,无谥,号废。曹靖公(定八·四·春秋)之子。定九年即位,在位十五年。哀八年被宋人所杀。

[左传] [一]"宋人围曹"。郑桓子思国参曰:"宋人有曹,郑之患也。不可以不救。"冬,郑师救曹,侵宋。

[二·一] 初,曹人或梦众君子立于社宫,而谋亡曹。曹叔振铎duó 请待公孙强,[众君子]许之。[曹人]旦而求之,曹无之。[曹人]戒其子曰:"我死,尔闻公孙强为政,必去之。"

【社宫】[正] [杨] 社指曹国土地神社,社宫为社土坛周围的墙垣。

【曹叔振铎】[正] 曹始封君。

【公孙强】[补] 公孙氏,名强。曹庶人,后为曹司城。哀八年被宋人所杀。

【许之】[补] [梦中众君子]答应了曹叔振铎。

【必去之】[杨] 一定要离开曹。

【二·二】及曹伯阳_{曹废公}即位，好 hào 田弋 yì。曹鄙人公孙强好弋，获白雁，献之，且言田弋之说。_[曹伯]说(悦)之，因访政事_[于公孙强]，大说(悦)之。_[公孙强]有宠，使为司城以听政。梦者之子乃行。

【田】补打猎。【弋】补用带绳之箭射鸟。

【鄙人】补边境之人。

【白雁】杨雁一般为茶褐色，只有腹部是白色。这只雁大概是通体纯白，十分稀有，所以公孙强献给曹废公。

【司城】杨补曹外朝官，其职掌应与宋之司城（见文七·二·一）相似。

【二·三】强_{公孙强}言霸说于曹伯_{曹废公}，曹伯从之，乃背晋而奸 gān 宋。宋人伐之，晋人不救。_[公孙强]筑五邑于其郊，曰黍丘、揖丘、大城、钟、邗 yú。

【霸说】补诸侯争霸之说。【奸】杨犯。

【筑五邑于其郊】杨补[某次宋师伐曹退后，]曹人[不但不服事宋，反而劳民伤财]在曹都郊外修筑了五个城邑[以抗拒宋师]。

【黍丘】杨补曹邑。【揖丘】杨补在今山东曹县界。曹邑。【大城】杨补在今山东菏泽界。曹邑。【钟】杨补在今山东定陶界。曹邑。【邗】杨补在今山东定陶界。曹邑。

【三】八年，春，宋公_{宋景公}伐曹将还，褚 zhǔ 师子肥殿。曹人诟之，_[褚师]不行，师待之。公_{宋景公}闻之，怒，命反(返)之，遂灭曹。_[宋人]执曹伯阳_{曹废公}及司城强_{公孙强}以归，杀之。

【八年……将还】补哀七年冬郑侵宋。本年春宋师回国，可能是为了抵御郑师。

【褚师子肥】正补字肥。宋大夫，任褚师。【褚师】补见襄二十·七·一。

【曹人……待之】正 杨 补 曹人辱骂[宋师殿后之帅]褚师子肥,[子肥率领的殿军]便停下不走,宋师[于是全体停下]等待。

哀公八年·二

地理 吴、鲁、晋、齐、楚见哀地理示意图 1。邾、鲁、齐、武城、鄪、东阳、五梧、庚宗、泗水见哀地理示意图 4。

人物 叔孙辄(定八·七·一)、公山不狃(定五·四·一)、吴王夫差(定十四·五·二)、澹台灭明、孟懿子(昭七·九·二·一)、子服景伯(哀三·三·一)、公宾庚、公甲叔子、析朱锄、微虎、季康子(哀三·七·一)、王子姑曹

春秋 吴伐我。

左传【一】吴为邾故,将伐鲁,问于叔孙辄。叔孙辄对曰:"鲁有名而无情,伐之,必得志焉。"

【吴为邾故,将伐鲁】补 哀七年鲁伐邾,邾大夫茅成子至吴求救,吴王夫差许之,于是本年吴将伐鲁。

【问于叔孙辄】正 定十二年叔孙辄与公山不狃率费人袭鲁,兵败奔齐(参见定十二·二·二·二),后至吴。因此本年吴王夫差向他询问鲁是否可伐。

【有名而无情】正 杨 即"有名而无实"。情,实。

[叔孙辄]退而告公山不狃 niǔ。公山不狃曰:"非礼也。君子违,不适仇国。未臣[于他国]而有伐之,奔命焉,死之可也。所托(托)也则隐。且夫 fú 人之行也,不以所恶 wù 废乡。今子以小恶 wù 而欲覆宗国,不亦难 nàn 乎?若使子率,子必辞,王吴王夫差将使我。"子张叔孙辄疾之。

【君子违，不适仇国】杨 补 君子即使离开本国，也不前往[当时就已经]与祖国是仇敌关系的国家。违，离。适，往。

【未臣……可也】正 补 如果还没有成为[客居之国]的臣子，而此时[祖国]遭到攻伐，[则应该]奔命回国，为国难而死也是可以的。

【所讬也则隐】杨 补 [如果]被[客居之国]委任[去做对祖国不利之事]则[应该设法]回避。参见郑公子兰请求不参与围郑（参见僖三十·三·五）。

【且夫……废乡】正 补 而且一个人离开祖国，不应该由于有所怨恨而废弃乡党。

【子张疾之】杨 叔孙辄为自己先前失言感到悔恨。

王问于子泄公山不狃。[子泄]对曰："鲁虽无与立，必有与毙。诸侯将救之，未可以得志焉。晋与齐、楚辅之鲁，是四仇也。夫鲁，齐、晋之唇。唇亡齿寒，君所知也。[齐、晋]不救何为？"

【鲁虽……与毙】杨 补 鲁[平日]虽然没有[互相亲近扶持、]与之共同立[于诸侯之列的国家]，[危急时则]必有[愿意出兵救援、]与之分担落败[的国家]。毙，败。

[二·一] 三月，"吴伐我"。子泄公山不狃率，故道险，从武城。

【子泄……武城】正 补 公山不狃在前引路，故意从险道行军，经过武城。公山不狃这样做的目的是利于鲁人防备。武城在沂蒙山区，道路崎岖，故曰"险道"。【武城】杨 见昭二十二—昭二十三·二·一。

初，武城人或有因于吴竟(境)田焉，拘鄫 zēng 人之沤菅 jiān 者，曰："何故使吾水滋 zī(兹)？"及吴师至，[鄫之]拘者道(导)之，以伐武城，克之。

【武城…田焉】杨 补 武城有人在吴[、鲁]边境种田。由此及下文可知,当时吴势力已向北扩展至武城、鄪一线(今江苏、山东交界处),与鲁直接接壤。

【鄪】补见僖十四·二·春秋。此时为鲁邑。

【沤菅】杨补浸泡菅草。菅草浸泡之后,剥取其纤维,可制绳索、草鞋,修葺屋顶。菅参见成九·十·二。

【何故使吾水滋】正补为什么弄黑我的水?鄪人沤菅脏水顺流而下,污染了武城种田鲁人的水,武城人因此有此行动。滋,《说文》引作"兹",黑。

【拘者】正补[被武城人]拘禁过的[鄪]人。

[二·二] 王犯尝为之宰,澹 tán 台子羽澹台灭明之父好 hào 焉,国人惧。

【王犯】正吴大夫,曾仕于鲁,任武城宰。

【澹台子羽】正补澹台灭明。澹台氏,名灭明,字羽。武城人。孔子弟子,比孔子小39岁(一说49岁)。据《大戴礼记·卫将军文子》,孔子弟子端木赐认为:"贵之不喜,贱之不怒;苟于民利矣,廉于其事上也,以佐其下,是澹台灭明之行也。孔子曰:'独贵独富,君子耻之,夫也中之矣。'"

○正杨补[吴大夫]王犯曾经做过武城宰,澹台灭明的父亲[是武城人,]与王犯交好,鲁国都之人[因此]惧怕。鲁都国人并不知道鄪人为吴师带路之事,以为武城被吴师攻破,是由于王犯与澹台灭明之父内外勾结所致,所以甚为恐慌,害怕鲁都内亦有吴人内应。

懿子孟懿子谓景伯子服景伯:"若之何?"

○补哀七年子服景伯曾带头反对伐邾,孟懿子没有理会他的意见(哀七·四·一)。如今吴为邾伐鲁,逼近鲁都,孟懿子认为子服景伯有先见之明,因此向他询问对策。

[景伯]对曰:"吴师来,斯与之战,何患焉?且[我]召之而至,又

何求焉?"

【斯】⚞杨⚟承接连词,则。

【且召……求焉】⚞正⚟⚞补⚟而且[是我们自己]招引吴师来的,还能要求什么? 子服景伯意谓,鲁人背盟伐邾(参见哀七·四),直接导致本年吴伐鲁。

【三】吴师克东阳而进,舍 shè 于五梧。明日,[吴师]舍 shè 于蚕室。公宾庚、公甲叔子[、析朱锄]与[吴人]战于夷,[吴人]获叔子公甲叔子与析朱锄,献于王吴王夫差。王曰:"此同车,必使能,国未可望也。"明日,[吴师]舍 shè 于庚宗,遂次于泗上。

【东阳】⚞正⚟⚞杨⚟⚞补⚟在今山东费县西南关阳司村。鲁邑。参见《图集》26—27④4。

【五梧】⚞正⚟⚞杨⚟⚞补⚟在今山东平邑南,东阳以北。鲁邑。参见《图集》26—27④4。

【蚕室】⚞正⚟⚞杨⚟在今山东平邑境,庚宗东南。鲁邑。

【公宾庚、公甲叔子】【析朱锄】⚞补⚟三人皆为鲁大夫,哀八年被吴人所获。

【此同……望也】⚞正⚟这三人同乘一车[,都能为国而死],说明鲁能用人,所以国都不可指望[能攻下]。

【庚宗】⚞杨⚟见昭四—昭五·一。

【泗上】⚞补⚟见襄十九·一·一·一。

【四】微虎欲宵攻王吴王夫差舍,私属(嘱)徒七百人,三踊于幕庭,卒[简]三百人,有若与 yù 焉。[虎]及稷门之内。或谓季孙季康子曰:"不足以害吴,而多杀国士,不如已也。"[季孙]乃止之。吴子吴王夫差闻之,一夕三迁。

【微虎】⚞正⚟鲁大夫。【宵攻】⚞补⚟夜晚进攻。

【三踊于幕庭】⚞正⚟⚞杨⚟⚞补⚟[微虎让他的士兵]在帐幕前的庭中跳高三

次[，以测试体力]。踊参见僖二十七—僖二十八·九·二。

【卒三百人】正补最终[拣选了]三百人。卒，终。

【有若】正补名若，字有。孔子弟子，比孔子小43岁(一说为33岁)。

【稷门】补见庄三十二·四·二。

【多】杨只。

[五] 吴人行成。将盟，景伯子服景伯曰：“楚人围宋，易子而食，析骸而爨cuàn，犹无城下之盟。我未及亏，而有城下之盟，是弃国也。吴轻而远，不能久，将归矣。请少待之。”弗从。景伯负载，造于莱门。[我]乃请释子服何子服景伯于吴，吴人许之。[我]以王子姑曹当dàng之，[吴、鲁]而后止。吴人盟而还。

【吴人行成，将盟】正杨吴人见鲁不可灭，因而要求讲和并结盟。据下文，则吴所要求盟誓为城下之盟，条件苛刻。

【楚人……之盟】正补见宣十五·二·三。城下之盟又参见桓十二—桓十三·一。

【景伯负载，造于莱门】正补子服景伯背着盟书，到达莱门[与吴人盟会]。莱门，见哀六·八·一。

【乃请……后止】正补[鲁认为盟誓还不足以保障国家安全，于是]请求把子服景伯留在吴[当人质]，吴人答应了。[鲁又要求]用王子姑曹[作为与子服景伯]相当[的人质留在鲁]，而后[两边]罢手[没有交换人质]。释，舍。【王子姑曹】补姬姓，名姑曹。吴王夫差(定十四·五·二)之子。吴大夫。

哀公八年·三

地理齐、鲁见哀地理示意图1。齐、鲁、谨、阐见哀地理示意图4。

人物齐悼公(哀五·二·四·一)、季康子(哀三·七·一)、季姬、季鲂侯、鲍牧(哀六·四·二)

春秋 夏,齐人取讙huān及阐。

【讙】 杨 见桓三·六·春秋。【阐】 正 杨 补 在今山东宁阳堽城镇堽城里村已发现其遗址(详见下)。鲁邑。哀八年齐人取之,同年归之于鲁。参见《图集》26—27④3。

> ○ 正 刚邑故城遗址:遗址先后为春秋时期鲁国阐邑、战国时期齐国刚邑、汉代刚县县城。城址平面呈长方形,长一千米,残宽八百米。

左传 齐悼公之来也,季康子以其妹季姬妻qì之。[齐侯]即位而逆之季姬。季鲂侯通焉,女季姬言其情[于康子],[康子]弗敢[以女]与[齐侯]也。齐侯齐悼公怒。夏,五月,齐鲍牧帅师伐我,取讙及阐。

【齐悼公之来也】 正 指哀五年公子阳生(齐悼公)奔鲁。

【其妹】 补 季姬。鲁季氏女,姬姓。季桓子(定五·四·二)之女,季康子(哀三·七·一)之妹,齐悼公(哀五·二·四·一)在鲁时之妻,后为齐悼公夫人。哀八年归于齐。

【即位而逆之】 补 [公子阳生归国]即位之后,[至鲁]迎娶季姬。

【季鲂侯】 正 补 姬姓,季氏,名鲂侯。季平子(昭九·六·二)之子,季桓子之弟,季康子叔父。【通】 补 私通。

【女言其情,弗敢与也】 补 季姬告诉[季康子她与季鲂侯的]奸情,[季康子于是]不敢[将季姬]交予[齐悼公]。

哀公八年·四

地理 齐见哀地理示意图1。

人物 胡姬(哀六·八·三)、齐悼公(哀五·二·四·一)、安孺子(哀五·二·一)

[左传] 或譖 zèn 胡姬于齐侯齐悼公，曰"安孺子之党也"。六月，齐侯杀胡姬。

○[补] 哀六年胡姬带着安孺子到赖地居住。哀七年齐悼公杀安孺子之后，应对胡姬有所猜忌。进谗言者因而诬陷胡姬为安孺子党羽，促使齐悼公杀之以绝后患。

哀公八年·五

[地理] 鲁、齐、吴见哀地理示意图 1。鲁、邾、齐见哀地理示意图 4。

[人物] 邾隐公（定三·三·春秋）、齐悼公（哀五·二·四·一）、吴王夫差（定十四·五·二）、伯嚭（定三—定四·七）、太子革、臧宾如、闾丘明、季姬（哀八·三）

[春秋] ［我］归邾子益邾隐公于邾。

秋，七月。

[左传] 【一·一】齐侯齐悼公使如吴请师，将以伐我。［我］乃归邾子邾隐公。

○[正][补] 哀七年鲁伐邾而执邾隐公，哀八年吴因此伐鲁。齐伐鲁，则由于鲁不送季姬。此时鲁担心吴、齐二国合力伐己，故释放邾隐公，以使吴罢兵。

【一·二】邾子又无道。吴子吴王夫差使大（太）宰子余伯嚭讨之，囚诸（之于）楼台，栫 jiàn 之以棘。［吴人］使诸大夫奉大（太）子革以为政。

【大宰】[补] 见定三—定四·七。
【栫】[杨] 围。
【大子革】[正][补] 太子革。后为邾桓公。曹姓，名革，谥桓。邾隐公

(定三·三·春秋)之子。哀八年之后为政。哀二十二年奔越。
○正下启哀十年邾隐公奔鲁(哀十·一)。

【二】秋，[我]及齐平。九月，臧宾如如齐莅盟。齐闾 lú 丘明来
莅盟，且逆季姬以归。[季姬]嬖 bì。

【臧宾如】正补姬姓，臧氏，名宾如。臧顷伯(昭二十五·五·一·
三)之子。鲁大夫，官至卿位。【莅盟】补见隐七·七·一·二。
【闾丘明】正补闾丘氏，名明。闾丘婴(襄二十五·一·六·一)
之子。
【嬖】补[季姬]有宠[于齐悼公]。
○补下启同年齐人归谨及阐(哀八·八)。

哀公八年·六

地理齐见哀地理示意图1。

人物鲍牧(哀六·四·二)、齐悼公(哀五·二·四·一)

左传【一】鲍牧又谓群公子曰："使女(汝)有马千乘 shèng 乎?"公子
诉之。

【使女有马千乘乎】正补让你们拥有四千匹马如何? 有马千乘，是
国君的待遇。鲍牧本不愿立齐悼公(见哀六·八·二)，因有此言，意
在鼓动群公子谋反。

【二】公齐悼公谓鲍子鲍牧："或谮 zèn 子，子姑居于潞以察之。若
有之，则[子]分室以行;若无之，则反(返)子之所。"[鲍子]出门，
使[鲍子]以三分之一行。[鲍子行至]半道，使[鲍子]以二乘[行]。[鲍
子]及潞，麇 qún 之鲍牧以入，遂杀之。

【谮】补诬陷，中伤。

【潞】杨齐都郊外地名。
【麋】正束缚。

哀公八年·七
地理杞见哀地理示意图4。

人物杞僖公

春秋冬,十有(又)二月癸亥三日,杞伯过杞僖公卒。
　【杞伯过】补杞僖公。姒姓,名过,谥僖。杞悼公(昭二十六·五·春秋)之子。定五年即位,在位十九年。哀八年卒。

哀公八年·八
地理齐、鲁见哀地理示意图1。齐、鲁、谨、阐见哀地理示意图4。

人物季姬(哀八·三)

春秋齐人归谨huān 及阐。

左传冬,十二月,"齐人归谨及阐",季姬嬖bì 故也。

哀公九年·一

地理 齐、吴见哀地理示意图 1。杞、齐见哀地理示意图 4。

人物 杞僖公（哀八·七·春秋）、齐悼公（哀五·二·四·一）、公孟绰、吴王夫差（定十四·五·二）

春秋 九年，春，王二月，葬杞僖公。

○ 正 补 据隐元·五，诸侯五月而葬。杞僖公三月而葬，于礼为速。

○ 正 此条《春秋》无对应《左传》。

左传 九年，春，齐侯齐悼公使公孟绰辞师于吴。吴子吴王夫差曰："昔岁寡人闻命，今又革之，不知所从，将进受命于君齐悼公。"

【辞】 补 辞退。

【昔岁……于君】 正 杨 补 去年寡人听到[君主的]命令，现在又改变了，不知道该听从什么，寡人将前进[到达贵国]从君主那里接受命令。革，更。哀八年齐因季姬之事，请师于吴，将与吴一同伐鲁。同年齐、鲁讲和，故本年齐悼公派人至吴，表示不再需要吴出兵。吴不满齐先请师而后又变卦，故出此言，实质上是威胁要讨伐齐。

○ 补 下启哀九年吴王夫差使来鲁徵师伐齐（哀九·七）。

哀公九年·二

地理 宋、郑见哀地理示意图 1。宋、郑、雍丘见哀地理示意图 3。

人物 皇瑗（哀七·一·春秋）、罕达（定十五·六·春秋）、许瑕、郑张、郑罗

春秋 宋皇瑗 yuàn 率师取郑师于雍丘。

【雍丘】 正 杨 补 在河南杞县。宋邑。春秋前为杞都。参见《图集》24—25④5。

左传 郑武子賸 shèng,罕达之嬖 bì 许瑕求邑,[武子賸]无以与之。[许瑕]请外取,[武子賸]许之。故[许瑕]围宋雍丘。宋皇瑗围郑师,每日迁舍 shè。[宋]垒合,郑师哭。子姚罕达救之,大败。二月甲戌十四日,宋取郑师于雍丘,使有能者无死,以郏 jiá 张与郑罗归。

【嬖】补 宠臣。

【请外取,许之】正 补 [许瑕]请求从外国取得[土地作为采邑],[罕达]答应了他。

【宋皇……迁舍】正 杨 补 宋皇瑗率师包围郑师,每天[修一堡垒,挖一壕沟,完成后则]迁于下一处[,目标是包围郑师]。

【郏张】【郑罗】正 皆为郑之有能者。

○补 下启本年宋景公伐郑(哀九·四)。

哀公九年·三

地理 楚、陈、吴见哀地理示意图1。

春秋 夏,楚人伐陈。

左传 夏,楚人伐陈,陈即吴故也。

○杨 补 哀六年吴伐陈,楚救陈而不果,陈遂叛楚而服于吴。楚怨陈叛己,故本年伐之。即,就,亲附。

哀公九年·四

地理 宋、郑见哀地理示意图1。

人物 宋景公(昭二十·四·三)

春秋 秋,宋公宋景公伐郑。

○补 宋景公伐郑，应是为了报复郑许瑕侵宋。

左传 宋公伐郑。

○正《左传》常例不空举《春秋》。此处照录《春秋》，是为了终结上文《左传》宋取郑师之事，并为下文《左传》赵简子救郑起本。

哀公九年·五

地理 吴见哀地理示意图 1。吴、邗、江水、淮水见哀地理示意图 5。

左传 秋，吴城邗 hán，沟通江、淮。

【邗】 杨 补 在今江苏扬州西北蜀冈已发现其遗址（详见下）。本为古国，此时已为吴邑。参见《图集》29—30④11。

【江】见文十·二·二。【淮】 补 见桓八·二·二。

○补 邗城遗址：遗址内古城址由内城和外城组成，内城长一千四百米，宽一千一百米；外城长一千六百米，宽一千四百米。在遗址和周边出土了春秋时期的文化遗存。
○正 杨 补 吴修筑邗城，并挖掘运河连通江水与淮水。这条运河一般称为"邗沟"，大致自今江苏扬州南长江北岸起，至江苏淮安淮河南岸止。邗沟参见《图集》29—30③11 至④11。

哀公九年·六

地理 晋、郑、宋见哀地理示意图 1。

人物 赵简子（昭二十五·二·春秋）、史赵（襄三十·三·一·一）、蔡墨（昭二十九·四·二）、史龟、炎帝（昭十七·三·一）、阳虎（昭二十七·七）、微子启（僖六—僖七·三）、商帝乙（文二·五·二·一）

[左传]【一】晋赵鞅_{赵简子}卜救郑，遇水适火，占诸_(之于)史赵、史墨_{蔡墨}、史龟。

【遇水适火】[补]遇到水流向火[的兆象]。参见襄十·四·二。

【占诸史赵、史墨、史龟】[正][杨][补]向史赵、史墨、史龟[三位晋史官]询问龟兆吉凶。成六·九·二引《商书》曰"三人占，从二人"，此即三人占之实例。

史龟曰：

"是谓沈_(沉)阳，可以兴兵。

○[正][补]这叫作阳气沉没，可以兴兵作战。火阳得水则灭，故曰"沈阳"。兵事属阴，故曰"可以兴兵"。

"利以伐姜，不利子商。

【以】[杨]于。【姜】[正][杨]姜姓国，指齐。

【子商】[正][杨]子姓商国，指宋，宋为商王后裔。

"伐齐则可，敌宋不吉。"

○[杨]"是谓"至"子商"为韵文，疑为卜书繇辞。"伐齐"至"不吉"则为史龟所下断语。

史墨曰：

"盈，水名也。

○[正][补]盈一方面可解为水满，故曰"水名也"。另一方面，盈又可解为嬴姓，此处指与秦同祖姓嬴的晋赵氏。

"子，水位也。

〇｜正｜｜补｜古代以五行（金、木、水、火、土）配干支及五方（东、西、南、北、中）。子一方面可解为十二地支之“子”，居于北方，属水，故曰“水位也”。另一方面，又可解为子姓，此处指宋。

“名位敌，不可干也。
〇｜杨｜｜补｜水名（晋赵氏）、水位（宋）匹敌，不可侵犯。

“炎帝为火师，姜姓其后也。
【炎帝为火师】｜杨｜参见昭十七·三·一。

“水胜火，伐姜则可。”

史赵曰：

“是谓如川之满，不可游也；
〇｜正｜既盈而得水位，如河川满盈，流波湍急，不可游渡。

“郑方有罪，不可救也。
【郑方有罪】｜正｜郑罕达为嬖臣围宋，故曰“有罪”。

“救郑则不吉，不知其他。”
〇｜正｜救郑，则必与宋战，故曰“不吉”。
〇｜补｜“是谓”至“救也”为韵文，疑为卜书繇辞。“救郑”至“其他”则为史龟所下断语。

【二】阳虎以《周易》筮 shì 之，遇《泰》☷之《需》☵，曰：
【《泰》☷之《需》☵】｜正｜｜杨｜｜补｜此筮例为本卦一爻变，得之卦，而主要以《周易》本卦变爻爻辞占之。《泰》☷，本卦，《乾》☰下《坤》☷上。

《泰》☷六五阴爻变为九五阳爻,故《泰》☷变为《需》☰。《需》☰,之卦,《乾》☰下《坎》☵上。主要以本卦《泰》六五爻辞占之。

○补 以下阐释主要根据《泰》六五爻辞:"帝乙归妹,以祉,元吉。"

"宋方吉,不可与[之战]也。

"微子启,帝乙商帝乙之元子也。

○正 补 微子启为商帝乙长子(元子)。这是将"帝乙"与宋联系起来,因微子启为宋始封君。

"宋、郑,甥舅也。

○正 补 宋、郑为甥舅之国。这是将"归妹"(嫁女)与宋、郑关系联系起来,宋为子姓,郑为姬姓,两国为异姓,可嫁女成为甥舅之国。甥舅见成二·八。

"祉 zhǐ,禄也。

"若帝乙之元子微子启归妹,而有吉禄,我安得吉焉?"

○正 补 阳虎认为"帝乙归妹,以祉,元吉"意谓宋(帝乙之元子)有福禄(祉),大吉大利(元吉),故晋伐宋救郑为不吉。

[赵鞅]乃止。

哀公九年·七

地理 吴、鲁、齐见哀地理示意图1。

人物 吴王夫差(定十四·五·二)

春秋 冬,十月。

左传 冬,吴子_{吴王夫差}使来儆 jǐng 师伐齐。

【儆师】 杨 戒告[鲁]出兵。儆,戒。

○ 正 哀八年齐请师于吴以伐鲁,同年齐、鲁讲和。本年齐辞谢吴师。吴不满,故反与鲁谋伐齐。

○ 补 下启哀十年吴会鲁伐齐(哀十·二)。

哀公十年·一

地理 鲁、齐见哀地理示意图 1。邾、鲁、齐见哀地理示意图 4。

人物 邾隐公（定三·三·春秋）

春秋 十年，春，王二月，邾子益 邾隐公 来奔。

左传 十年，春，邾隐公来奔。［邾子为］齐甥也，故遂奔齐。

【故遂奔齐】 补 下文记载了本年春三月邾隐公参与讨伐齐，因此他奔齐应该在讨伐齐之后。

○ 补 下启哀二十二年邾隐公自齐奔越（哀二十二·一）。

哀公十年·二

地理 鲁、吴、齐见哀地理示意图 1。鲁、齐、邾、郯见哀地理示意图 4。

人物 鲁哀公（哀元·○）、齐悼公（哀五·二·四·一）、吴王夫差（定十四·五·二）、邾隐公（定三·三·春秋）、郯子、徐承

春秋 公 鲁哀公 会吴伐齐。

三月戊戌 十四日，齐侯阳生 齐悼公 卒。

○ 正 补 据下文《左传》，则齐悼公实为齐人所弑。《春秋》书"卒"而不书"弑"，应是齐人以齐悼公"卒"（正常死亡）通告于鲁，鲁史因而书之。

左传 公 鲁哀公 会吴子 吴王夫差、邾子 邾隐公、郯 tán 子伐齐南鄙，师于郿 xī。齐人弑悼公 齐悼公，赴（讣）于师。吴子 吴王夫差 三日哭于军门之外。徐承帅舟师，将自海入齐，齐人败之。吴师乃还。

【郎】　正　杨　齐南部边境邑。

【吴子……之外】　杨　补　吴王夫差想要成为诸侯霸主,因此在军门之外为齐悼公哭泣,行诸侯相临之变礼(正礼参见襄十二·三),表明其心忧诸侯、想要讨伐弑君逆臣的心意,为吴师再次伐齐作宣传上的准备。

【徐承】　正　吴大夫。

哀公十年·三

　　地理　宋、郑见哀地理示意图 1。

春秋　夏,宋人伐郑。

哀公十年·四

　　地理　晋、齐、鲁见哀地理示意图 1。齐、鲁、犁、辕、高唐、赖见哀地理示意图 4。

　　人物　赵简子(昭二十五·二·春秋)、鲁哀公(哀元·〇)

春秋　晋赵鞅_{赵简子}帅师侵齐。

五月,公_{鲁哀公}至自伐齐。

○　正　此条《春秋》无对应《左传》。

左传　夏,赵鞅_{赵简子}帅师伐齐。大夫请卜之。赵孟_{赵简子}曰:"吾卜于此起兵,事不再令,卜不袭吉。行也!"于是乎取犁及辕,毁高唐之郭,侵及赖而还。

【吾卜……袭吉】　正　杨　补　我[往年]为对齐国发兵占卜过(见哀九·六·一),同一件事不可卜问两次,即使再卜也不会再得吉兆。令,令龟,见文十七—文十八·二。袭,重。《周易·蒙》卦辞云:"初筮,告。再三,渎;渎则不告。"筮如此,卜亦同。

【犁】 正 杨 补 在今山东临邑西十里。齐邑。参见《图集》26—27 ③3。《图集》标注不准确,本书示意图依据《图志》标注。【辕】 正 杨 补 在今山东禹城西北。齐邑。参见《图集》26—27③3。《图集》 标注不准确,本书示意图依据《图志》标注。

【高唐】 杨 见襄十九·二·四。

【赖】 杨 见哀六·八·三。

哀公十年·五

地理 齐见哀地理示意图1。

人物 齐悼公(哀五·二·四·一)

春秋 葬齐悼公。

哀公十年·六

地理 卫、齐见哀地理示意图1。

人物 公孟彄(定十二·二·春秋)

春秋 卫公孟彄 kōu 自齐归于卫。

○ 正 杨 公孟彄为太子蒯聩党羽,定十四年奔郑,后奔齐。如今公孟 彄应是背叛了太子蒯聩(此时在戚),转而投奔卫出公(此时在卫都), 因此得以自齐归于卫。

哀公十年·七

地理 薛见哀地理示意图4。

人物 薛惠公

春秋 薛伯夷薛惠公卒。

　　【薛伯夷】 补 薛惠公。任姓，名夷，谥惠。定十四年立，在位十二年。
哀十年卒。

哀公十年·八

　　地理 吴、鲁见哀地理示意图 1。薛、吴、鲁见哀地理示意图 5。

　　人物 薛惠公（哀十·七·春秋）、吴王夫差（定十四·五·二）

春秋 秋，葬薛惠公。

左传 秋，吴子吴王夫差使来复儆 jǐng 师。

　　〇 正 补 本年吴伐齐未得全胜，故来戒告鲁，明年将再次共同出师讨
伐。儆，戒。

　　〇 正 下启哀十一年鲁会吴伐齐（见哀十一·三）。

哀公十年·九

　　地理 楚、陈、吴见哀地理示意图 1。

　　人物 王子结（定三—定四·十八·二）、延州来季子

春秋 冬，楚公子结王子结帅师伐陈。

　　吴救陈。

左传 冬，楚子期王子结伐陈。吴延州来季子救陈，谓子期王子结曰：
"二君不务德，而力争诸侯，民何罪焉？我请退，以为子名，务
德而安民。"[楚师]乃还。

【延州来季子】正 补 杜注认为此处之延州来季子仍为王子札（襄十四·二）。然而，王子札是吴王寿梦少子，吴王寿梦于襄十二年去世，当时王子札已能让国，年当十五六，至今应该已有九十多岁。因此孔疏引孙毓说认为，此处之延州来季子可能是王子札之子或孙，承袭王子札采邑延陵、州来，因此仍然称为"延州来季子"。不过如果真是王子札之子或孙，则此人也必须是排行季。

【二君】正 补 楚惠王、吴王夫差。

【我请退，以为子名】补 我请求退兵，以使您获得〔好〕名声。

○正 补 哀九年楚伐陈未获全胜，故今年再次讨伐。此时陈已服于吴，故吴救之。

哀公十一年·一

人物 国书、高无丕、季康子（哀三·七·一）、冉求、鲁哀公（哀元·〇）、叔孙武叔（定八·七·四）、孟懿子（昭七·九·二·一）、孟孺子泄、颜羽、邴泄、管周文、樊须、公叔务人（昭二十五·五·二·一）、陈瓘、陈昭子、孟之侧、林不狃、汪锜、孔子（僖二十七—僖二十八·二十五·三）

春秋 十有（又）一年，春，齐国书帅师伐我。

【国书】 杨 补 姜姓，国氏，名书。国惠子（定三—定四·春秋）之子。齐大夫，官至卿位。哀十一年被鲁人所获。

左传 【一】 十一年，春，齐为郞（xī）故，国书、高无丕（pī）帅师伐我，及清。

【齐为郞故】 正 郞之役见哀十·二。

【高无丕】 杨 补 姜姓，高氏，名无丕。高昭子（昭二十九·一·春秋）之子。齐大夫，官至卿位。哀十五年奔北燕。哀二十三年已返齐复位。

【清】 见隐四·二·春秋。

【二】 季孙 季康子 谓其宰 冉求 曰："齐师在清，必鲁故也。若之何？"

【宰】 补 见文十七—文十八·七。【冉求】 正 杨 补 冉氏，名求，字有。鲁人，孔子弟子，比孔子小29岁。"孔门十哲"之一，以政事见长。哀三年已为季氏家宰。其名（求）、字（有）相应，求取方能拥有。据《大戴礼记·卫将军文子》，孔子弟子端木赐认为："恭老恤孤，不忘宾旅；好学省物而不勚，是 冉求 之行也。孔子 因而语之曰：'好学则智，恤孤则惠，恭老则近礼，克笃恭以天下。'其称之也，'宜为国老'。"

据《论语·宪问》,孔子认为有"冉求之艺"是"成人"的目标之一。

求冉求曰:"一子守,二子从公鲁哀公御诸(之于)竟(境)。"

○杨补冉求说:"[季孙、叔孙、孟孙三人之中,]一人留守,其他两人跟随国君[率师]至鲁边境迎敌。"从当时形势来看,那个能留守国都、主持各项工作的"一子"其实只可能是执政卿季康子。这个计策其实就是要让季康子留守,让叔孙武叔、孟懿子跟随鲁哀公去边境迎敌。

季孙曰:"不能。"

求曰:"[一子守,二子从公]居封疆之间。"

○正补冉求说:"[季孙、叔孙、孟孙三人之中,一人留守,其他两人跟随国君率师]在国境以内某处[抵御]。"这里的"一子"也只可能是季康子,而"二子"则为叔孙武叔、孟懿子。

季孙告二子,二子不可。

【二子】正叔孙武叔、孟懿子。

求曰:"若不可,则君鲁哀公无出,一子帅师,背城而战。[二子]不属者,非鲁人也。鲁之群室,众于齐之兵车。一室敌车,优矣。子季康子何患焉?二子之不欲战也宜,政在季氏。当子之身,齐人伐鲁而不能战,子之耻也,大不列于诸侯矣。"

【一子】指季孙。

【不属者,非鲁人也】正杨补[叔孙、孟孙如果连背城之战都]不参加,就不能算是鲁人了。属,会。

【鲁之……兵车】杨补鲁[众卿]家室[兵车]总数比齐师兵车总数还多。

【一室敌车,优矣】杨补[即使您季氏]一家的兵车数量也胜过齐军。

【当子之身】补在您在世的时候。

【三】季孙使[求]从于朝，俟于党 zhǎng 氏之沟。

【俟】补等待。【党氏之沟】杨据庄三十二·四·一，"公筑台，临党氏"，则党氏邻近公宫。党氏之沟，应是公宫与党氏间之沟。

武叔叔孙武叔呼[求]而问战焉。[求]对曰："君子季康子有远虑，小人冉求何知？"

懿子孟懿子强 qiǎng 问之。[求]对曰："小人虑材而言，量力而共(供)者也。"

【小人……者也】杨补小人是考虑了才能才说话，估计了力量才出力的。冉求表面上说的是自己这个小人，而实际上的意思是，孟懿子、叔孙武叔既然才能力量不足，那么就可以学一学他这个小人的态度，不要再打听作战计划，不要想着为战斗出力了。此为激将之言。

武叔曰："是谓我不成丈夫也。"退而蒐 sōu 乘 shèng。

【蒐乘】正补检阅车马。

○补从昭五年废中军后，叔孙氏不再掌管国家军队，不过仍然具有私家军队，这里武叔检阅的应该就是叔孙氏的私家军。据下文，叔孙武叔并未率师出征，则其所属军队应是编入了季氏、孟氏所率左师、右师。

【四】孟孺子泄帅右师，颜羽御，邴泄为右。冉求帅左师，管周父 fǔ 御，樊迟樊须为右。季孙季康子曰："须樊须也弱。"有子冉求曰："[须]就用命焉。"

【孟孺子泄】正杨补姬姓，孟氏，名彘，字泄，谥武，排行伯。孟懿子(昭七·九·二·一)之子。鲁大夫,官至卿位。"孺子"见僖十五·八·一·八。孟懿子不亲自率师,故使其继承人率师。

【颜羽】【邴泄】正二人皆为孟氏家臣。

【樊迟】正杨补樊须。樊氏,名须,字迟。孔子弟子,比孔子小 46 岁。其名(须)、字(迟)相应,须为等待,等待则迟。

【弱】杨年少。本年樊须年二十二,可以称为年少。

【就用命焉】正补因为[他能]服从命令。

[五] 季氏之甲七千,冉有冉求以武城人三百为己徒卒,老幼守宫,次于雩yú门之外。五日,右师从之。公叔务人见保者而泣,曰:"事充,政(征)重,上不能谋,士不能死,何以治民? 吾既言之矣,敢不勉乎!"

【雩门】补见庄八—庄九—庄十·十。

【五日,右师从之】正补五天之后,[孟孺子泄率领的]右师才跟上来[与左师会合]。这说明孟氏实不欲战。

【公叔务人见保者而泣】正杨补公叔务人见到守城者[懒散不欲作战的状态]就哭了。《礼记·檀弓下》叙此事为"公叔禺人遇负杖入保者,息",可译为"公叔禺人遇到倒拖着兵杖[军纪涣散]入城保守的士兵,不禁叹息"。

【事充,政重】正徭役烦,赋税多。

【吾既……勉乎】正补我既然已经说了他人不能致死力,[自己又]怎敢不勉力[死战]!

[六] [我]师及齐师战于郊。齐师自稷曲,[我]师不逾沟。樊迟樊须曰:"非不能也,不信子冉求也。请三刻而逾之。"[冉有]如之,众从之,[我]师入齐军。

【郊】正鲁都郊区。

【齐师……逾沟】杨齐师自稷曲[发动进攻],[鲁]师不敢越过壕沟[迎敌]。

【请三刻而逾之】 正 杨 补 请[将号令]申明三遍,然后[您带头]越过壕沟[迎敌]。刻,戒约。

【七·一】[我]右师奔,齐人从之。<u>陈瓘</u>guàn、<u>陈庄</u>陈昭子涉泗。

【右师奔】 杨 补 孟孺子泄实不欲战(见下文),故五日而后从,既战而先奔。

【陈瓘】 正 杨 补 妫姓,陈氏,名瓘,字玉。陈僖子(哀四—哀五·一)之子。齐大夫。其名(瓘)、字(玉)相应,瓘为玉名。

【陈庄】 正 杨 补 陈昭子。妫姓,陈氏,名庄,谥昭。陈僖子之子,陈成子兄弟。齐大夫。

【泗】 杨 补 见襄十九·一·一·一。泗水流经鲁都城北及城西。

【七·二】<u>孟之侧</u>后入以为殿,抽矢策其马,曰:"马不进也。"

【孟之侧】 正 补 姬姓,孟氏,名侧,字反。孟氏族人。"之"为语助词。其名(侧)、字(反)相应,参考《毛诗·周南·关雎》"辗转反侧"。

○ 杨 **传世文献对读:**《论语·雍也》:"子曰:'<u>孟之反</u>不伐:奔而殿,将入门,策其马,曰'非敢后也,马不进也。'"正叙此事。

【七·三】<u>林不狃</u>niǔ之伍曰:"走乎?"

【林不狃】 正 鲁士。**【伍】** 正 杨 杜注认为五人为伍。杨注认为可能是"同军营者"的意思。

<u>不狃</u>林不狃曰:"谁不如?"

【谁不如】 正 杨 杜注认为"谁不如"即"不如谁",解为"[我]不如谁[而要逃走]"。而杨注解"如"为当,解为"[我如果逃走,]谁不当[逃走]"。

［其伍］曰："然则止乎?"

不狃曰："恶ᵂᵘ贤?"［不狃］徐步而死。

【恶贤】正补［留下抵抗］就好么? 恶,何。贤,愈,更好。

【八】［左］师获［齐人］甲首八十。齐人不能师。宵,谍曰:"齐人遁。"冉有冉求请从之三,季孙季康子弗许。

【甲首】补带甲齐人的头颅。

【齐人不能师】正齐人不能整顿队伍。

【九·一】孟孺子孟孺子泄语ʸᵘ人曰:"我不如颜羽,而贤于邴泄。子羽颜羽锐敏,我不欲战而能默,泄邴泄曰'驱之'。"

【驱之】正驱车［想要奔逃］。

【九·二】公为公叔务人与其嬖ᵇⁱ僮汪锜ʸⁱ乘ᶜʰéⁿᵍ,皆死,皆殡。孔子曰:"［汪锜］能执干戈以卫社稷,可无殇也。"

【嬖僮】补得宠的［未成年］小僮。

【殇】补见隐元·五"丧礼"。

【能执……殇也】正补能够拿起盾牌和戈保卫国家,可以不作为未成年而死［来对待,而应该与成年战死者享受同等的殡葬待遇］。据《仪礼·丧服》传,古时年十九至十六岁死为长殇,十五至十二死为中殇,十一至八岁死为下殇,八岁以下为无服之殇。丧服之制,长殇、中殇降成人一等,下殇降二等,无服之殇则无需穿丧服。《礼记·檀弓上》:"周人以殷人之棺椁葬长殇,以夏后氏之堲周葬中殇、下殇,以有虞氏之瓦棺葬无服之殇。"

【九·三】冉有冉求用矛于齐师,故能入其军。孔子曰:"义也。"

【冉有用矛于齐师】杨补冉求［根据齐师情况,率领左军］用矛攻击齐师。当时常规车战用矢、用戈,不用矛。

【义】 补 宜。

○ 补 **传世文献对读**:《孔子家语·正论解》记载了孔子上述评论的上下文背景,可扫码阅读。

哀公十一年·二

地理 陈、郑见哀地理示意图 1。

人物 辕颇、陈哀公(襄五·八·春秋)、辕咺

春秋 夏,陈辕颇出奔郑。

【辕颇】 补 妫姓,辕氏,名颇。陈大夫,官至卿位。哀十一年奔郑。

左传 〖一·一〗 夏,陈辕颇出奔郑。

〖一·二〗初,辕颇为司徒,赋封田以嫁公 陈哀公女。[赋]有余,[辕颇]以为己大器。国人逐之 辕颇,故出。

【司徒】 补 见襄十七·二。

【赋封田】 正 补 [对陈]封疆[之内的]土田[普遍加]征赋税。

【大器】 正 钟鼎之类的重器。

〖二〗[辕颇]道渴,其族辕咺 xuǎn 进稻醴 lǐ、粱糗 qiǔ、腶 duàn 脯焉。

【稻醴】 正 杨 稻米酿的甜酒。【粱糗】 正 杨 精细小米制成的干饭。

【腶脯】 正 杨 加姜、桂腌制的干肉。

[辕颇]喜曰:"何其给 jǐ 也?"

○ 杨 补 [辕颇]高兴地问:"为何如此丰盛?"给,足。

[辕咺]对曰:"器成而具。"

○ 正 杨 补 [辕咺]回答说:"大器铸成的时候,[这些食物]就准备好了。"

[辕颇]曰:"[女]何不吾谏?"

○ 补 [辕颇]问:"[你]为什么不劝阻我?"

[辕咺]对曰:"[吾]惧先行。"

○ 正 补 [辕咺]回答说:"[我]怕[谏言不被听从,反而被您驱逐]先上路。"

哀公十一年·三

地理 鲁、吴、齐、越见哀地理示意图 1。鲁、齐、滕、艾陵、博、嬴见哀地理示意图 4。

人物 鲁哀公(哀元·○)、国书(哀十一·一·春秋)、滕隐公、吴王夫差(定十四·五·二)、胥门巢、王子姑曹、展如、高无�(哀十一·一·一)、宗楼、陈僖子(哀四—哀五·一)、孙书(昭十九·九)、闾丘明(哀八·五·二)、桑掩胥、公孙夏、陈逆、公孙挥、东郭书(定九·五·一·三)、弦施(哀四—哀五·一)、叔孙武叔(定八·七·四)、端木赐(定十五·一·一)、太史固、越王句践(定十四·五·一)、伍员(昭二十·三·三)、季康子(哀三·七·一)

春秋 五月,公鲁哀公会吴伐齐。甲戌二十七日,齐国书帅师及吴战于艾陵,齐师败绩,获齐国书。

【艾陵】 正 杨 补 在山东淄博博山区博山镇。齐地。参见《图集》26—27③4。

○补 **艾陵之战相关考古发现：** 2002 至 2003 年在山东新泰周家庄东南发现 78 座东周时期齐国中小型墓，其中以春秋末期和战国早期墓葬最多。墓葬中出土一大批吴国兵器，有学者认为即与《左传》中记叙的这次艾陵之役有关，可能是这次战役后齐国的战利品。

秋，七月辛酉_{十五日}，滕子虞毋_{滕隐公}卒。

【滕子虞毋】补 滕隐公。姬姓，名虞毋，谥隐。滕顷公（定三—定四·春秋）之子。哀五年即位，在位七年。哀十一年卒。

○正 此条《春秋》无对应《左传》。

左传[一·一] 为郊战故，公_{鲁哀公}会吴子_{吴王夫差}伐齐。五月，克博。壬申_{二十五日}，至于嬴。[吴]中军从王_{吴王夫差}，胥门巢将上军，王子姑曹将下军，展如将右军。齐国书将中军，高无丕将上军，宗楼将下军。

【为郊战故】补 "郊战"即哀十一·一所叙齐伐鲁、战于鲁郊之事。

【博】正 杨 补 在今山东泰安泰山区旧县村以北已发现其遗址（详见下）。齐邑。参见《图集》26—27③4。

【嬴】杨 见桓三·二·春秋。

【胥门巢】杨 补 胥门氏，名巢。吴大夫。胥门为吴城门，这是以居地为氏，如同鲁之东门襄仲、宋之桐门右师。

【宗楼】补 宗氏，名楼，字阳。齐大夫。

○补 **博县故城遗址：** 遗址先后为春秋时期齐国博邑、汉代博县县城。城址平面呈长方形，长两千米，宽一千二百五十米。

[一·二] 陈僖子谓其弟书_{孙书}："尔死，我必得志。"

○ 正 补 陈僖子对他的弟弟孙书说:"你要是战死了,我一定会[充分利用这战功在齐]得以实现志向。"陈僖子让其弟战死、自己得志,可与伍尚提出自己归国赴死、而弟伍员保命以图报仇之事相对观(昭二十·三·三)。

宗子阳宗楼与闾 lǘ 丘明相厉(励)也。

【相厉】 正 相互鼓励[拼死力战]。

桑掩胥御国子国书,公孙夏曰:"二子必死。"

【二子】 补 桑掩胥、国书。

[二·一] 将战,公孙夏命其徒歌《虞殡》。

【《虞殡》】 正 送葬的挽歌。

○ 正 补 唱《虞殡》,是表达必死的志向。

陈子行 xíng,陈逆命其徒具含 hàn 玉。

【陈子行】 正 补 陈逆。妫姓,陈氏,名逆,字行。哀十四年被阚止所执,囚于公宫。同年逃归。其名(逆)、字(行)相应,逆为迎接,迎接必有行路之事。

【具含玉】 正 补 准备含玉。含玉即死者口中所含之玉(参见隐元·五·春秋)。

○ 正 补 准备含玉,也是表达必死的志向。

公孙挥命其徒曰:"人寻约,吴发短。"

【人寻约,吴发短】 正 杨 补 每人[准备]一根八尺长的绳子[用来捆扎吴人头颅],[因为]吴人头发短。寻,八尺。约,绳。中原人发长,斩首后首级可用头发相互系在一起。吴人有断发之俗,其发短,所以斩获吴人首级要用绳捆扎后系在一起。

东郭书曰:"三战必死,于此三矣。"[东郭书]使问弦多弦施以琴,曰:"吾不复见子矣。"

【使问弦多以琴】正补派人以琴为礼物去问候弦施。弦施本为齐人,哀六年奔鲁。东郭书与弦施应为好友。问,指以送礼物的方式问候他人,参见卫出公使以弓问端木赐(哀二十六·三)。

○补与友人诀别,也是表达必死的志向。

陈书孙书曰:"此行也,吾闻鼓而已,不闻金矣。"

【鼓】正击鼓以进军。

【金】正鸣金以退军。

○正补闻鼓不闻金,也是表达必死的志向。

【二·二】将战,吴子吴王夫差呼叔孙叔孙武叔,曰:"而(尔)事何也?"

【而事何也】正补你从事什么? 吴王夫差问叔孙武叔担任什么职务。

[叔孙]对曰:"[臣]从司马。"

【从】杨跟从。此为谦辞,即"担任"之意。

【司马】补见昭四—昭五·九。

王吴王夫差赐之甲、剑、铍 pī,曰:"奉尔君鲁哀公事,敬无废命!"叔孙未能对。

【铍】补见襄十七·四·三·一。

【叔孙未能对】杨补依当时中原诸国礼仪,君赐臣剑,是命其自裁,所以叔孙武叔不知该如何对答。下文端木赐代叔孙武叔对答,亦只受甲,而不受剑、铍,仍用中原礼仪。

卫赐端木赐进,曰"州仇叔孙武叔奉甲从君吴王夫差",而拜。

○[补]通行本中,本小节(哀十一·三·二·二)原在哀十一·三·三"……以献于公"后,"公使太史固……"之前。本小节与哀十一·三·二·一都以"将战"开头,分别讲述齐方和吴方战前之事,应是并列关系;下段"……以献于公"与"公使大史固……"文义又紧接。据上述理由,因而作此调整。

【三】甲戌二十七日,战于艾陵。展如败高子高无丕。国子国书败胥门巢。王吴王夫差卒助之胥门巢,大败齐师,获国书、公孙夏、闾丘明、陈书、东郭书,革车八百乘 shèng,甲首三千,以献于公鲁哀公。公使大(太)史固归国子国书之元,置之新箧 qiè,裛 wèi 之以玄纁 xūn,加组带焉,置书于其上,曰:"天若不识[齐]不衷,何以使下国[胜]?"

【王卒助之】[杨]吴王夫差所率中军及亲兵帮助胥门巢所率上军。
【大史固】[补]太史固。名固。鲁太史。【大史】[补]见文十八·三·二。
【元】[正]首。
【箧】[补]箱。
【裛】[正][杨]荐,垫。
【玄纁】[杨]具有玄(红黑色)、纁(浅红色)二色之帛。
【组带】[杨]丝织带。
【天若……下国】[正][杨][补]上天若不是察觉[齐行为]不正,又怎能让下国(指吴)[得胜]? 衷,正。在《左传》版本中,此言为鲁人送还国书首级时所附书信上的言辞,如此说来似乎"下国"应指鲁。然而遍检《左传》,鲁称齐为大国(例如庄八—庄九—庄十·九·四),己为"小国"则有之,未有称齐国为"上国",己为"下国"者。实际上,不光是齐、鲁,中原列国之间,只有大国、小国之分,没有上国、下国之别。而当谈及南方的吴时,无论是从中原列国视角,还是从吴人视角,都将位于北方且文化经济更发达的中原华夏诸国视为"上国",如此则吴自然为"下国",例如成七·六·三"[狐庸]通吴于上国",昭二十七·二·一"[吴子]使延州来季子聘于上国",昭二十七·二·二

"[吴公子光]告鱄设诸曰：'上国有言曰'"，哀二十·二·二·二"楚隆曰：'吴犯间上国多矣'"。因此，本段言辞中的"下国"，只可能是吴，而不是鲁。《国语·吴语》(详见下)叙艾陵之战后，吴王夫差使行人奚斯释言于齐，末句为"天若不知有罪，则何以使下国胜"，与鲁人言辞高度相似，可见两国在战胜后就此统一过口径。吴使者对齐人这样说，是要表明自己一个"下国"能打败"上国"，完全是天意使然，说明天命不眷顾齐而眷顾吴，从而为自己争霸中原造势。而鲁人送还国书首级、并且在所附书信中这样说，则是站在第三方的角度来评说齐败吴胜的结果，希望齐能改正错误，与鲁和平相处。

○补 僖二十一年楚成王率领诸侯讨伐宋国得胜后，向鲁僖公献捷，是在仿效霸主齐桓公故事，将自己比拟成齐桓公(参见僖二十一·三·春秋)；吴王夫差此次向鲁哀公献捷，应该也是在仿效霸主齐桓公故事，将自己比拟成齐桓公。

【四·一】吴将伐齐，越子越王句践率其众以朝焉，王吴王夫差及列士，皆有馈赂。吴人皆喜，唯子胥伍员惧，曰"是豢 huàn 吴也夫"，谏曰：

【列士】补 军旅中有职事的官吏。
【豢】正 养[牲畜]。人养牲畜，不是爱它，而是要养大后杀掉它。

"越在我，心腹之疾也：壤地同，而有欲于我。夫其柔服，求济其欲也，不如早从事焉。得志于齐，犹获石田也，无所用之。越不为沼，吴其泯矣！

【夫其……事焉】正 补 [越]柔顺驯服，[是为了]寻求达成他们的愿望，[我们]不如早点下手。从事，指攻打越。
【石田】正 补 [布满]岩石[，无法耕种的]田地。杜甫《寄赞上人》"石田又足收"典出于此。
【泯】杨 灭。

"使医除疾,而曰'必遗类(颣)焉'者,未之有也。<u>盘庚</u>商盘庚之诰曰'其有颠越不共(恭),则劓 yì 殄 tiǎn 无遗育(胄),无俾 bǐ 易种于兹邑',是商所以兴也。今君易之,将以求大,不亦难乎?"

【必遗类焉】杨 补一定要留下病根。类,疢,即指所患之疾。

【其有……兹邑】正 杨今本《尚书·盘庚中》有"乃有不吉不迪,颠越不共,暂遇奸宄,我乃劓殄灭之,无遗育,俾易种于兹新邑",《左传》引文似有所省略。《左传》引文可译为"如有狂乱不恭顺的人,则应割绝不留后裔,不使他在此地延续种族"。劓,割。殄,绝。育,读为胄,裔。俾,使。易,延。

【易】杨违背。

[王]弗听。

【四·二】[子胥]使于齐,属(嘱)其子于鲍氏,为王孙氏。反(返)役,王吴王夫差闻之,使赐之属 zhǔ 镂以死。[子胥]将死,曰:"树吾墓槚 jiǎ,槚可材也。吴其亡乎! 三年,其始弱矣。盈必毁,天之道也。"

【使于齐】杨[伍员]出使齐。两国虽交战,不废使节。

【为王孙氏】正 补据襄二十六·八·一,伍氏应该不是楚王族之后。杜注认为这是伍员私自使其子改为王孙氏以避吴祸。

【反役】正 补[吴师]从[艾陵之]役返回。

【属镂】正 杨剑名。《淮南子·氾论训》"<u>大夫种</u>身伏属镂而死",则属镂可能不是一把剑的专名,而是一类剑的总称。

【树吾墓槚,槚可材也】杨 补在我的坟墓上种上楸树,[将来]可以作为[战死吴人的棺椁]用材。槚见襄二·四·一·一。

【盈必毁,天之道也】正 补满盈之后就是毁坏,这是天道。本年吴伐齐得胜,越人朝之,可谓"盈"。

○正下启哀十三年越伐吴,吴、越讲和(哀十三·三)。

【五】秋,<u>季孙</u>_{季康子}命修守备,曰:"小胜大,祸也。齐至无日矣。"

○ 正 杨 补 **传世文献对读:**《国语·吴语》载伍员谏阻吴王夫差伐齐、艾陵之战胜利后吴行人奚斯释言于齐、伍员自杀之事,可扫码阅读。

哀公十一年·四

地理 滕见哀地理示意图 1。

人物 滕隐公(哀十一·三·春秋)

春秋 冬,十有(又)一月,葬滕隐公。

哀公十一年·五

地理 卫、宋、晋、鲁见哀地理示意图 1。卫、宋、鲁、城锄见哀地理示意图 3。

人物 太叔悼子、宋朝(定十四·八·一)、宋朝之女、宋朝女之娣、孔文子(昭七·十二·一·一)、孔姞、孔子(僖二十七—僖二十八·二十五·三)、太叔僖子、向魋(定十·四·一)、宋景公(昭二十·四·三)、卫后庄公(定十四·八·春秋)、公子慜、公子慜之女、太叔懿子(昭三十二·五·春秋)、夏戊

春秋 卫世叔齐_{太叔悼子}出奔宋。

【世叔齐】 补 太叔悼子。姬姓,太叔氏,《春秋》曰名齐,《左传》曰名疾,谥悼。太叔懿子(昭三十二·五·春秋)之子,太叔文子(襄十四·五·六·一)曾孙。卫大夫,官至卿位。哀十一年奔宋。哀十四

年归于卫。

左传【一·一】冬,卫大叔疾太叔悼子出奔宋。

初,疾太叔悼子娶于宋子朝宋朝,其娣dì嬖bì。子朝宋朝出,孔文子使疾出其妻,而妻qì之。疾使侍人诱其初妻之娣,置于犁,而为之一宫,如二妻。文子孔文子怒,欲攻之,仲尼孔子止之。[文子]遂夺其妻孔姞。[疾]或淫于外州,外州人夺之轩以献。[疾]耻是二者,故出。

【其娣嬖】正 补 正妻的陪嫁妹妹得宠。娣参见隐四·二·一·一。

【子朝……妻之】正 杨 补 宋朝出奔后,孔文子让太叔悼子休弃了他的正妻[及陪嫁之娣],而把女儿(孔姞)嫁给了他作为正妻。

【侍人】补 卿大夫家臣。

【犁】正 杨 在河南范县境。卫邑。

【如二妻】杨 补 [以妻礼对待孔姞和前妻之娣,]如同有两位妻子。参见隐元·四·五·二及昭元·三·一"如二君"。

【文子……止之】补 下文叙此事较详。

【遂夺其妻】杨 补 [孔文子]于是夺回太叔悼子的正妻(孔姞)。【其妻】补 孔姞,卫孔氏女,姞姓。孔文子(昭七·十二·一·一)之女,先为太叔悼子之妻,哀十一年后为太叔僖子之妻。

【或淫……以献】正 杨 补 [太叔悼子又与]其他女子在外州通奸,外州人夺取了太叔悼子乘坐的轩车献给[卫有关部门]。【外州】正 卫邑。【轩】补 见闵二·五·二。

【二者】杨 妻子被夺,轩车又被夺。

卫人立遗太叔僖子,使[遗]室孔姞jí。

【遗】正 补 太叔僖子。姬姓,太叔氏,名遗,谥僖。太叔懿子之子,太叔悼子之弟。哀十六年奔晋。哀十八年归于卫。

○正 杨 补 卫人立太叔僖子[作为太叔氏族长],使[太叔僖子]以

[前兄嫂]孔姞为妻。

【一·二】疾太叔悼子臣[宋]向魋 tuí，纳美珠焉，[魋]与之城锄。宋公宋景公求珠，魋向魋不与，[魋]由是得罪。及桓氏向魋出，城锄人攻大(太)叔疾太叔悼子。卫庄公卫后庄公复之太叔悼子，使处巢，死焉，殡于郧 yún，葬于少禘 dì。

【纳美珠焉，与之城锄】正 杨 [太叔悼子]把美珠献给向魋，[向魋]给他城锄[作为回报]。【城锄】杨 即"锄"，见襄四·八。

【及桓氏出】正 见哀十四·七。

【卫庄公复之】正 杨 补 卫后庄公使太叔悼子回到卫。卫后庄公立于哀十六年，因此太叔悼子应在此后回到卫。

【巢】正 卫地。

【殡】见隐元·五。【郧】正 卫地。

【少禘】正 卫地。

【二】初，晋悼公子慭 yìn，公子慭亡在卫，使其女仆而田。大(太)叔懿子太叔懿子止[公子慭]而饮 yìn 之酒，遂聘之，生悼子太叔悼子。悼子即位，故夏戊为大夫。悼子亡，卫人翦夏戊。

【公子慭】补 姬姓，名慭。晋悼公(成十七·十·一·二)之子。

【使其女仆而田】正 杨 补 让他的女儿做驾车人外出打猎。以未嫁女儿驾驭猎车，足见春秋末期卫国礼治崩坏之甚。

【遂聘之】杨 补 [太叔懿子]于是提亲[并娶公子慭之女为妻]。

【悼子……大夫】正 杨 补 太叔悼子即位[成为太叔氏族长并继任卫卿]，因此[提拔其外甥]夏戊为大夫。据哀二十五·一·一·二，夏戊之母为太叔悼子姊妹，故夏戊与太叔悼子为甥舅关系。

【夏戊】正 杨 补 夏氏，名戊，字丁。卫大夫。夏氏之子，太叔悼子姊妹所生。其名(戊)、字(丁)相应，丁、戊为相连二天干。

【卫人翦夏戊】正 卫人削去夏戊[官爵采邑]。

【三】孔文子之将攻大(太)叔太叔悼子也，访于仲尼孔子。仲尼曰："胡簋guǐ之事，[吾]则尝学之矣。甲兵之事，[吾]未之闻也。"

【胡簋之事】 正 补 行礼之事。瑚、簋皆为礼器，详见后注。《礼记·明堂位》："夏后氏之四琏，殷之六瑚，周之八簋。"清华简八《虞夏殷周之治》提到，夏后氏"祭器四琏"，殷人"祭器六瑚"，周人"祭器八簋"。《周礼·地官·舍人》郑玄注："方曰簠，圆曰簋。"可见胡(瑚、簠)、簋是经常被同时提到的礼器。【胡】 正 杨 补 即簠，亦即传世文献中常见的"瑚""簠"，盛食器，享宴祭祀中常用。考古报告中的铜簠(簠)是一种方口斗形铜器，上有盖，器、盖同形，旁有环耳，下有足。此类器物铭文中自名异体很多，不过其所用之字皆可读作簠。考古发现春秋时期铜簠(簠)实例见哀器物图1。【簋】 正 杨 补 盛食器，享宴祭祀中常用。考古报告中的铜"簋"是一种圆口铜器，西周中期后多有盖，两旁有耳，下部或为圆形底座，或为足，或为方台。一些器壁铭文中有自名为"毁"，据学者考证即为先秦文献中提到的"簋"。考古发现春秋时期铜簋实例见哀器物图2。

[仲尼]退，命驾而行，曰："鸟则择木，木岂能择鸟？"文子孔文子遽止之，曰："圉yǔ，孔文子岂敢度duó其私，访卫国之难nàn也。"[仲尼]将止，鲁人以币召之，[仲尼]乃归。

【鸟则择木】 补 杜甫《中宵》"择木知幽鸟"典出于此。

【度】 正 谋。

【鲁人以币召之，乃归】 正 据《史记·孔子世家》，"季康子使公华、公宾、公林以币迎孔子，孔子归"。

○ 杨 传世经典对读：《论语·卫灵公》："卫灵公问陈于孔子。孔子对曰：'俎豆之事，则尝闻之矣；军旅之事，未之学也。'明日遂行。"窃疑本为一事，流传演变成孔文子、卫灵公两个版本。

○ 补 传世经典对读：《孔子家语·正论解》记载了孔子回国经过，比《左传》详细，可扫码阅读。

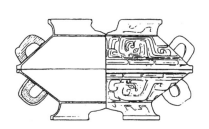

哀器物图 1.1　河南三门峡上村岭虢国墓M2001 出土簠,春秋早期偏早(《三门峡虢国墓(第一卷)》,1999 年)

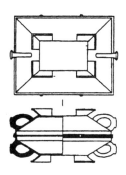

哀器物图 1.2　河南洛阳 613 所 C1M6112出土簠,春秋中期偏晚至晚期初(《洛阳市613 所东周墓》,1999 年)

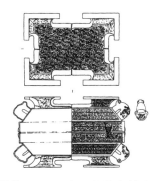

哀器物图 1.3　山西临猗程村晋国墓地 M1002 出土簠,春秋晚期偏早(《临猗程村墓地》,2003 年)

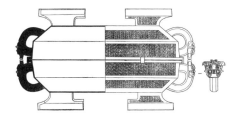

哀器物图 1.4　山西太原金胜村晋国赵卿墓出土簠,春秋晚期(《太原晋国赵卿墓》,1996 年)

哀器物图 1.5　甘肃礼县圆顶山秦国墓地 M2 出土簠,春秋早期偏晚(《礼县圆顶山春秋秦墓》,2002 年)

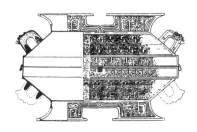

哀器物图 1.6　河南淅川下寺楚国墓地M7 出土簠,春秋中期后段(《淅川下寺春秋楚墓》,1991 年)

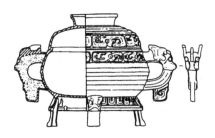

哀器物图 2.1 河南三门峡上村岭虢国墓
M2001 出土虢季簋,春秋早期偏早(《三门
峡虢国墓(第一卷)》,1999 年)

哀器物图 2.2 河南登封告城郑国墓地
M3 出土簋,春秋早期偏晚至中期初(《河南
登封告成东周墓地三号墓》,2006 年)

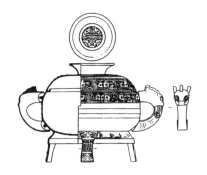

哀器物图 2.3 河南新郑中行遗址铜器窖
坑 K2 出土簋,春秋中期偏晚至晚期初(《新
郑郑国祭祀遗址》,2006 年)

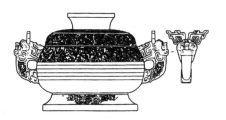

哀器物图 2.4 甘肃礼县圆顶山秦国墓
地 M1 出土簋,春秋早期偏晚(《礼县圆顶山
春秋秦墓》,2002 年)

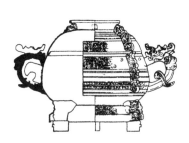

哀器物图 2.5 河南淅川下寺楚国
墓地 M2 出土簋,春秋中期后段(《淅
川下寺春秋楚墓》,1991 年)

哀器物图 2.6 安徽寿县蔡侯墓出
土方座簋,春秋晚期(《安徽寿县蔡侯
墓出土遗物》,1956 年)

哀公十二年·一

地理 鲁见哀地理示意图 1。

人物 季康子(哀三·七·一)、冉求(哀十一·一·二)、孔子(僖二十七—僖二十八·二十五·三)、周公旦(隐八·二)

春秋 十有(又)二年,春,[我]用田赋。

○ 杨 补 "用田赋"的基本内容应该是按田亩数来征收军赋。宣十五年鲁"初税亩",在公室控制的公邑不仅继续征收公田全部收入,还首次按十分之一的税率向私田征收田税(参见宣十五·八)。成元年鲁"作丘甲",以"丘"为单位向公邑和私邑内的野人征收军赋(参见成元·二·春秋)。昭五年"废中军""四分公室"之后,季氏、孟氏分别承包右军、左军,叔孙氏亦有私家军;公邑/公民将所有田税、军赋都交给各自所属的三桓卿族,实际上成为三桓的私邑/私民,其他承担军赋的卿大夫家族也将军赋分别交给三桓。本年"用田赋"之后,对于三桓和其他向三桓交纳军赋的卿大夫家族来说,田税和军赋都按照田亩数、根据统一比率来征收,田亩多则多交军赋,剥削程度比按"丘"征收军赋更高。

左传 [一] 季孙季康子欲以田赋,使冉有冉求访诸仲尼孔子。

仲尼曰:"丘孔子不识也。"

【丘】 补 冉求为孔子弟子。《论语》中孔子答学生问,从不自称己名"丘"。此处冉求为季康子代表,故孔子自称名,如同与季康子对话。

○ 补 孔子说:"我不知道这些。"这实际上是在委婉地表示对"用田赋"新政的反对。孔子经常用"不识""不知""未知"来委婉地表示自己对某件事情的否定或反对,如《论语·述而》:"孟武伯问:'子路仁乎?'子曰:'不知也。'又问。子曰:'由也,千乘之国,可使治其赋也,不知其仁也。'"《论语·述而》:"子张问曰:'令尹子文三仕为令尹,无喜色;三已之,无愠色。旧令尹之政,必以告新令尹。何如?'子曰:'忠矣。'曰:'仁矣乎?'曰:'未知——焉得仁?'"

［冉有］三发,卒曰:"子为国老,待子而行,若之何子之不言也?"

【三发】正［冉求］问了三次。

【卒】正终。

【国老】杨见僖二十七—僖二十八·一。

【待子而行】补等待您［发表意见］而后才行动。

仲尼不对,而私于冉有曰:"君子之行也,度 duó 于礼:施取其厚,事举其中,敛从其薄。如是,则以丘亦足矣。若不度于礼,而贪冒无厌,则虽以田赋,将又不足。且子季孙季康子若欲行而法,则周公周公旦之典在;若欲苟而行,又何访焉?"

【私】补私下告知。

【行】正行［政事］。

【施】补施舍。【事】补政事。

【敛】正赋敛。

【如是,则以丘亦足矣】正补像这样的话,那就是按丘［征收军赋］也就足够了。参见成元·二·春秋"作丘甲"。

【贪冒】补近义词连用,都是贪婪的意思。

【子季孙】补"子"为春秋时男子尊称。此处"季孙"前加"子",表尊敬。

【行而法】补办事合于法度。【苟而行】补苟且行事。

［季孙］弗听。

〔二〕十二年,春,王正月,"用田赋"。

○ 补 **传世文献对读**：《国语·鲁语下》叙孔子非难田赋之言甚详，可扫码阅读。
○ 补 笔者对"用田赋"新政的国际国内背景、主要内容、与孔子商议过程有详细分析，请见专著《陵迟：鲁国的困境与抗争》（出版中，暂定书名）相关章节。

哀公十二年·二

地理 鲁、吴见哀地理示意图 1。

人物 孟子、鲁昭公（襄三十一·三·五·一）、孔子（僖二十七—僖二十八·二十五·三）

春秋 夏，五月甲辰﹝三日﹞，孟子卒。

【孟子】 补 吴女，姬姓，排行孟。鲁昭公夫人。哀十二年卒。

左传 【一】夏，五月，昭﹝鲁昭公﹞夫人孟子卒。昭公﹝鲁昭公﹞娶于吴，故﹝《春秋》﹞不书姓。死不赴（讣），故﹝《春秋》﹞不称"夫人"。不反（返）哭，故﹝《春秋》﹞不言"葬小君"。

【昭公……书姓】 正 杨 鲁、吴同为姬姓。若《春秋》按常例称鲁昭公夫人为"孟姬"，则显然表明鲁昭公违反春秋时同姓不婚之礼。故《春秋》称"孟子"，不记其母家姓，读来好似子姓宋女，以隐讳国恶。据下引《论语》，似乎鲁昭公在世时就称其夫人为"吴孟子"以掩饰其为鲁同姓的事实，这样说来《春秋》称"孟子"其实是沿用已有称呼。

【死不……小君】 正 杨 祔、反哭参见隐三·三。孟子得此降格待遇，除去为同姓之外，应与季氏敌视其夫鲁昭公，而她又不是鲁哀公生母有关。

○ 正 杨 补 **传世文献对读**：《论语·述而》提及鲁昭公娶吴女之事，可扫码阅读。

　　据昭五·三及昭二十五·五·四·二所引《公羊传》来看，鲁昭公应该的确是以知礼闻名。正因为如此，所以陈司败才会问孔子鲁昭公是否知礼，而孔子在一开始才会给出"知礼"的肯定答复。鲁昭公既然知礼，为何要违背"同姓不婚"的基本礼制而娶吴孟子？笔者认为，联系到前面昭十二年鲁昭公试图依靠晋人来驱逐季氏，昭二十五年出奔后又投靠齐、晋等大国以谋求复位来看，鲁昭公应该是看到了吴逐渐强大，曾经考虑过通过联姻与吴王交好，然后借助吴的力量来发动政变驱逐季氏，因此不惜违礼而娶吴孟子。当然，此计划从来没有实施过。

【二】孔子与 yù 吊，适季氏。季氏不绖 wèn，[孔子]放绖 dié 而拜。

【适】 补 往。

【绖】 补 见僖十五·八·一·六。

【绖】 补 见僖六—僖七·三。

○ 正 杨 依丧礼礼制，国君夫人去世，始发丧之时，国中大夫应免冠括发（绖），着丧带（绖）。孔子依此礼参与吊孟子之丧，吊丧之后，又着此身装束前往季氏。季氏不免冠括发，孔子亦除去绖带而答拜。孔子此举，一是客随主便，二是以行为讥讽季氏。

○ 补 **传世文献对读**：《孔子家语·曲礼子贡问》记载了此事而更详细，可扫码阅读。

哀公十二年·三

地理 鲁、吴见哀地理示意图1。鲁、吴、橐皋见哀地理示意图5。

人物 鲁哀公（哀元·○）、吴王夫差（定十四·五·二）、伯嚭（定三—

定四·七)、端木赐(定十五·一·一)

春秋 公鲁哀公会吴于橐 tuó 皋。

【橐皋】正 杨 补 在安徽巢湖柘皋镇。吴地。参见《图集》29—30
⑤9。

左传 "公会吴于橐皋。"吴子吴王夫差使大(太)宰嚭 pǐ,伯嚭请寻盟。公
不欲,使子贡端木赐对曰:"盟,所以周信也。故心以制之,玉帛
以奉之,言以结之,明神以要 yāo 之。寡君鲁哀公以为苟有盟
焉,弗可改也已。若犹可改,日盟何益? 今吾子伯嚭曰'必寻
盟'。若可寻也,亦可寒也。"乃不寻盟。

【大宰】补 见定三—定四·七。

【寻盟】正 补 重温哀七年吴、鲁鄫之盟。寻,温。

【盟,所以周信也】正 补 盟誓,是用来巩固信用的。周,固。

【心以制之】杨 补 用诚心来制定盟约。"制之""奉之""结之""要
之"的"之"都是指盟约。

【明神以要之】杨 补 用昭明的神灵来约束[参与者信守]盟约。春
秋时期盟辞最后一部分即是宣称明神会惩罚不守盟约者,例如僖二
十七—僖二十八·二十一·二"有渝此盟,明神殛之,俾队其师,无克
祚国,及而玄孙,无有老幼"!

【日盟何益】杨 补 [即使]每日盟誓,又有什么益处?

【寒】补 与寻相反。

哀公十二年·四

地理 鲁、卫、宋、吴见哀地理示意图 1。

人物 鲁哀公(哀元·〇)、卫出公(哀二·二·二)、皇瑗(哀七·一·
春秋)、且姚、子羽、子木、子服景伯(哀三·三·一)、端木赐(定十
五·一·一)、伯嚭(定三—定四·七)、吴王夫差(定十四·五·二)、

南文子

春秋 秋,公鲁哀公会卫侯卫出公、宋皇瑗 yuàn 于郧 yún。

【郧】 正 杨 又作"发阳",在山东莒县南故员亭。

左传【一】吴征会于卫。初,卫人杀吴行人且 jū 姚,而惧,谋于行人子羽。

【征】 补 召。

【行人】 补 吴行人,见成七·六·三。

【行人】 补 卫行人,见襄十八·二·春秋。

【子羽】 正 补 字羽。卫大夫,任行人。

子羽曰:"吴方无道,无乃辱吾君卫出公,不如止也。"

子木曰:"吴方无道。国无道,必弃疾于人。吴虽无道,犹足以患卫。往也! 长木之毙,无不摽 biào 也;国狗之瘈 zhì,无不噬也,而况大国乎?"

【子木】 正 补 字木。卫大夫。

【必弃疾于人】 杨 一定会加害他国。弃疾参见哀七·三·二。

【长木之毙,无不摽也】 正 杨 大树倒下,[所碰到的物体]没有不被打击的。毙,倒。摽,击。

【国狗】 杨 名狗。【瘈】 正 补 狂,狗发疯。

【二】秋,卫侯卫出公会吴于郧。公鲁哀公及卫侯、宋皇瑗 yuàn 盟,而[卫侯]卒辞吴盟。吴人藩卫侯之舍 shè。

【公及卫侯、宋皇瑗盟】 正 鲁与卫、宋私下结盟,故《春秋》只书会而不书盟。

【吴人藩卫侯之舍】 正 补 吴人用篱笆围住了卫出公的馆舍。

子服景伯谓子贡端木赐曰："夫诸侯之会,事既毕矣,侯伯致礼,地主馈饩(xì),以相辞也。今吴不行礼于卫,而藩其君舍以难之,子盍(何不)见大(太)宰伯嚭?"

【侯伯……辞也】正 杨 补诸侯之长(侯伯)〔向其他与会诸侯(宾)〕行礼,盟会地主之国馈送食物,以此相互辞别。

【大宰】补见定三—定四·七。

[子贡]乃请束锦以行。语及卫故,大(太)宰嚭(pǐ,伯嚭)曰："寡君吴王夫差愿事卫君卫出公,卫君之来也缓,寡君惧,故将止之。"

【束锦】补五两(匹)锦,为一捆,称"束锦"。锦、两(匹)参见闵二·三·四·二。

【故】杨事。

子贡曰："卫君之来,必谋于其众。其众或欲或否,是以缓来。其欲来者,子之党也。其不欲来者,子之仇也。若执卫君,是堕(huī)党而崇仇也。夫堕子者,得其志矣。且合诸侯而执卫君,谁敢不惧? 堕党、崇仇,而惧诸侯,或者难以霸乎!"

【夫堕子者】正 补那些想诋毁您的人。堕,毁。

○补端木赐此番说辞,与宣十七年苗贲皇说晋景公之辞(宣十七·二·六)类似,可参看。

大(太)宰嚭说(悦),乃舍卫侯。

[三]卫侯卫出公归,效夷言。子之南文子尚幼,曰："君必不免,其死于夷乎! [吴]执焉,而又说(悦)其言,从之固矣。"

【效】补仿效。【夷言】杨 补吴居东夷之地,因此《左传》称吴方言为"夷言"。

【子之】正 杨 补南文子。姬姓,南氏,名弥牟,字之,谥文。公子郢

（哀二・二・一）（字南）之子，卫灵公（昭七・十二・一・一）之孙。

【从之固矣】補要跟随夷人是一定的了。

○正下启卫出公卒于越（哀二十六・一）。

哀公十二年—哀公十三年(哀公十三年·一)

地理 宋、郑、鲁见哀地理示意图 1。宋、郑、鲁、萧见哀地理示意图 3。

人物 向巢(定九·一)、罕达(定十五·六·春秋)、季康子(哀三·七·一)、孔子(僖二十七—僖二十八·二十五·三)、公孙侨(襄八·三)、宋平公(成十五·三·春秋)、宋元公(襄二十六·六·二·一)、向魋(定十·四·一)

春秋 宋向巢帅师伐郑。

○ 正 补 《春秋》书宋伐郑在前,蟊在后,而《左传》反之。可能《春秋》所据为诸侯通告上所书时间(宋伐郑)及事件发生时间(蟊),而《左传》因九月宋伐郑与十二月郑围宋师相连,故置宋伐郑于蟊之后。

冬十有(又)二月,[我]蟊 zhōng。

○ 补 见桓五·五·春秋。

十有三年,春,郑罕达帅师取宋师于岩。

左传 【一】 冬,十二月,"蟊。"季孙季康子问诸仲尼孔子。仲尼曰:"丘孔子闻之,'火伏而后蛰 zhé 者毕'。今火犹西流,司历过也。"

【火伏而后蛰者毕】 正 杨 大火星[周正十二月(夏正十月)从天空中]隐伏,此后[天气转冷,]昆虫也蛰伏完毕。大火星即心宿二,参见庄二十九·五。

【今火……过也】 正 杨 补 如今[历法已为周正十二月,而]大火星仍然经过西方天空,[这是]历法官的差错。杜注、孔疏认为历法官的错误在于在此前少设置了一个闰月。也就是说,当季康子问孔子时,按照正确置闰的历法,应该是周正十一月(夏正九月);由于没有前面少了一个闰月,所有月份提前了一个月,所以当下是周正十二月(夏正十月)。下引《孔子家语》也提出此次是闰月设置出了问题。【司历】[补]见襄二十七·七。

○[补]**传世文献对读**：《孔子家语·辩物》记载了此事而更加详细，可扫码阅读。

【二·一】宋、郑之间有隙地焉，曰弥作、顷丘、玉畅、岩、戈、锡yáng。子产公孙侨与宋人为成，曰"勿有是"。及宋平宋平公、元宋元公之族自萧奔郑，郑人为之城岩、戈、锡。

【隙地】[正][补]双方都没有正式划入封疆、权属模糊的地区。

【弥作……戈、锡】[正][杨]玉畅在河南杞县东北三十里。其他五邑在河南杞县、通许县与开封市陈留镇三角地区。

【为成】[补]讲和。

【勿有是】[正][补]〔两国都〕不要拥有这些地方。

【及宋……奔郑】[正][杨]定十四年公子辰（宋元公之子）奔鲁。定十五年郑罕达在老丘击败宋师，应是为安置宋公子地（宋元公之子）。以此估计，宋平公、宋元公子孙自萧奔郑当在定十五年。【萧】[补]见庄十二—庄十三·一·二。此时为宋邑。

【二·二】九月，宋向巢伐郑，取锡，杀元公宋元公之孙，遂围岩。

【二·三】十二月，郑罕达救岩。丙申二十八日，围宋师。

【二·四】十三年，春，宋向魋 tuí 救其师。郑子赇 shèng，罕达使徇 xùn 曰"得桓魋向魋者有赏"，魋也逃归。〔郑人〕遂取宋师于岩，获成谨 huān、郜 gào 延。〔郑、宋〕以六邑为虚（墟）。

【徇】[补]巡行宣示。

【魋也逃归】[杨][补]《左传》非对话叙事中，人名后加"也"字，仅此一见。

【成讙、郜延】正 二人皆为宋大夫。

【以六邑为虚】正 补 [郑、宋两国都不再争夺，]任六邑成为废墟。

哀公十三年·二

人物 许元公(哀元·二·春秋)

春秋 夏,许男成许元公卒。

哀公十三年·三

地理 鲁、晋、吴、楚、陈、越、卫、周、宋见哀地理示意图 1。鲁、晋、吴、楚、陈、越、卫、周、单、邾、宋、黄池、泓上、姑蔑、户牖见哀地理示意图 5。

人物 鲁哀公(哀元·○)、晋定公(昭三十一·一·春秋)、吴王夫差(定十四·五·二)、王子申(昭二十六·七·二)、魏襄子(定十三·二·三·一)、许元公(哀元·二·春秋)、夏区夫、单平公、越王句践(定十四·五·一)、畴无余、讴阳、太子友、王子地、王孙弥庸、寿于姚、赵简子(昭二十五·二·春秋)、司马寅、子服景伯(哀三·三·一)、伯嚭(定三—定四·七)、申叔仪、公孙有山

春秋 公鲁哀公会晋侯晋定公及吴子吴王夫差于黄池。

【黄池】正 杨 补 在今河南封丘坝台村东北隅。参见《图集》24—25④5。

○杨 补 **传世文献对读**：据《国语·吴语》："[吴]阙为深沟,通于商、鲁之间,北属之沂,西属之济,以会晋公午于黄池。"吴王夫差在此前进一步延长邗沟(见哀九·五),连通沂水与济水,以便北上与晋定公相会。据《史记·吴太伯世家》,则"吴王北会诸侯于黄池,欲霸中国以全周室"。

楚公子申_{王子申}帅师伐陈。

○|正|此条《春秋》无对应《左传》。

於 yú 越入吴。

【於越】|补|见定五·三·春秋。

秋，公_{鲁哀公}至自会。

○|正|此条《春秋》无对应《左传》。

晋魏曼多_{魏襄子}帅师伐卫。

○|正|此条《春秋》无对应《左传》。

葬许元公。

○|正|此条《春秋》无对应《左传》。

九月，[我]螽 zhōng。

○|补|见桓五·五·春秋。

○|正|此条《春秋》无对应《左传》。

冬，十有(又)一月，有星孛 bèi 于东方。

○|正||补|此次孛于东方之彗星，与文十四·七·春秋所载孛入于北
斗之彗星相距 131 年。若文十四年彗星确为哈雷彗星，按其回归周
期范围 76—79 年计算，则此次出现之彗星应非哈雷彗星。

○|正|此条《春秋》无对应《左传》。

盗杀陈夏区 ōu 夫。

【夏区夫】|补|妫姓，夏氏，名或字区。陈大夫，官至卿位。疑为夏征

舒（宣十·四·春秋）之后。哀十三年被盗所杀。

○ 正 据襄十·七·二·二,则《春秋》书"盗",则表明杀人者非大夫。

○ 正 此条《春秋》无对应《左传》。

十有（又）二月,[我]螽 zhōng。

○ 正 此条《春秋》无对应《左传》。

○ 正 哀十二年孔子指出周正十二月仍有蝗虫是因为历法有误,然而季康子并没有指示历法官作出调整,导致哀十三年又发生了周正十二月（夏正十月）仍有蝗虫的不合理现象。

左传 【一】夏,公鲁哀公会单平公、晋定公、吴夫 fú 差 chāi 吴王夫差于黄池。

【单平公】 正 补 姬姓,单氏,谥平。单武公（定七·三）之子。周王室卿士。

【二·一】六月丙子十一日,越子越王句践伐吴。

[越人]为二隧,畴无余、讴阳自南方,先及[吴]郊。吴大（太）子友太子友、王子地、王孙弥庸、寿于姚自泓上观之。

【为二隧】 正 杨 补 分两路出兵。一路由畴无余、讴阳率领,自南方出击,先至吴郊;另一路由越王句践亲自率领,自北方出击,后至增援。隧,杜注认为是"道"的意思,杨注引顾炎武说认为即"队（隊）"字,两说义异而实同。

【畴无余、讴阳】 正 二人皆为越大夫。

【郊】 杨 吴都郊区。

【大子友】 补 太子友。姬姓,名友。吴王夫差（定十四·五·二）之子。哀十三年被越人所获。

【泓上】 正 杨 补 位于江苏苏州西南、太湖东侧、古泓水岸边的丘陵

高地,应即是苏州市虎丘区横塘街道的横山。参见《图集》29—30
⑤12。

弥庸_{王孙弥庸}见姑蔑之旗,曰:"吾父之旗也。不可以见仇而弗
杀也。"

【姑蔑】⬚正⬚杨⬚补 在浙江衢州龙游县北。越地。参见《图集》29—30
⑦11。

【吾父之旗也】⬚正 王子弥庸之父先前应是被越人抓获,所以姑蔑人
持有他父亲的旌旗。

大_(太)子_{太子友}曰:"战而不克,将亡国。请待之。"

弥庸不可,属_{zhǔ}徒五千,王子地助之,乙酉_{二十日},战,弥庸获
畴无余,地_{王子地}获讴阳。

【属徒五千】⬚正⬚杨⬚补 集合部下五千人。属,会。

越子至,王子地守。丙戌_{二十一日},复战,〔越师〕大败吴师,获大
_(太)子友、王孙弥庸、寿于姚。丁亥_{二十二日},〔越〕入吴。

【二·二】吴人告败于王_{吴王夫差}。王恶_{wù}其闻也,自刭_{jǐng}七人
于幕下。

【王恶……幕下】⬚正⬚杨⬚补 吴王夫差厌恶吴战败的消息〔被诸侯〕听
闻,〔所以〕亲自在帐幕之内割颈杀死了〔报信的〕七个〔吴〕人〔以灭
口〕。黄池之会在野外,各国自立帐幕。

【三】秋,七月辛丑_{六日},盟。吴、晋争先。吴人曰:"于周室,我
为长_{zhǎng}。"晋人曰:"于姬姓,我为伯。"

【吴、晋争先】⬚正⬚杨 吴、晋争先歃血。先歃血者为盟主。

【于周室,我为长】正 杨 补 在周室宗亲中,我国辈分高。吴始祖太伯为周文王太伯父,而晋始封君唐叔虞为周文王之孙,所以在周王室中,吴辈分长于晋。

【于姬姓,我为伯】正 杨 补 在姬姓国中,我国是侯伯(霸主)。自从周王室正式任命晋文公为侯伯(霸主)之后,历晋襄公以至晋悼公、晋平公,晋国势虽有升降,但一直是中原名副其实的霸主。到春秋晚期时,晋国霸业已经衰落(参见哀七·一),然而周王室并没有另外正式任命侯伯(霸主),所以晋人在面对试图称霸的吴人时,仍然以现任霸主自居。

赵鞅赵简子呼司马寅曰:"日旰 gàn 矣,大事未成,二臣之罪也。建鼓整列,二臣死之,长幼必可知也。"

【司马寅】正 杨 补 疑即下引《国语·吴语》之"董褐"。晋大夫,哀十三年已任司马。【司马】补 见 僖二十七—僖二十八·二十四·一。

【日旰矣】正 补 时间不早了。旰,晚。

【二臣】正 指赵简子和司马寅。

[司马寅]对曰:"请姑视之。"

[司马寅]反(返),曰:"肉食者无墨。今吴王吴王夫差有墨,国胜乎?大(太)子太子友死乎?且夷德轻,不忍久,请少待之。"

【肉食者】杨 见庄八—庄九—庄十·九·二。

【墨】正 补 脸色灰暗无神。

【国胜乎】正 补 是[吴]国[被敌国]战胜了吗?

【且夷德轻】补 而且吴人性情轻率不沉着。吴处东夷之地,故称"夷"。

乃先晋人。

○ 补 于是[让吴人]在晋人前面[歃血]。先歃血则为盟主,因此黄池之会吴为盟主,也就是霸主。"先某人"既可以指"使某人先",又可以指"使他人先于某人",要根据上下文具体判断。首先,司马寅劝赵简子"少待之",然后紧接着就是"乃先晋人",中间没有赵简子反对的话,可见赵简子接受了司马寅的意见,就是不急于在会盟现场与吴发生冲突,而是暂且让吴先歃血当一回霸主,等吴内外矛盾爆发自然会失去霸主地位。下引《国语·吴语》中董褐(应即《左传》中的司马寅)劝说赵鞅之言说得更加详细。第二,根据《左传》下文子服景伯对吴使者所说的话"且执事以伯召诸侯",则此次黄池之会,吴的确通过先歃血取得了"伯"(霸主)的地位,虽然这个地位并不稳固。

○ 正 杨 补 **传世文献对读**:《国语·吴语》载吴、晋黄池之会甚详,且与《左传》多有不同,可扫码阅读。

【四·一】吴人将以公鲁哀公见晋侯晋定公。**子服景伯对使者曰:**

"王合诸侯,则伯帅侯牧以见于王。伯合诸侯,则侯帅子、男以见于伯。自王以下,朝聘玉帛不同。故敝邑之职贡于吴,有丰于晋,无不及焉,以[吴]为伯也。

【伯】 正 杨 补 诸侯之长。西周初年有二伯,分率东方、西方诸侯。春秋时的"伯"就是霸主。【侯牧】 正 补 在外时简称"侯",一州诸侯之长。《礼记·曲礼》:"九州之长,入天子之国曰'牧'。……于外曰'侯'。"在公、侯、伯、子、男五等爵制中,侯地位高于伯;然而在本段语境中,作为"诸侯之长"的伯地位高于作为"一州诸侯之长"的侯。

【朝】 补 见隐四·二·七·一。【聘】 补 见隐七·四·春秋。

【敝邑……伯也】 正 补 因此我国向吴交纳的贡赋,只比向晋交纳的更丰厚,而没有不如的,[这是因为我国]把[吴]当作霸主。由此可见,此次黄池之会,吴是被承认为霸主的。

今诸侯会，而君吴王夫差将以寡君鲁哀公见晋君晋定公，则晋成为伯矣[，吴为侯牧，鲁为子男]，敝邑将改职贡：鲁赋于吴八百乘 shèng，若[鲁]为子男，则将半邾以属于吴，而如邾以事晋。且执事以伯召诸侯，而以侯终之，何利之有焉？"

【今诸……伯矣】 正 补 子服景伯意谓，如果吴王夫差率领鲁哀公见晋定公，是与周礼"伯合诸侯，则侯帅子、男以见于伯"相对应的，那么就意味着吴以实际行动承认晋为伯（霸主），这样一来则吴为侯，鲁为子、男。

【鲁赋……事晋】 正 补 鲁[原本]按八百辆兵车[国家的规模]给吴进贡，如果鲁为子、男，那么[鲁]将按邾规模一半（三百乘）从属于[作为侯的]吴，而按邾规模（六百乘）服事[作为伯的]晋。鲁赋八百乘、邾赋六百乘参见哀七·四·三。

吴人乃止。

【四·二】 既而[吴人]悔之，将囚景伯子服景伯。景伯曰："何子服景伯也立后于鲁矣。[何]将以二乘 shèng 与六人从，迟速唯命。"[吴人]遂囚[景伯]以还。

【何也立后于鲁矣】 杨 补 我在鲁已经确立了宗族继承人了。子服景伯这是表明自己有为国事死难的决心。参见宣十四·四·一申无畏见其子于楚庄王而行，及定六·五乐祁犁见其子于宋景公而行。

及户牖 yǒu，[景伯]谓大(太)宰伯嚭曰："鲁将以十月上辛有事于上帝、先王，季辛而毕。何子服景伯世有职焉，自襄鲁襄公以来，未之改也。若不会，祝、宗将曰'吴实然'。且[吴]谓鲁不共(恭)，而执其贱者七人，何损焉？"大(太)宰嚭 pǐ，伯嚭言于王吴王夫差曰："无损于鲁，而只为[恶]名，不如归之。"[吴人]乃归景伯。

【户牗】正 杨 补 在今河南兰考北。参见《图集》24—25④5。

【鲁将……而毕】正 杨 补 鲁将从十月第一个天干为辛的日子开始祭祀上帝、先王,到最后一个天干为辛的日子结束。杜注、孔疏、杨注均认为这是子服景伯编造的谎言,下引《孔子家语》也支持这种观点。子服景伯话语中有如下几处有问题:第一,孔疏认为,周正十月而不是祭祀上帝、先王的时间。第二,孔疏认为,祭礼一般一天之内完毕,没有从第一个辛日祭祀到最后一个辛日的。第三,杜注认为,子服景伯所谓的"先王",应该是包括吴之先祖周太王在内,这是用来恐吓吴人的。

【何世……改也】正 补 我家世代在鲁有[祭祀之]职,自鲁襄公以来,没有改变过。

【祝】补 见昭十七·二。【宗】补 即宗伯(宗人),见文二·五·一。

【吴实然】正 补 是吴让他这样的。指吴扣留子服景伯,使他无法参与祭祀之事。

【贱者】杨 子服景伯及其随从皆非卿,故曰"贱者"。

【只为名】正 补 只能成就[恶]名。只,仅。

○ 杨 补 传世文献对读:《孔子家语·辩物》记载了孔子和子贡对此事的讨论,可扫码阅读。

【五】吴申叔仪乞粮于公孙有山氏。

【申叔仪】正 补 申叔氏,名仪。吴大夫。疑为楚申叔氏(僖二十七—僖二十八·十一)之后。

○ 正 补 吴[大夫]申叔仪向[鲁大夫]公孙有山借粮。两人应是旧相识,因而有此举动。这件事反映出吴王夫差不关心随行臣子死活,为其日后失败埋下了伏笔。吴王夫差与其父吴王阖庐在对待臣下方面的差别参见哀元·七。

[申叔仪]曰:"佩玉繠 ruǐ 兮,余无所系之。旨酒一盛 chéng 兮,余

与褐之父 fǔ 睨 nì 之。"

【纂】补聚集貌。

【旨酒】补美酒。旨，美。

【褐】正杨贱民所穿衣服。【睨】正杨斜视。

○正杨补[申叔仪]说："佩玉一大串，我身上却没有地方系住它；美酒一大杯，我和穿褐衣的老头斜视着却喝不着它。"吴大夫向鲁大夫借粮应是违反制度的举动，不可公开进行，因此申叔仪用隐语向公孙有山表示自己缺吃少喝。

[公孙有山]对曰："粱则无矣，粗则有之。若[我]登首山以呼曰：'庚癸乎！'[女]则诺。"

【粱】杨精细小米。

【粗】杨粗粮。

【庚癸】杨下等货。古代货分十等，以十天干（甲、乙、丙、丁、戊、己、庚、辛、壬、癸）为序。甲乙为上等货，庚为下等货，癸则最下等。

○正杨补[公孙有山]回答说："细粮已经没了，粗粮还有一些。如果我登上首山喊'下等货'，你就应承。"公孙有山已经明白了申叔仪的意思，因此和申叔仪约定接头暗语。

【六】王吴王夫差欲伐宋，杀其丈夫，而囚其妇人。大（太）宰嚭伯嚭曰："可胜也，而弗能居也。"[吴人]乃归。

○正补杜注认为，吴王夫差欲伐宋的原因是宋没有参与黄池之会，如此则伐宋是为了惩罚。然而，据《国语·吴语》，则"吴王既会，越闻愈章，恐齐、宋之为己害也，乃命王孙雒先与勇获帅徒师，以为过宾于宋，以焚其北郛焉而过之"，可译为"吴王在黄池之会后，越入吴的传闻越来越昭彰，吴王害怕齐国、宋国趁机危害自己，就命令大夫王孙雒先与大夫勇获率领步兵，托词向宋国说是过路宾客，乘机烧掉宋都北面的外城便走了"，如此则吴王夫差伐宋是外强中干、虚张声势之举。

【七】冬,吴及越平。

○补　**传世文献对读**：据《国语·吴语》,吴王夫差在黄池会盟先歃血争得盟主地位后,派大夫王孙苟向周王报功,周敬王对吴王表面奉迎,但却并未明确表示任命他为霸主,可扫码阅读。

哀公十四年·一

地理 鲁见哀地理示意图 1。鲁、大野泽见哀地理示意图 4。

人物 锄商、孔子(僖二十七—僖二十八·二十五·三)

春秋 十有(又)四年,春,[我]西狩获麟。

【麟】 正 杨 补 麒麟。有学者根据传世文献记载和动物科学案例推断,认为其实质可能是一头由于激素分泌紊乱或基因突变而长出独角的麋鹿。

○ 正 据隐五·一,则狩为冬猎之名。《春秋》用周正,故虽书"春",而实为季节之冬。

○ 正 补 哀十四年西狩获麟为《公羊传》《穀梁传》最后一条《春秋》经文,《公》《穀》经传皆终结于此。《左传》最后一条《春秋》经文是哀十六年夏四月己丑孔子卒,传文编年至哀二十七年,具体叙述至鲁悼公四年(前四六四年)知襄子率师围郑之事,末尾又提及了鲁悼公十五年(前四五三年)晋国赵、魏、韩三家灭知氏之事。

左传 十四年,春,[我]西狩于大野。叔孙氏之车子锄商获麟,以为不祥,以赐虞人。仲尼孔子观之,曰"麟也",然后[叔孙氏]取之。

【大野】 正 杨 补 泽名,在山东郓城、梁山、巨野、嘉祥交界处。鲁地。参见《图集》26—27④2 至④3。

【叔孙氏之车子锄商】 正 服注认为"车"为驾车者,"子锄商"为人名,此说与下引《孔子家语》合。杜注则认为"车子"为低级官职,而"锄商"为人名。

【虞人】 补 见定八·七·三。

○ 正 补 传世文献对读:《公羊传·哀公十四年》叙获麟之事,有些细节为《左传》所不载,可扫码阅读。

○ 正 补 **传世文献对读**：《孔子家语·辨物》记载此事，讲明了孔子哭泣的原因，可扫码阅读。

哀公十四年·二

地理 鲁见哀地理示意图 1。小邾、鲁、句绎见哀地理示意图 4。

人物 射、仲由(定十二·二·二·一)、季康子(哀三·七·一)、冉求(哀十一·一·二)

春秋 小邾射yì以句gōu绎来奔。

【射】 正 补 名射。小邾大夫。哀十四年奔鲁。

【句绎】 补 见哀二·一·春秋。

左传 "小邾射以句绎来奔"，曰："使季路仲由要yāo我，吾无盟矣。"使子路仲由，子路辞。

【使季……盟矣】 正 补 让季路和我约定[就可以了]，不用盟誓了。仲由以诚信著称，故小邾射宁可与他约定，而不愿与鲁执政盟誓。要，约。

季康子使冉有冉求谓之曰："千乘shèng之国，不信其盟，而信子之言，子何辱焉?"

【千乘之国】 杨 指鲁。

[子路]对曰："鲁有事于小邾，[吾]不敢问故，死其城下可也。彼小邾射不臣，而济其言，是义之也。由仲由弗能。"

【有事】 杨 有战事。

【故】 杨 战事缘由。

【济】[正]成。

哀公十四年·三

[地理]齐、鲁、卫见哀地理示意图 1。

[人物]陈成子(庄二十二·三·四·三)、齐简公(哀六·八·一)、阚止(哀六·八·一)、诸御鞅、陈逆(哀十一·三·二·一)、陈豹、公孙、子余、东郭贾

[春秋]夏,四月,齐陈恒[陈成子]执其君[齐简公],置于舒州。

【舒州】[杨]在河北大城南。齐邑,位于齐北境,与北燕交界。

[左传]【一】齐简公之在鲁也,阚 kàn 止有宠焉。 及[公]即位,使[阚止]为政。陈成子惮之,骤顾诸朝。诸御鞅言于公[齐简公]曰:"陈、阚不可并也,君其择焉。"[公]弗听。

【齐简……宠焉】[正][补]哀五年公子阳生(后为齐悼公)奔鲁,至哀六年自鲁归于齐。在此期间,阚止有宠于公子阳生。公子阳生归齐之时,使其家臣阚止留鲁照料其子杵臼(后为齐简公),阚止之宠可见一斑。参见哀六·八·一。

【骤顾诸朝】[正][补]屡次在朝廷上回头看[阚止]。诸,于。

【诸御】[杨][补]齐外朝官,职掌驾驭一般兵车。

【二】子我[阚止]夕,陈逆杀人,[子我]逢之,遂执[陈逆]以入[公宫]。陈氏方睦,使[逆伪]疾,而遗 wèi 之潘沐,备酒肉焉。[逆]飨守囚者,醉而杀之,而逃。子我盟诸陈于陈宗。

【子我……以入】[正][杨][补]阚止晚上朝见[齐简公],陈逆杀人,[阚止]撞见,于是[阚止]捉住[陈逆]带入[公宫]。

【陈氏……肉焉】[正][杨][补]陈氏此时和睦团结,于是[让陈逆假装]

生病,然后[在探视时]送去洗头的淘米水,还备有酒肉。潘,淘米水,古人加热后用以洗脸洗头,认为可以去垢。

【飨】杨 设酒食招待。

【子我盟诸陈于陈宗】正 杨 补 阚止[失去陈逆之后,害怕陈氏报复,于是]在陈氏大宗宗主之家与陈氏诸人盟誓。

【三·一】初,陈豹欲为子我阚止臣,使公孙言己,[公孙]已有丧而止。

【陈豹……而止】正 补 陈豹想成为阚止的家臣,让[齐大夫]公孙推荐自己,[公孙以自家]已有丧事[作为理由推辞],于是[暂时]作罢。下文公孙曰"吾惮其为人也,故缓以告",可见此处应是公孙以自家有丧事为由推辞,以拖延时间。【陈豹】正 杨 补 妫姓,陈氏,名豹,字皮。陈文子(襄二十二·三)之孙。其名(豹)、字(皮)相应,豹之文采在其毛皮。

既,而[公孙]言之,曰:"有陈豹者,长而上偻lóu,望视,事君子必得志,欲为子臣。吾惮其为人也,故缓以告。"

【既】正 丧事结束以后。

【长而……得志】正 杨 补 高个子,有点驼背,眼睛总往上看,事奉君子一定能得到[君子的]心意。

子我曰:"何害?是其在我也。"

【是其在我也】补 这都在于我[如何驾驭他]。

[子我]使[陈豹]为臣。他日,[子我]与之陈豹言政,说(悦),[陈豹]遂有宠。

【三·二】[子我]谓之曰:"我尽逐陈氏而立女(汝),若何?"

[陈豹]对曰:"我远于陈氏矣。且其违者不过数人,何尽逐焉?"

【我远于陈氏矣】正 补 我与陈氏已经疏远了。陈豹此言是委婉地拒绝阚止企图立自己为陈氏族长的提议。由于陈豹首先表现出对于陈氏族长之位无觊觎之心,所以下面说出"且其违者不过数人,何尽逐焉"这种实际上是维护陈氏的话,在阚止听来也是一个忠于自己的臣下的客观分析,而无可疑之处。陈豹作为陈氏族人,出言回护陈氏还能不被阚止怀疑,足见上文公孙所言陈豹"事君子必得志"不虚。

[陈豹]遂告陈氏。子行陈逆曰:"彼阚止得君齐简公,[陈氏]弗先,必祸子陈成子。"子行舍 shè 于公宫。

【四】夏,五月壬申十三日,成子陈成子兄弟四乘 shèng 如公。子我阚止在幄,出,逆之。[成子兄弟]遂入,闭门[,使子我不得入]。侍人御之,子行陈逆杀侍人。

【四乘】正 陈成子、陈昭子、陈简子、陈宣子、陈穆子、陈廪丘子、陈芒子、陈惠子八人,两人一辆马车,共四辆马车。

【幄】正 帐,听政之处。

【侍人御之】正 杨 [齐简公]的侍人抵抗陈氏乱党。侍人应即寺人,参见僖二·四·二。

公齐简公与妇人饮酒于檀台,成子陈成子迁诸(之于)寝。公执戈,将击之。大(太)史子余曰:"[陈氏]非不利也,将除害也。"

【檀台】杨 在山东淄博临淄区东北一里。

【大史】补 太史,见襄二十五·一·五。

【子余】杨 补 字余。齐太史,陈氏党羽。

成子出舍 shè 于库。闻公犹怒,将出,曰:"何所无君?"

【何所无君】杨 补 哪个地方没有国君[可以事奉]? 陈成子出此言,

是内心动摇打算出奔别国。

子行_{陈逆}抽剑,曰:"需,事之贼也。[子若出,]谁非陈宗?[子若出,]所不杀子者,有如陈宗!"

【需,事……陈宗】正杨补迟疑不决,足以贼害大事。[您要走了,]谁不能来当陈氏大宗宗主?[您如果走,我]如果不杀了您,[必遭神谴,]有历代陈氏大宗宗主为证!需,疑。

[成子]乃止。

【五】子我_{阚止}归,属 zhǔ 徒,攻闱 wéi 与大门,皆不胜,乃出。陈氏追之。[子我]失道于弇 yǎn 中,适丰丘。丰丘人执之_{子我},以告[陈氏],[陈氏]杀诸(之于)郭关。

【属徒】杨补集合徒众。
【闱】杨宫墙小门。
【弇中】杨见襄二十五·一·六·二。
【丰丘】正陈氏采邑。
【郭关】杨补齐都郭门。郭参见《知识准备》"国野制"。

【六】成子_{陈成子}将杀大陆子方_{东郭贾},陈逆请而免之。[东郭贾]以公_{齐简公}命取车于道,及耏 ér,众知而东之。[东郭贾]出雍门,陈豹与之车。[东郭贾]弗受,曰:"逆_{陈逆}为余请,豹_{陈豹}与余车,余有私焉。事子我_{阚止}而有私于其仇,何以见鲁、卫之士?"东郭贾奔卫。

【大陆子方】正杨补东郭贾。姜姓,东郭氏,又为大陆氏,名贾,字方。阚止之臣。哀十四年奔卫。食采于大陆。
【耏】杨即时,齐、鲁交界地。
【众知而东之】杨东郭贾本欲出奔至鲁、卫,故向西行。路上被陈氏兵众发觉,被逼向东返回。

【雍门】 补 见襄十八·三·十。

【七】庚辰二十一日,陈恒陈成子执公齐简公于舒州。公曰:"吾早从鞅诸御鞅之言,不及此。"

哀公十四年·四

地理 鲁见哀地理示意图 1。

人物 子叔成子(定十一·二·春秋)

春秋 庚戌二十日,叔还 xuán,子叔成子卒。

哀公十四年·五

春秋 五月庚申朔初一,日有食之。

【朔】 补 见桓三·五·春秋。

【日有食之】 补 见隐三·一·春秋。

哀公十四年·六

地理 陈、楚见哀地理示意图 1。

人物 宗竖

春秋 陈宗竖出奔楚。

哀公十四年·七

地理 宋、卫、鲁、齐、吴见哀地理示意图 1。宋、莒、卫、鲁、齐、曹、薄、丘舆、逢泽见哀地理示意图 4。

人物 向魋(定十・四・一)、莒郊公(昭十四・六・一)、宋景公(昭二十・四・三)、景曹(昭二十五・一・三)、皇野、向巢(定九・一)、子颀、子车、司马牛、陈成子(庄二十二・三・四・三)、赵简子(昭二十五・二・春秋)、阮氏

春秋 宋向魋 tuí 入于曹以叛。

【曹】正 补 见桓五—桓六・春秋。此时为宋邑。

莒 jǔ 子狂 qíng，莒郊公卒。

〇正 此条《春秋》无对应《左传》。

六月，宋向魋自曹出奔卫。

宋向巢来奔。

左传【一】宋桓魋向魋之宠害于公宋景公。公使夫人景曹骤请享焉，而将讨之。未及，魋向魋先谋公，请以鞌 ān 易薄。公曰："不可。薄，宗邑也。"[魋]乃益鞌七邑[以易薄]，而请享公焉。以日中为期，[向氏]家备尽往。

【宋桓魋之宠害于公】正 补 宋景公宠向魋之情事见定十・四・一、定十一・一。此时向魋势力已足以祸害公室。下文述向魋以八邑求易宗邑薄，可见其实力之强。

【骤】正 补 数，屡次。【享】补 见桓九—桓十・一・二。

【鞌】正 杨 在今山东定陶以南，河南商丘以北。宋邑，此时为向魋采邑。

【薄】正 杨 即亳，见庄十二—庄十三・一・二。此时为公室之邑。

【薄，宗邑也】正 杨 补 亳曾为商汤都城，有商王室宗庙。宋为商王室之后，故称亳为"宗邑"。亳对于宋公室的意义，相当于曲沃对于晋

武公后的晋公室,参见庄二十八・二・二"曲沃,君之宗也"。

【乃益……公焉】 杨 补 ［向魋］于是在鞌之外增加七个城邑［以交换亳邑］,并请求设享礼款待宋景公［以完成交换］。

【家备】 杨 向魋私家兵卒。

[二] 公宋景公知之,告皇野曰:"余长 zhǎng 魋向魋也,今将祸余,请即救。"

【皇野】 正 杨 补 子姓,皇氏,名野,排行仲。皇瑗(哀七・一・春秋)兄弟,皇父充石(文十一・四・二・一)八世孙。宋大夫,官至卿位。哀十四年已任司马(卿职)。

【余长魋也】 正 补 我使向魋成长。杜注认为此"长"指"养育长大",笔者认为也有可能是指宠溺向魋,使其势力成长壮大。

司马子仲皇野曰:"有臣不顺,神之所恶 wù 也,而况人乎?［臣］敢不承命? 不得左师向巢不可,［臣］请以君命召之。"

【司马】 补 见隐三・六・一・一。
【左师】 正 补 见僖九・三。此时为向巢,向魋之兄。

左师每食,击钟。闻钟声,公曰:"夫子向巢将食。"［左师］既食,又奏。公曰:"可矣。"

［司马］以乘 shèng 车往,曰:"迹人来告曰:'逢泽有介麇焉。'公曰:'虽魋未来,得左师,吾与之田,若何?'君宋景公惮告子向巢,野曰:'［臣］尝私焉。'君欲速,故以乘车逆子。"

【迹人】 正 补 宋外朝官,职掌在田猎中侦查野兽足迹。
【逢泽】 正 杨 补 泽名,在今河南商丘南,已干涸。宋地。参见《图集》24—25④6。
【介麇】 正 杨 杨注认为是指单独无偶的麇鹿。杜注认为是指大麋鹿。

【田】补打猎。

【君惮告子】正 补国君不敢告知您［陪他打猎］。田猎非君臣间的正事，所以皇野有此言。

【尝私焉】正 杨 补［让我］尝试着私下［和他说说看］。

【逆】补迎。

［左师］与之皇野乘 chéng，至［公宫］。公告之左师故。［左师］拜，不能起。

【故】杨 补事，指向魋将害自己，自己请求向巢援救之事。

司马皇野曰："君与之左师言。"

○正 杨 补皇野说："［请］国君与左师立下誓言。""言"在这里指誓言，参见成十三·一·四"言誓未就"。

公曰："所难 nàn 子者，上有天，下有先君！"

○正 补宋景公说："［我］如果让您［因为帮助我而］遭受祸难，［必遭神谴，］上有天，下有先君［为证］！"

［左师］对曰："魋之不共（恭），宋之祸也。［臣］敢不唯命是听。"

【三】司马皇野请瑞焉，以命其徒攻桓氏向魋。其父兄故臣曰"不可"，其新臣曰"从吾君之命"，遂攻之。子颀 qí 骋而告桓司马向魋。司马向魋欲入［国］，子车止之，曰："［子］不能事君，而又伐国，民不与也，只 zhǐ 取死焉。"向魋遂入于曹以叛。

【瑞】正符节，用以发兵。《周礼·春官·典瑞》："牙璋以起军旅。"

【子颀】正 补子姓，向氏，字颀。向魋（定十·四·一）之弟。

【子车】正 补子姓，向氏，字车。向魋之弟。

【与】补 助。

【只】补 仅。

【四·一】六月，[公]使左师巢向巢伐之[，不克]。[左师]欲质大夫以入焉，不能。[左师]亦入于曹，取质。魋向魋曰："不可。既不能事君，又得罪于民，将若之何？"[左师]乃舍之。

【六月……取质】正 补 六月，[宋景公]派左师向巢讨伐曹邑的向魋叛党[，未能战胜]。[向巢担心宋景公怀疑怪罪，于是]希望取得国内大夫为人质之后再入国都，没有成功。[向巢既不敢返国，于是]也入曹[与其弟向魋会合]，[因为担心由于先前伐曹而遭到曹人报复，所以]劫持了[曹人子弟作为]人质[以保证自己的安全]。

【乃舍之】正 补 [向巢]于是释放了作为人质的曹人。

【四·二】[曹]民遂叛之，向魋奔卫，向巢来奔。

宋公宋景公使止之向巢，曰："寡人与子有言矣，不可以绝向氏之祀。"

【寡人……之祀】杨 补 由此可见，"不可以绝向氏之祀"为上文所述宋景公与向巢盟誓内容。宋景公意谓，向氏之祀不可绝，则向巢应留在宋继续担任向氏族长。

[向巢]辞曰："臣之罪大，尽灭桓氏可也。若以先臣之故，而使有后，君之惠也。若臣，则不可以入矣。"

【四·三】司马牛致其邑与珪焉，而适齐。

【司马牛】正 补 向魋之弟。哀十四年奔齐。后至吴。后返于宋。后卒于鲁。【珪】正 守邑符信。

【五·一】向魋出于卫地,公文氏攻之,求夏后氏之璜 huáng 焉。[魋]与之他玉,而奔齐。陈成子使[向魋]为次卿。

【公文氏】正卫大夫。

【夏后氏之璜】杨补定三—定四·五·四提及夏后氏之璜为鲁镇国之宝,此处公文氏所求,应为另一同名玉器。

【陈成子使为次卿】补陈成子用向魋,与赵简子用阳虎(定九·四·三·一)类似,可见当时大国强族在政治斗争中对于此类"人才"确有需求。

【五·二】司马牛又致其邑焉,而适吴。吴人恶 wù 之,而[司马牛]反(返)[于宋]。赵简子召之,陈成子亦召之。[司马牛]卒于鲁郭门之外,阬 kēng 氏葬诸(之于)丘舆。

【阬氏】正鲁人。

【丘舆】正杨补在今山东平邑丰阳镇南埠庄村西已发现其遗址(详见下)。鲁地。参见《图集》26—27④4。

○杨补《论语·颜渊》:"司马牛忧曰:'人皆有兄弟,我独亡。'"一般认为,《论语》中提到的孔子弟子司马牛就是这里所说的宋人司马牛,他之所以说自己没有兄弟,是因为他的兄弟都是犯上作乱之人,自己不把他们当兄弟看待。然而杨注认为这两人不是一人。

○补**邱舆故城遗址**:城址平面呈长方形,分内城、外城。内城东西长约四百米,南北宽约三百米。外城东西长约五百米,南北宽约三百五十米。

哀公十四年·八

地理齐、鲁见哀地理示意图1。

人物齐简公(哀六·八·一)、陈成子(庄二十二·三·四·三)、孔

子(僖二十七—僖二十八·二十五·三)、鲁哀公(哀元·○)、季康子(哀三·七·一)

春秋 齐人弑其君壬齐简公于舒州。

○正 补据宣四·三·一·二，则臣弑君，《春秋》只称君之名，而弑君者以"某人"代之，则表明国君无道；若称臣之名，则表明臣有罪。若以此书法为准，则此处《春秋》书"齐人弑其君壬于舒州"，表明齐简公无道。然而，据哀十四·三及本段下文《左传》，则齐简公并无明显无道之举，而陈成子专横弑君之罪则甚为显明，以至于孔子三次要求讨伐齐国。窃以为陈成子弑君之后，以国君无道告于诸侯，鲁史因而书之，而《左传》作者亦照录之而不改。孔疏认为，西狩获麟后的《春秋》经文均未经孔子修订，因此不可再以书法衡量。

左传 【一】甲午六月五日，齐陈恒陈成子弑其君壬齐简公于舒州。

【二】孔丘孔子三日齐(斋)，而请伐齐三。

【而请伐齐三】 补三次请求伐齐。

公鲁哀公曰："鲁为齐弱久矣。子之伐之，将若之何？"

【鲁为齐弱久矣】 补鲁被齐削弱已经很久了。

[孔子]对曰："陈恒陈成子弑其君齐简公，民之不与者半。以鲁之众，加齐之半，可克也。"

【与】 补从。

【克】 补胜。

公曰："子告季孙季康子。"

○正《论语·宪问》版本中，鲁哀公让孔子去告诉季孙、孟孙、叔孙三人,与《左传》不同。

孔子辞,退而告人曰:"吾以从大夫之后也,故不敢不言。"

【吾以从大夫之后也】 补 我因为曾跟随在诸位大夫之后。此为谦辞,实际意思是"我因为曾担任过大夫"。

哀公十四年·九

地理 晋、卫见哀地理示意图1。

人物 赵简子(昭二十五·二·春秋)

春秋 秋,晋赵鞅赵简子帅师伐卫。

哀公十四年—哀公十五年(哀公十五年·一)

地理 鲁、陈、楚、齐见哀地理示意图1。鲁、齐、成见哀地理示意图4。

人物 孟懿子(昭七·九·二·一)、宗竖(哀十四·六)、辕买、孟孺子泄/孟武伯(哀十一·一·四)、公孙宿

春秋 八月辛丑十三日,仲孙何忌孟懿子卒。

冬,陈宗竖自楚复入于陈,陈人杀之。
○ 正 此条《春秋》无对应《左传》。

陈辕买出奔楚。
○ 杨 辕买出奔,疑与宗竖被杀有关。
○ 正 此条《春秋》无对应《左传》。

有星孛 bèi。
○ 补 参见文十四·七·春秋。
○ 正 此条《春秋》无对应《左传》。

[我]饥。
○ 正 此条《春秋》无对应《左传》。

十有(又)五年,春,王正月,成叛。
【成】 补 见桓六·三·春秋。此时为孟氏采邑。

左传 [一] 初,孟孺子泄将围 yǔ 马于成。成宰公孙宿不受,曰:"孟孙孟懿子为成之病,不围马焉。"孺子孟孺子泄怒,袭成,从者不得入,[孺子]乃反(返)。成有司使[于孟氏],孺子鞭之。

【圍馬】正补养马。孟孺子泄想做的应该不是养一两匹马,而是建设一个需要耗费大量民财民力才能运营的大型养马场,所以才会遭到成宰公孙宿的反对。

【宰】补邑宰,见襄七·三·一。【公孙宿】补姬姓,名宿,字成。孟氏成邑宰。哀十五年以成叛于齐。同年齐人归成于鲁,公孙宿以其兵甲入于嬴。

【孟孙……马焉】正补孟孙考虑到成邑民众贫困,因此不[在成邑]养马。公孙宿这是以孟孺子泄父亲孟懿子的命令来回绝孟孺子泄的不合理要求。

【成有司使,孺子鞭之】正补成邑孟氏家臣派使者[去位于国都的孟氏家中解释],孟孺子泄鞭打了使者。孟孺子泄因为养马之事对成邑家臣怀恨在心,借此机会发泄愤恨。

[二]秋,八月辛丑[十三日],孟懿子卒。成人奔丧,[武伯]弗内(纳)。[成人]袒、免 wèn(绕),哭于衢 qú,听共(供),[武伯]弗许。[成人]惧,不归[成]。

【袒】补脱去上衣。【免】补见僖十五·八·一·六。

【衢】补大街。

【听共】正补愿听[孟武伯]役使。孟武伯即孟孺子泄。

[三]十五年,春,成叛于齐。武伯[孟武伯]伐成,不克,遂城输。

【输】杨补鲁地,靠近成邑。

哀公十五年·二

地理齐、北燕、郑、宋、楚、吴、陈见哀地理示意图 1。郑、宋、楚、吴、陈、桐汭见哀地理示意图 5。

人物高无丕(哀十一·一·一)、郑声公(哀二·二·四·三)、王子申(昭二十六·七·二)、王子结(定三—定四·十八·二)、陈闵公

（哀元・二・春秋）、公孙贞子、吴王夫差（定十四・五・二）、伯嚭（定三—定四・七）、芋尹盖

春秋　夏，五月，齐高无丕 pī 出奔北燕。

○正 此条《春秋》无对应《左传》。

郑伯郑声公伐宋。

○正 此条《春秋》无对应《左传》。

左传【一】夏，楚子西王子申、子期王子结伐吴，及桐汭 ruì。

【桐汭】补桐水汇入江水—五湖间古水道处。吴地。参见《图集》29—30⑤10。【桐】正 杨 补水名，今称桐汭河，源出今安徽广德扬滩乡扬家冲，至朗溪县合溪口与无量溪河汇合后为郎川河，注入南漪湖。春秋时桐水参见《图集》29—30⑥11 至⑤10。

【二】陈侯陈闵公使公孙贞子吊焉，及良而[贞子]卒。[陈人]将以[贞子之]尸入。

【陈侯使公孙贞子吊焉】正 补陈闵公[因为楚伐吴，故]派遣公孙贞子[到吴]慰问。【公孙贞子】杨 补妫姓，谥贞。陈哀公（襄五・八・春秋）之孙。陈大夫，官至卿位。任司城（卿职）。哀十五年卒。
【良】正吴地。
【将以尸入】补[陈人]将抬着公孙贞子的尸体进入[吴都]。此举所依礼制详见下。

吴子吴王夫差使大（太）宰嚭 pǐ，伯嚭劳，且辞曰："以水潦 lǎo 之不时，无乃廪（滥）然陨大夫公孙贞子之尸，以重 zhòng 寡君吴王夫差之忧。寡君敢辞。"
【大宰】补见定三—定四・七。

【无乃廪然陨大夫之尸】杨 补 恐怕大水泛滥冲坏了大夫的尸首。

上介芋尹盖对曰：

【上介】补 首席副手。【芋尹盖】正 杨 补 名盖。陈大夫。任芋尹。

"寡君陈闵公闻楚为不道，荐伐吴国，灭厥民人。寡君使盖芋尹盖备使，吊君吴王夫差之下吏。无禄，使人公孙贞子逢天之戚，大命陨队（坠），绝世于良。[臣]废日共（供）积，一日迁次。今君命逆使人曰'无以尸造于门'，是我寡君之命委于草莽也。

【不道】补 无道。

【荐】正 杨 重，屡。

【厥】补 其。

【备使】杨 此为谦辞，言己无才德，备列于使者之位而已。

【戚】杨 忧。

【绝世】正 补 弃世，去世。

【废日共积，一日迁次】正 补 [我们]耗费时日[设法]供应积蓄[从去世到入敛前所需的丧事财物，又怕耽误使命]，每日变换住地[，加紧赶路]。次，住地。

【委】补 弃。

"且臣闻之曰：'事死如事生，礼也。'于是乎有朝聘而[使人]终、以[使人之]尸将 jiàng 事之礼，又有朝聘而遭丧之礼。[臣]若不以尸将 jiàng 命，是遭丧而还也，无乃不可乎！以礼防民，犹或逾之；今大夫曰'死而弃之'，是弃礼也，其何以为诸侯主？

【朝聘……之礼】正 杨 补 朝聘过程中[正使]死去，奉[使者]尸体执行使命之礼。依《仪礼·聘礼》，使者在受聘国境内死亡，则聘问仍要继续进行。受聘国君主为死者提供办敛殡的所有物品，并使死者在国都内客馆中停殡。受聘国君主前往吊唁，副使担任丧主。使团抬使者灵柩到达受聘国朝廷,副使代替使者执行使命。丧主从对方赠送的助丧之物中选择丧葬所必需的物品带回国。受聘国君主以对待使者之礼对待副使,副使不必推辞。副使不参加受聘国的宴请。此礼不以使者去世而废其使命,符合上述"事死如事生"的原则。此次陈使者公孙贞子入吴境而卒,吴不提供殡敛用具,又不许公孙贞子之柩进入吴都,皆为非礼。

【朝聘而遭丧之礼】｜正｜｜杨｜｜补｜朝聘过程中遭遇受聘国丧事之礼。其中聘而遭受聘国君主丧之礼详见文六·四·一,主要是受聘国接待的礼数大为减损,最关键的变动是使者已无法面见受聘国君执行使命。

【若不……可乎】｜补｜如果[吴人迫使我们违反朝聘而终、以尸将事之礼,]不奉[公孙贞子]尸体[见受聘国君主]执行使命[,而就这样折返回国],这就相当于使团[入受聘国境之后]遭遇[受聘国君主]丧事[因此不面见受聘国君主执行使命]而折返回国了,[这等于是让受聘国无缘无故有了君主之丧,]恐怕不可以吧!

【以礼防民,犹或逾之】｜补｜以礼制来限制民众,尚且还有人要逾越它。

"先民有言曰:'无秽虐士。'备使^{芊尹盖}奉尸将命,苟我寡君之命达于君所,虽陨于深渊,则天命也,非君与涉人之过也。"

【无秽虐士】｜正｜｜杨｜｜补｜不要认为死者污秽。虐士,死者。芊尹盖意谓,吴宁可违礼也要拒绝使者灵柩入都城,应该是认为死者污秽。

【涉人】｜杨｜｜补｜吴外朝官,主管渡口。

吴人内(纳)之。

哀公十五年·三

｜地理｜鲁、晋、卫、郑、齐、楚见哀地理示意图 1。鲁、卫、齐、冠氏、成、嬴、济水见哀地理示意图 4。

人物 赵简子（昭二十五·二·春秋）、晋定公（昭三十一·一·春秋）、公孟彄（定十二·二·春秋）、陈瓘（哀十一·一·七·一）、仲由（定十二·二·二·一）、陈成子（庄二十二·三·四·三）、子服景伯（哀三·三·一）、端木赐（定十五·一·一）、公孙宿（哀十四—哀十五·一）、周公旦（隐八·二）、齐平公、鲁哀公（哀元·〇）

春秋 秋，八月，[我]大雩 yú。

【雩】补 见桓五·四·春秋。

〇正 此条《春秋》无对应《左传》。

晋赵鞅 赵简子帅师围卫。

〇正 此条《春秋》无对应《左传》。

冬，晋侯 晋定公伐郑。

〇正 此条《春秋》无对应《左传》。

[我]及齐平。

卫公孟彄 kōu 出奔齐。

〇正 补 此条《春秋》无对应《左传》。哀十年公孟彄背叛太子蒯聩而归于卫，投靠卫出公（参见哀十·六）。如今公孟彄在太子蒯聩归国前夕又出奔齐，可能是事先得到了消息，担心太子蒯聩归国后会遭到诛杀。

左传 【一】秋，齐陈瓘 guàn 如楚。

过卫，仲由见之，曰："天或者以陈氏为斧斤，既斫 zhuó 丧 [齐]公室，而他人有之，不可知也；其使终飨之，亦不可知也。若 [陈氏]善鲁以待时,不亦可乎? 何必恶焉?”

【斧】补砍斫工具,刃面与柄平行。

【斤】补砍斫工具,刃面与柄垂直。

【斫】补砍。

【其使终飨之】正杨补或者将使得[陈氏]最终享有齐。飨,受,享有。

【若善……可乎】补如果[陈氏]与鲁友好以等待时运[的最终归宿],不也可以吗?

子玉陈瓘曰:“然,吾受命矣。子仲由使告我弟陈成子。”

○杨补本年早先孟氏成邑叛于齐,齐、鲁因此关系紧张。仲由虽然此时出仕于卫,但这里是在为其祖国鲁而谋划。

【二】冬,及齐平。子服景伯如齐,子赣gòng,端木赐为介。

[子赣]见公孙成公孙宿,曰:“人皆臣人,而有背人之心。况齐人,虽为子役,其有不贰乎? 子,周公周公旦之孙也。多飨大利,犹思不义。利不可得,而丧宗国,将焉用之?”

【人皆……贰乎】正补人们都做臣下,还有背叛他人的念头。何况齐人[并不是您的臣下],虽然为您服役,能没有二心么?

【孙】杨后代。

【而丧宗国】正补指公孙宿以成叛于齐,使其祖国鲁有危亡之祸。成邑为鲁北方重镇,参见文六·二·三。

成公孙宿曰:“善哉! 吾不早闻命。”

○杨君子出奔他国后所应守之义参见哀八·二·一。

【三】陈成子馆客,曰:“寡君齐平公使恒陈成子告曰:‘寡君愿事君鲁哀公如事卫君。'"

【馆客】正 杨 补 杜注认为是"使客人到客馆住下",也就是将"馆"视为动词。杨注引《左氏会笺》认为是"前往客馆会见客人"。杜注更符合文法。

【寡君】补 齐平公。姜姓,名骜,谥平。齐悼公(哀五·二·四·一)之子,齐简公(哀六·八·一)之弟。哀十五年即位,在位三十五年。获麟之岁(哀十四年)后三十五年卒。

【寡君愿事君如事卫君】补 我国君主希望像事奉卫君一样事奉贵国君主。言下之意是,齐希望鲁改变态度,如同卫一样与齐交好。

景伯子服景伯揖子赣端木赐而进之。[子赣]对曰:

【景伯揖子赣而进之】杨 子服景伯向端木赐作揖,让他上前对答。

"寡君鲁哀公之愿也。

昔晋人伐卫,齐为卫故,伐晋冠氏,丧车五百。[齐]因与卫地,自济以西,禚 zhuó、媚、杏以南,书社五百。

【冠氏】正 杨 补 在河南馆陶。晋邑。参见《图集》22—23⑤12。

【济】补 见隐三·七。

【禚】补 见庄二·四·春秋。

【媚、杏】补 见定九·五·三·一。

【书社五百】正 杨 补 记载在户籍上的赠地人口有五百社(每社二十五户)。

○补 此役,杜注以为即定九年所叙齐伐晋夷仪之役。夷仪之役大概经过如下:定八年晋人伐卫,定九年齐伐晋夷仪以报之。齐师攻克夷仪之后,前往五氏与卫师会合,在途中被晋中牟之师击败。战役结束后,齐景公将禚、媚、杏三邑赠予卫。窃以为此处所叙齐伐晋冠氏之役与定九年所叙齐伐晋夷仪之役为两事,且定九年齐伐夷仪在前,此处所叙齐伐晋冠氏之役在后。定九年夷仪之役之后,卫得齐禚、媚、杏三邑。而本年所叙冠氏之役后，齐又送给卫济水以西，禚、媚、杏以南的五百社人家。

吴人加敝邑以乱，齐因其病，取谨与阐，寡君是以寒心。［寡君］若得视卫君之事君齐平公也，则固所愿也。"

【吴人……与阐】[正][补]吴人把祸乱加给我国，齐趁我国困顿之时，夺取了谨与阐。指哀八年吴伐鲁（哀八·二），及齐伐鲁，取谨与阐（哀八·三）。

【若得……愿也】[补]［我国君主］若能比照卫君那样事奉贵国君主，那本来就是所希望的。齐人在哀八年已将谨、阐二邑归还鲁，因此端木赐提及谨、阐，并非为了索要此二邑，而是为了影射成邑。端木赐此处所言表面上为鲁君希望比照卫君而事奉齐君，而实际所指是上文陈成子所言齐君希望比照卫君而事奉鲁君。端木赐意谓，如果齐君真能做到比照卫君而事奉鲁君，就应该像当年赐予卫君城邑土田一样，将叛变的成邑归还鲁。

成子陈成子病之，乃归成。公孙宿以其兵甲入于嬴。

【病之】[正][补]以端木赐之言为忧。

【成】[补]见桓六·三·春秋。

【嬴】[补]见桓三·二·春秋。

哀公十五年—哀公十六年(哀公十六年·一)

地理 卫、鲁、宋、周见哀地理示意图1。卫、鲁、宋、周、单、戚见哀地理示意图3。

人物 太子蒯聩/卫后庄公(定十四·八·春秋)、卫出公(哀二·二·二)、子还成、孔文子(昭七·十二·一·一)、孔伯姬、孔悝、浑良夫、寺人罗、栾宁、仲由(定十二·二·二·一)、召获、高柴、公孙敢、石乞、孟黡、褚师声子、鄢武子、卫灵公(昭七·十二·一·一)、南子(定十三—定十四·二)、周敬王(昭二十二—昭二十三·春秋)、单平公(哀十三·三·一)

春秋 十有(又)六年春,王正月己卯二十九日,卫世子蒯kuǎi聩太子蒯聩自戚入于卫。卫侯辄卫出公来奔。

【戚】 补 见文元·三·春秋。

○ 正 补 太子蒯聩进入卫都夺权之事,《春秋》在哀十六年春正月,《左传》在哀十五年十二月后的闰月。可能《春秋》依据的是卫人通告上所书时间,而《左传》依据的是事情实际发生时间。

二月,卫子还xuán成出奔宋。

【子还成】 正 补 子还氏,名成,字瞒。卫大夫,官至卿位。任司徒(卿职)。哀十六年奔宋。

左传 [一] 卫孔圉yǔ,孔文子取(娶)大(太)子蒯聩之姊孔伯姬,生悝kuī,孔悝。孔氏之竖浑良夫长而美,孔文子卒,[良夫]通于内。大(太)子太子蒯聩在戚,孔姬孔伯姬使之浑良夫焉。大(太)子与之浑良夫言曰:"苟使我入获国,[我使汝]服冕、乘轩,三死无与yù。"[良夫]与之盟,为[大子]请于伯姬孔伯姬。

【大子蒯聩之姊】 正 补 孔伯姬。卫女,姬姓,排行伯。卫灵公(昭七・十二・一・一)之女,卫后庄公(定十四・八・春秋)(太子蒯聩)之姊,孔文子(昭七・十二・一・一)之妻,孔悝之母。

【悝】补孔悝。姞姓,孔氏,名悝,排行叔。孔文子之子。卫大夫,官至卿位。哀十六年奔宋。

【孔氏……而美】杨补孔氏小吏浑良夫长大以后相貌俊美。【竖】补卫卿大夫家臣,供使唤的小吏。

【通于内】正补[浑良夫]在家里[与孔伯姬]通奸。

【大子……之焉】正补定十四年太子蒯聩出奔,哀二年晋人送太子蒯聩入于戚,此时仍在戚。孔伯姬派浑良夫去见太子蒯聩。

【服冕……无与】正杨补[我给你]大夫的冠服、车辆,赦免三次死罪。冕,大夫礼服。轩,大夫用车,参见闵二・五・二。浑良夫本为孔氏家臣,位在大夫之下,故太子蒯聩许以大夫车服。

[二] 闰月闰十二月,良夫浑良夫与大(太)子太子蒯聩入,舍 shè 于孔氏之外圃。昏,二人蒙衣而乘 chéng,寺人罗御,如孔氏。孔氏之老栾宁问之,[寺人罗]称姻妾以告,遂入,适伯姬孔伯姬氏。既食,孔伯姬杖戈而先,大(太)子与五人介,舆豭 jiā 从之。[大子之徒]迫孔悝于厕,强盟之,遂劫[孔悝]以登[孔氏之]台。栾宁将饮酒,炙 zhì 未熟,闻乱,使告季子仲由,召获驾乘 shèng 车,[栾宁]行爵食炙,奉卫侯辄卫出公来奔。

【外圃】杨家外的菜园。

【二人……孔氏】正杨补二人(浑良夫与太子蒯聩)以衣蒙头[伪装成妇人]而乘车,由[照顾女眷的]寺人罗驾车,前往孔氏。二人之所以要假扮成妇人,是由于春秋之时妇人出行依礼应遮蔽面容(见成十七・四・一),使得二人有可能蒙混过关。【寺人】补卫内朝官,即后世之宦官。

【孔氏之老】补孔氏家宰。“老”参见襄十七・六。

【姻妾】正补孔氏姻亲家的婢妾。

【介】正补身穿甲胄。

【舆豭】 正 补 抬着公猪,用作与孔悝盟誓的牺牲。

【炙】 补 烤肉。

【使告季子】 正 补 仲由此时为孔氏邑宰,在卫都城外,故家宰栾宁派人告乱。

【行爵】 补 举爵饮酒。

[三·一] 季子仲由将入,遇子羔高柴将出,曰:"门已闭矣。"

【子羔】 正 补 高柴。姜姓,高氏,名柴,字羔,排行季。齐文公之后。应为齐人,孔子弟子,比孔子小 30 岁(一说为 40 岁)。曾任鲁季氏费邑宰、武城宰、孟氏成邑宰。哀十五年已至卫,任士师。哀十五年自卫归于鲁。据《大戴礼记·卫将军文子》,孔子弟子端木赐认为:"自见孔子,入户未尝越屦,往来过人不履影,开蛰不杀,方长不折,执亲之丧,未尝见齿,是高柴之行也。孔子曰:'高柴执亲之丧则难能也,开蛰不杀则顺天道也,方长不折则恕也。恕则仁也。汤恭以恕,是以日跻也。'"

【门】 杨 城门。

季子曰:"吾姑至焉。"

子羔曰:"弗及,不践其难 nàn!"

【弗及,不践其难!】 正 补 来不及了,不要去遭受祸难! 不,勿。

季子曰:"食焉,不辟(避)其难。"

【食焉】 正 吃孔氏的俸禄。

子羔遂出,子路仲由入。

[子路]及门,公孙敢门焉,曰:"无入为也。"

【门】杨 孔氏家门。

【公孙敢】补 孔悝家臣。【门焉】正 守门。

季子曰："是公孙公孙敢也，求利焉，而逃其难。由仲由不然，利其禄，必救其患。"

有使者出，［子路］乃入，曰："大（太）子太子蒯聩焉用孔悝？虽杀之孔悝，必或继之。"且曰："大（太）子无勇，若燔 fán 台，半，［大子］必舍孔叔孔悝。"

【燔】补 烧。

【半】补 烧到一半。

大（太）子闻之，惧，下石乞、盂黡 yǎn 敌子路，以戈击之，断［子路之冠］缨。子路曰"君子死，冠不免"，结缨而死。

【缨】补 冠带。

○补 石乞、盂黡应是上文所述身穿甲胄五人中的两人。从本段记叙可知，仲由所戴为冠而非胄（头盔），因此可推知仲由没有穿戴甲胄。仲由不敌二人，可能与此有关。

【三·二】孔子闻卫乱，曰："柴高柴也其来，由仲由也死矣。"

○正 **传世文献对读**：《孔子家语·曲礼子夏问》记载了孔子哭仲由之事，《礼记·檀弓上》亦有记载而不全，可扫码阅读《孔子家语》原文。

【四】孔悝立庄公卫后庄公。庄公害故政，欲尽去之，先谓司徒瞒成子还成曰："寡人离（罹）病于外久矣，子请亦尝之。"［瞒成］归告褚 zhǔ 师比褚师声子，欲与之伐公卫后庄公，不果。十六年，春，瞒成_{子还成}、褚师比出奔宋。

【庄公害故政】正补卫后庄公把卫出公旧臣当成祸害。害，以……为害。

【司徒】补卫外朝官，卿职。

【离病】杨补遭遇困苦。

【褚师比】正补褚师声子。名比，谥声。褚师定子（哀二十六·一·一）之子。卫大夫，任褚师。哀十六年奔宋。哀二十五年前已归于卫。【褚师】补见昭二十·五·一。

○补下启哀十六年卫后庄公逐孔悝（见哀十六·三）。

【五】卫侯_{卫后庄公}使鄢_{yān}武子告于周，曰："蒯_{kuǎi}聩_{卫后庄公}得罪于君父_{卫灵公}、君母_{南子}，逋_{bū}窜于晋。晋以王室之故，不弃兄弟，置诸_(之于)河上。天诱其衷，〔蒯聩〕获嗣守封焉，使下臣胖_{xī}，_{鄢武子}敢告执事。"

【鄢武子】正补鄢氏，名胖，谥武。卫大夫。

【蒯聩……于晋】补太子蒯聩奔晋之事见定十四·八。逋，逃。

【晋以……河上】正杨补晋赵简子率师纳太子蒯聩于戚之事见哀二·二。晋、郑同为姬姓国，故称"兄弟"。河上，指戚邑（见文元·三·春秋），因其位于河水岸边。

【天诱……封焉】补老天开眼，〔蒯聩〕得以嗣位为君。天诱其衷参见僖二十七—僖二十八·二十三·二。守封，诸侯所守封疆。

王_{周敬王}使单平公对曰："胖以嘉命来告余一人。往谓叔父_{卫后庄公}：余嘉乃成世，复尔禄次。敬之哉，方天之休。〔乃〕弗敬，〔天〕弗休，悔其可追？"

【余一人】补见成二·八。

【叔父】补参见僖八—僖九·三·二。

【余嘉乃成世】正补我赞许你继承先世。

【禄次】正 杨 禄位,指君位。

【方天之休】杨 补 保有上天的赐福。方,有。休,赐。

【弗敬,弗休】杨 [己若]不敬,[则天]不赐福。

哀公十六年·二

地理 鲁见哀地理示意图1。

人物 孔子(僖二十七—僖二十八·二十五·三)、鲁哀公(哀元·〇)、端木赐(定十五·一·一)

春秋 夏,四月己丑十一日,孔丘孔子卒。

左传 [一] 夏四月己丑,孔丘卒。公鲁哀公诔 lěi 之曰:"旻 mín 天不吊 dì,不憖 yìn 遗一老。俾 bǐ 屏 bǐng 余一人以在位,茕 qióng 茕余在疚。呜呼哀哉! 尼父 fǔ,孔子,无自律。"

【诔】杨 致悼辞。

【吊】杨 善。

【憖】补 愿。

【俾】正 使。【屏】正 杨 扞蔽。

【茕茕】补 孤独貌。【疚】正 病。

〇 正 杨 补 鲁哀公悼辞内容:"上天不善,不肯留下这一位国老,使他捍蔽我坐在这国君的位子上,而使我孤零零地忧愁成病。呜呼哀哉! 尼父,我失去了律己的榜样。"此篇悼辞中,"旻天不吊"化引自《毛诗·小雅·节南山》"不吊昊天","不憖遗一老"见于《毛诗·小雅·十月之交》,"茕茕余在疚"化引自《毛诗·周颂·闵予小子》"嬛嬛在疚"。

[二] 子赣 gòng,端木赐曰:"君鲁哀公其不没于鲁乎! 夫子孔子之言曰:'礼失则昏,名失则愆 qiān。'失志为'昏',失所为'愆'。[君]生不能用[夫子],死而诔之,非礼也;[君]称'一人',非名也。君两失之。"

【君其不没于鲁乎】补 国君恐怕不能在鲁善终吧！据哀二十七·四·三及《史记·鲁周公世家》，则鲁哀公于哀二十七年逊于邾，遂如越，国人迎哀公复归，卒于鲁大夫公孙有山氏，此为端木赐预言之验。

【称'一人'，非名也】正 补 自称"一人"，这不合于名分。"一人"即"余一人"，是周王自称之辞(参见成二·八)，诸侯国君不当用。实际上，鲁哀公此处是用其本义，即"我独自一人"，不慎而与周王自称之辞相重而违礼。

○补 传世文献对读：《孔子家语·终记解》记载了孔子去世和去世后丧葬悼念之事，相关记载又散见于《礼记·檀弓上》《礼记·玉藻》《史记·孔子世家》，可扫码阅读《孔子家语》原文。

哀公十六年·三

地理 卫、宋见哀地理示意图1。卫、宋、平阳见哀地理示意图3。

人物 卫后庄公(定十四·八·春秋)、孔悝(哀十五—哀十六·一)、孔伯姬(哀十五—哀十六·一)、子伯季子、许公为

左传 六月，卫侯卫后庄公饮 yìn 孔悝 kuī 酒于平阳，重 zhòng 酬之孔悝，大夫皆有纳焉。[孔悝]醉而[卫侯]送之孔悝，夜半而[卫侯]遣之孔悝。[孔悝]载伯姬孔伯姬于平阳而行。

【平阳】正 杨 补 在河南滑县东南。卫邑。参见《图集》24—25③5。

【重酬……纳焉】正 杨 补 [酒宴过程中，卫后庄公]赐予孔悝丰厚的酬币，并使大夫也都[向孔悝]进献财货。此为驱逐孔悝前奏，参见昭二十一·四·二。

【醉而……遣之】补 [孔悝]喝醉后[卫后庄公使人]送他[回家休息]，半夜[卫后庄公又派人去]把孔悝打发走。据哀十五—哀十六·四，卫后庄公认为卫出公旧臣是祸害，想要把他们都赶走。孔悝为卫出公旧臣之首，受卫后庄公逼迫而立其为君。卫后庄公疑孔悝实不

服己,因此将他赶走。

【载伯姬于平阳而行】正 补[孔悝用马车]载着[他的母亲]孔伯姬
从平阳出走。

及[平阳]西门,[孔悝]使贰车反(返)[取]祏 shí 于西圃。子伯季子初
为孔氏臣,新登于公卫后庄公,请追之。[季子]遇载祏者,杀[载祏
者]而乘其车。许公为反(返)[取]祏,遇之子伯季子,曰"与不仁人
争明,无不胜",必使[季子]先射。[季子]射三发,皆远许为许公为。
许为射之子伯季子,[季子]殪 yì。或以其车从[公为],得祏于橐
tuó 中。

【使贰车反祏于西圃】正 补[孔悝]使副车返回西圃[去宗庙]取装
神主牌位的石函。【贰车】补见昭二十·五·三·二。【祏】补见
庄十四·二·二。

【子伯季子】补子伯氏,排行季。疑为襄十四年子伯(冈二·五·
二)之后。本为孔氏家臣,哀十六年前升为卫后庄公之大夫。

【新登于公】正 补新近被提拔为卫后庄公之臣。登,升。

【许公为反祏】正 补[孔悝怪载祏者久不来,故使]许公为返回[再
取]石函。【许公为】补孔悝家臣。哀十六年随孔悝奔宋。

【争明】杨争强。

【殪】杨死。

【橐】补口袋。

孔悝出奔宋。

哀公十六年·四

地理楚、宋、郑、晋、吴、齐见哀地理示意图 1。楚、宋、郑、晋、吴、城
父(近湛水)、叶、白、慎、蔡(蔡 1,此时为楚县)、方城见哀地理示意
图 5。

人物 太子建(昭十九・二)、王孙胜、王子申(昭二十六・七・二)、沈诸梁(定五・五・八・二)、王子结(定三—定四・十八・二)、王孙平、石乞、楚惠王(哀六・六・二)、熊宜僚、管修、王子启(哀六・六・一)、圉公阳、昭夫人(哀六・六・二)、蓝固(定三—定四・十三)、王孙燕、王孙宁、鲁阳文子

左传【一】楚大(太)子建太子建之遇谗也,自城父奔宋。[子木]又辟(避)华氏之乱于郑,郑人甚善之。[子木]又适晋,与晋人谋袭郑,乃求复焉。郑人复之如初。晋人使谍于子木太子建,[谍]请行而[与子木]期焉。子木暴虐于其私邑,邑人诉之。郑人省xǐng之,得晋谍焉,遂杀子木。

【楚大……奔宋】正 补 太子建遭费无极谗言而自城父奔宋之事见昭二十・三。

【又辟……善之】正 补 [昭二十年太子建]又避华氏之乱而奔郑,郑人非常善待他。

【又适……复焉】补 [太子建]又前往晋,与晋人谋划袭击郑,[作为计划的一部分,太子建]于是要求回到郑。

【晋人……期焉】正 杨 补 晋人派间谍和太子建联系,[间谍使命完成后]请求上路[返晋],并与[太子建]约定了[袭郑]日期。一说"而"字为衍文,原文作"晋人使谍于子木,请行期焉",译为"晋人派间谍与太子建联系,请示袭郑的行动日期"。

【省】杨 检查。

【二】其太子建子曰胜王孙胜,在吴。子西王子申欲召之。

【胜】补 王孙胜。芈姓,名胜。太子建(昭十九・二)之子,楚平王(昭元・一・三)之孙。楚大夫,任白县公。哀十六年作乱,事败自缢而死。

叶shè公沈诸梁曰:"吾闻胜也诈而乱,无乃害乎?"

【叶】⬚补见宣三·八·二·三。

子西曰："吾闻胜也信而勇，不为不利。[吾将]舍 shè 诸(之于)边
竟(境)，使卫藩焉。"

【舍】⬚补安置。

【卫藩】⬚正⬚补捍卫[国家]，[做]藩篱屏障。

叶公曰："周仁之谓信，率义之谓勇。吾闻胜也好复言，而求
死士，殆有私乎？复言，非信也。期死，非勇也。子必悔之。"

【周仁】⬚杨密合仁。周，密合。

【率义】⬚杨循义而行。率，循。

【复言】⬚正⬚杨⬚补[一定要]实践诺言[，不顾是否合于道义]。

【私】⬚杨私心。

【期死】⬚正⬚补[怀着]必死[之心行事，而不顾是否合于道义]。
期，必。

○⬚补**传世文献对读**：《论语·子路》"[子]曰：'言必信，行必果，
硁硁然小人哉！'"，可作王孙胜为人格局之注脚。

[子西]弗从。[子西]召之王孙胜，使处吴竟(境)，为白公。

【吴竟】⬚杨⬚补[楚、]吴边境[的楚一侧]。

【白】⬚正⬚杨⬚补在今河南息县临河乡宣楼村有白公故城遗址，应即
此地。楚县，位于吴、楚边境。参见《图集》29—30④7。《图集》标注
不准确，本书示意图依据《图志》标注。

○⬚补**传世文献对读**：《国语·楚语下》叙叶公论白公必乱楚国之
事，可扫码阅读。

【三】［胜］请伐郑。子西王子申曰："楚未节也。不然,吾不忘也。"他日,［胜］又请,［子西］许之。

【楚未节也】正补楚［政事］尚不合乎法度。节,法度。

［楚］未起师,晋人伐郑,楚救之郑,与之盟。胜王孙胜怒,曰:"郑人在此,仇不远矣。"

【晋人伐郑】杨应指哀十五年晋定公伐郑之事（哀十五·三·春秋）。

胜自厉（砺）剑,子期王子结之子平王孙平见之,曰:"王孙王孙胜何自厉（砺）［剑］也?"

【厉】杨磨。

【平】补王孙平。芈姓,名平。王子结（定三—定四·十八·二）之子,楚平王之孙。

［胜］曰:"胜以直闻,不告女（汝）,庸为直乎?［吾］将以［此］杀尔父王子结。"

【庸为直乎】补哪里能算得上爽直呢? 庸,岂。

平王孙平以告子西。子西曰:"胜如卵,余翼而长 zhǎng 之。楚国第,我死,令尹、司马,非胜而谁?"

【平以告子西】杨补王孙胜为王子申所提拔,且王子申为执政,故王孙平不告己父而告王子申。

【楚国……而谁】正杨补［按照］楚［用人］的次第顺序,我死之后,令尹、司马［的位置］,不是王孙胜的还能是谁的? 王子申以为王孙胜口出狂言只是为了夺权,故有此言。【令尹】补见庄四·二·二。

【司马】补见僖二十六·三。

胜闻之,曰:"令尹_{王子申}之狂也!〔令尹〕得死,乃非我。"

【得死,乃非我】正 补〔令尹〕若得正常死亡,〔我〕就不是我。王孙胜意谓自己将杀王子申。

子西不悛 quān。

【不悛】补没有改变。

【四】胜_{王孙胜}谓石乞曰:"王_{楚惠王}与二卿士_{王子申、王子结},皆五百人当之,则可矣。"

【石乞】正 补石氏,名乞。王孙胜党羽。哀十六年随王孙胜作乱,事败被烹而死。

【卿士】正 补本为周王室执政(隐三·四·一),这里指楚国正卿级别官员,即令尹、司马。参见定元·二·一。

【皆】杨共。

乞_{石乞}曰:"不可得也。"

〔胜〕曰:"市南有熊宜僚者,若得之,可以当五百人矣。"

〔乞〕乃从白公_{王孙胜}而见之。〔乞〕与之言,说(悦)。〔乞〕告之故,〔宜僚〕辞。〔乞〕承之以剑,〔宜僚〕不动。

【辞】补辞让不从。

胜曰:"〔此所谓〕不为利诌 chǎn,不为威惕,不泄人言以求媚者,〔吾〕去之。"

【诌】杨劝。

【惕】补惧。

【去之】补〔我们〕离开吧。

【五】吴人伐慎 shèn，<u>白公</u>王孙胜败之。[白公]请以战备献，[楚子]许之，[白公]遂作乱。秋，七月，[白公]杀<u>子西</u>王子申、<u>子期</u>王子结于朝，而劫<u>惠王</u>楚惠王。<u>子西</u>以袂 mèi 掩面而死。<u>子期</u>曰"昔者吾以力事君，不可以弗终"，抉 jué 豫章以杀人而后死。

【慎】 正 杨 补 在今安徽颍上江口镇汤圩村林庄已发现其遗址（详见下）。楚邑。参见《图集》29—30④8。

【战备】 杨 补 吴人作战所用装备。

【子西以袂掩面而死】 正 补 袂，衣袖。王子申以袂掩面，是在表达自己的惭愧之情，意思是死后也没脸再面对叶公沈诸梁。参见齐桓公以素幭裹首而死（见于<u>僖十七—僖十八·三</u>所引《管子·小称》）。

【抉】 杨 拔。【豫章】 正 补 樟树（*Cinnamomum camphora*（L.）Presl），樟科常绿乔木。

○ 补 **传世文献对读**：《论语·泰伯》"子曰：'……勇而无礼则乱。……'"正可做王孙胜作乱之注脚。

○ 补 **慎城遗址**：遗址北靠济河，西靠乌江。城址平面呈长方形，长约三千米，宽约两千米。

【六】<u>石乞</u>曰："焚库、弑王楚惠王。不然，不济。"
【济】 补 成。

<u>白公</u>王孙胜曰："不可。弑王，不祥；焚库，无聚，将何以守矣？"
【聚】 补 积蓄。

<u>乞</u>石乞曰："有楚国而治其民，以敬事神，可以得祥，且有聚矣，何患？"

[白公]弗从。

〔七〕叶公沈诸梁在蔡。

【蔡】正补见隐四·二·春秋。此为楚县之蔡，即故上蔡。

方城之外皆曰："可以入矣。"

【方城之外】补参见僖二十七—僖二十八·十一"入居于申"。

子高沈诸梁曰："吾闻之，以险徼 jiǎo 幸者，其求无餍 yàn，偏重，必离。"

【以险……必离】正杨补以冒险而侥幸〔成功〕的人，贪得无厌，〔办事〕偏颇不公平，〔民众〕必然离心。偏重，不平。

〔子高〕闻其王孙胜杀齐管修也而后入。

【闻其……后入】正管修有贤名，沈诸梁听闻白公乱党杀贤人，知其可讨。【管修】正补姬姓，管氏，名修。管敬仲（庄八—庄九—庄十·三）七世孙。齐人，后至楚为阴大夫，有贤名。哀十六年被王孙胜所杀。其后为阴氏。

〔八〕白公王孙胜欲以子闾 lǘ，王子启为王。子闾不可，〔白公〕遂劫以兵。子闾曰："王孙王孙胜若安靖楚国，匡正王室，而后庇焉，启王孙启之愿也，敢不听从？若将专利，以倾王室，不顾楚国，〔启〕有死不能。"〔白公〕遂杀之，而以王楚惠王如高府，石乞尹门。圉 yǔ 公阳穴宫，负王以如昭夫人之宫。

【白公欲以子闾为王】正补哀六年楚昭王临死前曾先后欲使王子申、王子结、王子启嗣位为王（参见哀六·六·一）。此时王子申、王子结已死，故王孙胜欲使王子启为王。

【而后庇焉】补然后对我加以庇护。

【专利】补专谋私利。

【有死不能】正杨宁死也不能〔服从〕。

【高府】正 杨 补 楚都内府名。《淮南子·泰族训》:"阖闾伐楚,五战入郢,烧高府之粟。"若《淮南子》记载可靠,则此高府本为粮库,而且此前被烧毁过,此时的高府应该是重建的。

【尹门】正 杨 主守高府之门。

【围公阳】正 楚大夫。【穴宫】补 在宫墙上打洞。

【昭夫人】正 补 楚惠王之母。

[九] 叶公沈诸梁亦至,及北门。或遇之,曰:"君胡不胄? 国人望君,如望慈父母焉。盗贼之矢若伤君,是绝民望也。若之何不胄?"[叶公]乃胄而进。

【君】补 楚僭称王,县尹称公,故他人得以称叶公为"君"。参见桓十一·二。【胄】补 头盔,此处作动词用,戴头盔的意思。

又遇一人曰:"君胡胄? 国人望君,如望岁焉,日日以几(冀)。若见君面,是得艾 yì 也。民知不死,其亦夫有奋心,犹将旌君以徇 xùn 于国,而[君]又掩面以绝民望,不亦甚乎?"[叶公]乃免胄而进。

【岁】正 补 丰收。

【几】正 补 盼望。

【艾】正 安。

【民知……于国】正 杨 补 民众知道[有您率领]不会败死,大概也会人人有奋战之心,还将把您的名字写在旗帜上在都城中巡行[,以号召更多民众]。旌,表。

【掩面】杨 当时头盔两侧垂下遮掩面颊,故曰"掩面"。

[十] [叶公]遇箴尹固蔿固帅其属,将与白公王孙胜。子高沈诸梁曰:"微二子者,楚不国矣。[子]弃德从贼,其可保乎?"[箴尹固]乃从叶公。[叶公]使[箴尹固]与国人以攻白公。

【箴尹】补见宣四·五·五·二。

【与】杨助。

【微二子者，楚不国矣】正杨补若不是[子西、子期]二人，楚早就亡国了。定四年吴入郢时，王子申以王舆服立国于脾泄以保路（见定五·七·四·一），而王子结舍命掩护楚昭王逃走（见定三—定四·十八）。箴尹固当时与楚昭王同舟，亦有护卫之功，因此沈诸梁以二子之事感之。

【十一】白公王孙胜奔山而缢。其徒微之。

【其徒微之】正补他的党徒把他的尸体藏匿起来。微，匿。

[叶公]生拘石乞，而问白公王孙胜之死焉。

[乞]对曰："余知其死所，而长 zhǎng 者王孙胜使余勿言。"

[叶公]曰："[女]不言，将烹[女]。"

乞石乞曰："此事克则为卿，不克则烹。固其所也，何害？"

【克】补成。

【所】补归宿。

[叶公]乃烹石乞。

【十二】王孙燕奔頯 kuí 黄氏。

【王孙燕】正补芈姓，名燕。太子建之子，楚平王之孙，王孙胜之弟。哀十六年奔吴。【頯黄】正杨在安徽宣城境。吴地。

【十三】沈诸梁兼二事。国宁，[沈诸梁]乃使宁王孙宁为令尹，使宽

_{鲁阳文子}为司马，而老于叶。

【二事】正指令尹、司马二职。

【宁】正 补 王孙宁。芈姓，名宁，字国。王子申（昭二十六·七·二）之子，楚平王之孙。楚大夫，官至执政（继沈诸梁）。任右司马，哀十七年任令尹。有学者认为，王孙宁就是崇源铜器铭文中提到的"景之定"，是战国楚三大族（昭、屈、景）之一景氏的先祖。

【宽】正 补 鲁阳文子。芈姓，鲁阳氏，名宽，谥文。王子结之子，楚平王之孙。楚大夫，任司马。食采于鲁阳。

○ 补 沈诸梁使王孙宁为令尹之事发生在哀十七年，此处是提前说到，详见哀十七·五。

哀公十六年·五

地理 卫、晋见哀地理示意图1。

人物 卫后庄公（定十四·八·春秋）、嬖人、太叔僖子（哀十一·五·一·一）、卜人

左传 卫侯_{卫后庄公}占梦。嬖 _{bì} 人求酒于大_{（太）}叔僖子，不得，与卜人比，而告公_{卫后庄公}曰："君有大臣在西南隅，弗去，惧害。"[公]乃逐大_{（太）}叔遗_{太叔僖子}。遗_{太叔僖子}奔晋。

【嬖人】补 宠臣。

【卜人】补 卫内朝官，掌占卜，亦兼掌占梦。【比】补 勾结。

【西南隅】杨 补 国都西南角，太叔僖子所居之地。

【去】补 使……离开。

哀公十六年—哀公十七年(哀公十七年·一)

地理 卫见哀地理示意图 1。

人物 卫后庄公(定十四·八·春秋)、浑良夫(哀十五—哀十六·二·一)、太子疾、卫出公(哀二·二·二)

左传【一】 卫侯卫后庄公谓浑良夫曰:"吾继先君而不得其器,若之何?"

【吾继先君而不得其器】正 补 我继承先君却没有得到他的宝器。哀十五年卫出公奔鲁时已将先君宝器悉数带走。

良夫浑良夫代执火者而言,曰:"疾太子疾与亡君卫出公,皆君卫后庄公之子也。召之卫出公而择材焉可也。若[亡君]不材,器可得也。"

【良夫代执火者而言】正 杨 补 浑良夫[将言机密之事,所以]自己代替执火烛之人然后发言[,以防消息泄露]。然而据下文,消息最终仍然通过小吏泄露了出去。春秋时火烛见庄二十二·三·三·一。

【疾】正 补 太子疾。姬姓,名疾。卫后庄公(定十四·八·春秋)之子。哀十七年随卫后庄公出奔,被戎州人所杀。

【召之而择材焉可也】正 补 召亡君[归国],然后根据才能选择[亡君或太子疾为嗣君]。

【若不材,器可得也】正 补 如果[亡君]没有才能[成为嗣君],[废掉他,]宝器也可以得到。

竖告大(太)子太子疾。大(太)子使五人舆豭 jiā 从己,劫公卫后庄公而强盟之,且请杀良夫。

【竖】补 卫内朝官,供使唤的小吏。

【大子……良夫】正 补 太子疾派五个人抬着公猪跟着自己[,作为盟誓时的牺牲〕,劫持卫后庄公并强行与他盟誓〔,迫使卫后庄公必须立己为嗣君,〕并且请求杀了浑良夫。太子疾此举,与哀十五年孔伯姬率卫后庄公(时为太子蒯聩)等人舆猳劫孔悝而强盟之如出一辙,参见<u>哀十五—哀十六·二</u>。

公曰:"其盟免三死。"

【其盟免三死】 正 参见<u>哀十五—哀十六·一</u>。

〔大子〕曰:"请三之后,有罪杀之。"

公曰:"诺哉!"

○ 杨 补 定十四年太子蒯聩出奔。哀二年卫灵公去世,公子郢说"且亡人(太子蒯聩)之子辄(公孙辄)在",而没有说到他的另一个儿子疾(当时应该叫公孙疾),很可能当时公孙疾已跟随太子蒯聩出奔。哀十五年冬太子蒯聩进入卫都成为国君(也就是卫后庄公),而卫出公(公孙辄)则出奔至鲁。公孙疾应该是在太子蒯聩成为国君之后才被立为太子。然而,公孙疾刚被立为太子不到一年,浑良夫就提出要卫后庄公在公孙辄(卫出公)和太子疾之间挑选一个作为嗣君,太子疾因此十分厌恶浑良夫,一定要除掉他。

【二】 十七年,春,卫侯_{卫后庄公}为虎幄(幄)于藉圃。〔虎幄〕成,〔公〕求令名者,而与之始食焉。大(太)子_{太子疾}请使良夫_{浑良夫}。良夫乘 chéng 衷甸,两牡,紫衣,狐裘。〔良夫〕至,袒裘,不释剑而食。大(太)子使牵〔良夫〕以退,数 shǔ 之以三罪而杀之。

【虎幄】 杨 刻有虎纹的木屋。【藉圃】 正 补 藉田里的园圃。藉田见<u>昭十八·四</u>。圃见<u>隐十一·六·二·二</u>。

【令名者】 正 补 有好名字的人。令,善。"良夫"自然是好名字。

【衷甸】 正 杨 大夫所乘之车,应即为卫后庄公许诺的"服冕、乘轩、三死无与"(哀十五—哀十六·一)中的轩车。

【两牡】杨补 衷甸车中间两匹服马用公马。参见《知识准备》"车马"。

【紫衣】正 杨补 春秋末期紫色已成国君专用服色,臣下不应服用。浑良夫着紫衣,为不敬之举。

【袒裘】正 杨 春秋时期冬季见国君,臣内穿明衣,外加中衣,外加裘,外加裼衣,最外加朝服。依礼,见国君时仅可敞开朝服,露出裼衣。如今浑良夫因体热,敞开裘,露出中衣,为不敬之举。

【不释剑而食】正 剑为利器,不得近至尊。依礼,臣下见国君当解下佩剑。浑良夫与卫后庄公对食而不解剑,为不敬之举。

【三罪】正 紫衣、袒裘、带剑。

哀公十七年·二

地理 越、吴见哀地理示意图 1。越、吴、笠泽见哀地理示意图 5。

人物 越王句践(定十四·五·一)、吴王夫差(定十四·五·二)

左传 三月,越子越王句践伐吴。吴子吴王夫差御之笠泽,夹水而陈。越子为左右句gōu卒,使夜或左或右,鼓噪而进,吴师分以御之。越子以三军潜涉,当吴中军而鼓之,吴师大乱,遂败之。

【御】补 抵抗。【笠泽】杨补 泽名,在今江苏苏州吴江区一带。参见《图集》29—30⑤12。一般认为笠泽是吴淞江别名,然而先秦地名,江河皆称"某水",湖泊皆称"某泽",因此不从。

【句卒】补 在三军之外另设的偏军,用来引诱敌人。

【潜涉】杨 偷渡。

哀公十七年·三

地理 晋、卫、齐见哀地理示意图 1。

人物 赵简子(昭二十五·二·春秋)、卫后庄公(定十四·八·春秋)、太子疾(哀十五—哀十六二·一)、晋定公(昭三十一·一·春秋)、国观、陈瓘(哀十一·一·七·一)

左传 【一】晋赵鞅_{赵简子}使告于卫曰:"君_{卫后庄公}之在晋也,志父 fǔ,赵简子 为主。请君若大(太)子_{太子疾}来,以免志父[于罪]。不然,寡君_{晋定公}其曰志父之为也。"卫侯_{卫后庄公}辞以难 nàn。大(太)子又使椓 zhuó(诼)之。

【君之……为主】杨 补 贵国君主在晋[流亡]的时候,我是主人。定十四年太子蒯聩奔宋,后至晋。在晋期间,太子蒯聩以赵简子为主。小国公子、卿大夫以晋卿大夫为主之事参见昭三·四·二·三。

【若】杨 或。

【寡君其曰志父之为也】正 补 我国君主恐怕会说是我志父授意[卫侯不来朝见]。

【卫侯辞以难】杨 补 卫后庄公以[国内有]患难而加以推辞。当时他的一个儿子卫出公出奔在鲁(参见哀十五—哀十六·春秋),另一个儿子太子疾杀浑良夫而怨卫后庄公。

【大子又使椓之】正 杨 补 太子疾又派人[在赵简子使者面前]控诉/毁谤[他的父亲]卫后庄公。椓,是"控诉"或者"进谗言"的意思。

【二】夏,六月,赵鞅_{赵简子}围卫。齐国观、陈瓘 guàn 救卫,得晋人之致师者。子玉_{陈瓘}使[致师者]服而见之,曰:"国子_{国观}实执齐柄,而命瓘_{陈瓘}曰'无辟(避)晋师',[瓘]岂敢废命?子又何辱?"

【国观】正 补 姜姓,国氏,名观。国书(哀十一·一·春秋)之子。齐大夫,官至卿位。

【致师者】补 单车挑战的军士。

【子玉使服而见之】正 补 陈瓘使[致师者]穿上[他本来的]衣服,然后接见了他。

【国子实执齐柄】杨 补 国子掌握齐政权。此为陈瓘推卸责任之辞。

此时擅齐政者实为陈成子,陈瓘代其率师。国、高世为齐之上卿,此时则已仅有卿名,而无实权。

【子又何辱】正 补 您又何必屈尊前来? 陈瓘意谓,齐师将与晋师交战,不须致师者前来挑战。

简子赵简子曰:"我卜伐卫,未卜与齐战。"[晋师]乃还。

○补 下启本年冬晋复伐卫(哀十七·六·二)。

哀公十七年·四

地理 楚、陈见哀地理示意图 1。楚、陈、武城见哀地理示意图 5。

人物 王孙胜(哀十六·四·二)、楚惠王(哀六·六·二)、太师子谷、沈诸梁(定五·五·八·二)、右领差车、左史老、王子申(昭二十六·七·二)、王子结(定三—定四·十八·二)、观丁父、楚武王(桓六·二·一)、彭仲爽、楚文王(庄六·二·一)、王孙朝

左传【一】楚白公王孙胜之乱,陈人恃其聚而侵楚。

【楚白公之乱】补 见哀十六·四。【聚】正 杨 积聚,这里指粮食。

【二】楚既宁,将取陈麦。楚子楚惠王问帅于大(太)师子谷太师子谷与叶 shè 公诸梁沈诸梁。

【大师】补 见文元·四·四。
【子谷】补 字谷。楚大夫,哀十七年已任太师。
【叶】补 见宣三·八·二·三。

子谷太师子谷曰:"右领差车与左史老,皆相 xiàng 令尹王子申、司马王子结以伐陈,其可使也。"

【右领差车】补 楚右领,名差车。【左史老】补 楚左史,名老。【左

史】补见昭十二·十一·二。

【**令尹**】补见庄四·二·二。【**司马**】补见僖二十六·三。

子高沈诸梁曰："率贱,民慢之,惧不用命焉。"

【**率贱**】杨 补［这两个］统帅［候选人］低贱。二人之贱,似乎是由于此二人为战俘出身(参见下文所举观丁父、彭仲爽)。

子谷曰："观丁父 fǔ,鄀 ruò 俘也,武王楚武王以为军率,是以克州、蓼 liǎo,服随、唐,大启群蛮。彭仲爽,申俘也,文王楚文王以为令尹,实县申、息,朝陈、蔡,封畛 zhěn 于汝。唯其任也,何贱之有?"

【**鄀**】补见僖二十五·三。

【**克州……群蛮**】补战胜州、蓼,使随、唐顺服,大大地开导了各部蛮人。【**州**】补见桓十一·二。【**蓼**】补见桓十一·二。

【**随**】补见桓六·二·一。【**唐**】补见宣十二·一·十二。

【**彭仲爽**】补彭氏,排行仲,名或字爽。彭(宣十二·一·十一)人后代,曾为申人,后被俘入楚,官至执政(继斗祁)。任令尹。楚灭申之后,其后人彭宇为第一代申县县公。【**彭**】补商、周时国。在湖北房县境,彭水(桓十二—桓十三·二·一)上游南岸。曾参与周武王伐纣,西周晚期时仍存在,春秋初期被申所灭。参见《图集》17—18④3。

【**申**】补见隐元·四·一。

【**县申……于汝**】正 杨 补使申、息成为楚县,使陈、蔡到楚朝见,开拓封疆到达汝水。畛,边界。【**息**】补见隐十一·四·一。【**汝**】补见成十五—成十六·二。

【**唯其任也,何贱之有**】杨 补只要他能够胜任,出身低贱有什么关系?任,胜任。

子高曰："天命不谄 tāo。令尹王子申有憾于陈,天若亡之陈,其必令尹王子申之子是与,君盍(何不)舍 shè 焉?臣惧右领右领差车与

<u>左史</u>左史老有二俘之贱,而无其令德也。"

【天命不谄】正杨补天命[自有定准,]没有可疑之处。谄,疑。参见昭二十七·七"天命不慆"。

【令尹有憾于陈】正令尹对陈有遗恨。哀十五年王子申伐吴,陈使公孙贞子为此事到吴慰问,王子申因此有憾于陈。

【天若……舍焉】杨补上天若要灭陈,大概一定会派令尹的儿子去完成,国君为何不任命他? 舍,置,引申为任命。

【二俘】补观丁父、彭仲爽。

【令德】补善德。令,善。

【三】王楚惠王卜之,武城尹王孙朝吉。[王]使[武城尹]帅师取陈麦。陈人御之,败。[楚师]遂围陈。秋,七月己卯八日,楚公孙朝王孙朝帅师灭陈。

【武城尹】正补王孙朝。芈姓,名朝。王子申(昭二十六·七·二)之子,楚平王(昭元·一·三)之孙。楚大夫,哀十七年已任武城尹。

【御】补抵抗。

【秋,七……灭陈】补深疑此句本为引用《春秋》文,而上文《左传》皆为解此条《春秋》。

哀公十七年·五

地理楚见哀地理示意图 1。楚、叶见哀地理示意图 5。

人物楚惠王(哀六·六·二)、沈诸梁(定五·五·八·二)、子良、沈尹朱、王孙宁(哀十六·四·十三)

左传王楚惠王与叶 shè 公沈诸梁枚(微)卜子良以为令尹。沈尹朱曰:"吉。过于其志。"叶公曰:"王子而相 xiàng 国,过[于其志],将何为?"他日,改卜子国王孙宁,而使为令尹。

【叶】 正补 见宣三·八·二·三。

【枚卜】 正补 隐匿不提所卜之事而进行龟卜。枚,匿。卜,见《知识准备》"卜"。参见昭十二·十·二·二"枚筮"。

【子良】 正补 芈姓,字良。楚昭王之子,楚惠王之弟。【令尹】补 见庄四·二·二。

【沈尹】 补 见宣十二·一·六。

【吉。过于其志】 正补 吉利。[而且龟卜吉利的程度]超过了[楚王和叶公枚卜时内心定下的]本志(即任命子良作为令尹)。

【王子……何为】 正补 [子良身为]王子而得到令尹职位[,已经达到人臣之极限,还要]超过,那将要做什么? 令尹为楚卿之首,再往上只有楚王。这自然是楚惠王最为忌讳的事情,因此虽然是吉兆,但却因为不合占卜者之志而没有被采纳,于是有下文改卜王孙宁之事。

【他日……令尹】 杨补 哀十六·四·十三已提前谈到此事,而事情实际发生在本年。又据哀十八·二·二·一,则王孙宁之卜,正如其志,故楚人命其为令尹。

哀公十七年·六

地理 卫、宋、晋、齐见哀地理示意图 1。卫、宋、晋、齐、鄞见哀地理示意图 3。

人物 卫后庄公(定十四·八·春秋)、浑良夫(哀十五—哀十六·二·一)、胥弥赦、赵简子(昭二十五·二·春秋)、羊舌肸(襄十一·二·五·三)、卫襄公(襄三十一·七·一·一)、公孙般师、石圃(襄二十八·三)、太子疾(哀十五—哀十六·二·一)、公子青、己氏、吕姜、公子起

左传 【一】 卫侯卫后庄公梦于北宫,见人登昆吾之观 guàn,被(披)发,北面而噪曰:

【北宫】 杨 在北的寝宫。

【昆吾之观】正此观建于昆吾国旧址，必在卫都北宫南面，因此梦中之人面向北方叫喊。【昆吾】正补夏、商时国，己姓。夏仲康始封祝融之孙昆吾（参见昭十二·十一·二），始居于今河北濮阳西南（即卫都帝丘所在地），后迁于今河南许昌建安区古城村一带（即许都旧许所在）。后被夏所灭。后复国。后被商汤所灭。许昌之昆吾参见《图集》9—10③7、13—14④9。

【噪】补叫嚷。

"登此昆吾之虚（墟），

"绵绵生之瓜。

【绵绵】杨不断貌。

"余为浑良夫，

"叫天无辜。"

○正补卫后庄公本许以免浑良夫三死罪，而本年太子疾将一事拆分为三罪而杀之，故浑良夫之鬼曰"无辜"。参见哀十六—哀十七。

公卫后庄公亲筮 shì 之。胥弥赦占之，曰："不害。"[公]与之胥弥赦邑，[胥弥赦]置之而逃，奔宋。卫侯卫后庄公贞卜，其繇 zhòu 曰：

【胥弥赦】正补胥弥氏，名赦。卫筮吏。

【贞卜】杨近义词连用，都是卜问的意思。

【繇】补卜辞。

○杨先筮后卜，《左传》仅此一例。

"如鱼窥 chēng（赪）尾，衡（横）流而方（彷）羊（徉）。

【窥】正杨浅红色。《毛诗·周南·汝坟》："鲂鱼赪尾，王室如燬。"

【方羊】杨即"彷徉"，犹豫不安。

○正杨补像一条鱼尾巴发红，横穿急流而犹豫彷徨。

"裔焉大国，灭之将亡。

【裔】杨边。【焉】杨于。

○杨补位于大国边缘，[大国]兴兵来灭，将要败亡。

"阖门塞窦，乃自后逾。"

○补关上门，塞住排水洞，然后翻过后[墙]（据下文，为公宫北墙）。

[二] 冬，十月，晋复伐卫，入其郛fú。[晋人]将入城。简子赵简子曰："止！叔向羊舌肸有言曰：'怙hù乱灭国者无后。'"卫人出庄公卫后庄公，而与晋平。晋立襄公卫襄公之孙般师公孙般师而还。

【郛】补见隐五·八·一。

【怙乱灭国者无后】正杨仗着[他国的]动乱而灭掉他国的人会绝后。

【般师】补公孙般师。姬姓，名般师。卫襄公（襄三十一·七·一·一）之孙。哀十七年卫后庄公出奔，晋人立公孙般师为君。同年卫后庄公复入于卫，公孙般师出奔。同年卫后庄公死，卫人复立公孙般师。同年齐人立公子起，执公孙般师归于齐，舍于潞。

[三] 十一月，卫侯卫后庄公自鄄juàn入，般师公孙般师出。

【鄄】杨见庄十四—庄十五·春秋。

[四·一] 初，公卫后庄登城以望，见戎州。[公]问之，以告。公曰："我，姬姓也，何戎之有焉？"翦之。

【戎州】正杨补卫都之外戎人州党聚落。参见宣十一·五·三"夏州"。

【翦之】正杨指毁坏戎人聚落,掠夺其财物。

公使匠久。

○正补卫后庄公长时间使用百工匠人[不让他们休息]。

[四·二]公欲逐石圃,未及而难 nàn 作。辛巳十二日,石圃因匠氏攻公。公阖门而请,[石圃]弗许。[公]逾于北方而队(坠),折股。戎州人攻之。大(太)子疾、公子青逾从公,戎州人杀之。公入于戎州己 jǐ 氏。

【阖】补闭。
【股】补大腿。
【公子青】正补姬姓,名青。卫后庄公(定十四·八·春秋)之子,太子疾(哀十五—哀十六·二·一)之弟。哀十六年随卫后庄公出奔,被戎州人所杀。

[五·一]初,公卫后庄公自城上见己氏之妻发美,使髡 kūn 之,以为吕姜髢 tì。

【髡】杨剃发。
【吕姜】正补吕女,姜姓。卫后庄公(定十四·八·春秋)夫人。
【髢】正杨假发。

[五·二][公]既入焉,而示之璧,曰:“活我,吾与女(汝)璧。”
【璧】补见桓元·一·春秋。

己氏曰:“杀女(汝),璧其焉往?”

遂杀之卫后庄公,而取其璧。卫人复公孙般师而立之。

【六】十二月，齐人伐卫。卫人请平。[齐人]立公子起，执般师公孙般师以归，舍 shè 诸(之于)潞。

【公子起】正 补 姬姓，名起。卫灵公(昭七·十二·一·一)之子。哀十七年卫后庄公死，齐人立公子起为君，在位一年。哀十八年被石圃所逐，奔齐。

【潞】杨 见哀八·六·二。

哀公十七年·七

地理 鲁、齐见哀地理示意图 1。鲁、齐、蒙见哀地理示意图 4。

人物 鲁哀公(哀元·〇)、齐平公(哀十五·三·三)、孟武伯(哀十一·一·四)、高柴(哀十五—哀十六·三·一)、王子姑曹(哀八·二·五)、石昭子

左传【一】公鲁哀公会齐侯齐平公盟于蒙，孟武伯相 xiàng。

【蒙】正 杨 补 在山东蒙阴联城镇大城子村。鲁邑。参见《图集》26—27④4。

【二】齐侯齐平公稽 qǐ 首，公鲁哀公拜。齐人怒。武伯孟武伯曰："非天子，寡君鲁哀公无所稽首。"

【齐侯稽首，公拜】杨 补 齐平公行稽首大礼，鲁哀公仅拜[作为回礼]。稽首、拜(手)皆见僖五·二·二·一。
【非天……稽首】补 不是天子，我国君主没有行稽首大礼的对象。
○补 参见襄三年鲁襄公向晋悼公行稽首之礼(襄三·二·二)。

【三】武伯孟武伯问于高柴曰："诸侯盟，谁执牛耳?"

【执牛耳】补 见隐元·二·春秋，参见定八·五·一·二。

季羔高柴曰："鄫 zēng 衍之役，吴公子姑曹 王子姑曹［执之］；发阳之役，卫石魋 tuí，石昭子［执之］。"

【鄫衍之役，吴公子姑曹】正 补 鄫衍之役即哀七年鲁、吴鄫之盟（哀七·三）。此盟，吴为大国，而执牛耳。

【发阳之役，卫石魋】正 补 "发阳之役"即哀十二年鲁、宋、卫郧之盟（哀十二·四）。此盟，卫为小国，而执牛耳。【石魋】正 补 石昭子。姬姓，石氏，名魋，谥昭。石懿子（哀三·一）之子，石共子（襄十七·三·春秋）曾孙。卫大夫，官至卿位。曾被卫后庄公所逐出奔。哀十八年卫出公使其归国复位。

【然则彘也】正 补 那么就是我了。按当时实情，则大国、小国皆有执牛耳之例。按礼制，则执牛耳者应为小国之人。齐、鲁盟，鲁为小国，孟武伯认为应依据礼制而为，故从发阳之役，以小国之卿而执牛耳。

地理 宋、晋见哀地理示意图 1。

人物 皇瑗(哀七·一·春秋)、皇麇、田丙、剽般、向魋(定十·四·一)、子仪克、景曹(昭二十五·一·三)、宋景公(昭二十·四·三)、皇野、杞姒、皇非我、皇缓

左传【一】 宋皇瑗 yuàn 之子麇 jūn,皇麇有友曰田丙,而夺其皇麇兄鄹 chán 般邑以与之田丙。鄹般慍而行,告桓司马 向魋之臣子仪克。

【麇】 杨 补 皇麇。子姓,皇氏,名麇。皇瑗(哀七·一·春秋)之子,剽般之弟。哀十七年被宋景公所执。

【鄹般】 杨 补 子姓,鄹氏,出自皇氏,皇瑗之子。哀十七年前出奔齐。疑食采于鄹,故以邑为氏。本段所述皇麇所夺之邑疑即此鄹邑。

【鄹般……仪克】 正 补 鄹般发怒而出走,告诉向魋[旧日]家臣子仪克。哀十四年向魋出奔卫,遂奔齐。子仪克此时在宋别邑,没有参与向魋的叛乱,所以能够为鄹般所用,进入国都向宋夫人进谗言。

子仪克适宋,告夫人 景曹曰:"麇将纳桓氏 向魋。"公 宋景公问诸子仲 皇野。初,子仲将以杞姒 sì 之子非我 皇非我为子。麇曰:"必立伯也,是良材。"子仲怒,弗从。故[子仲]对曰:"右师 皇瑗则老矣,不识麇也。"公执之 皇麇。皇瑗奔晋。[公]召之。十八年,春,宋杀皇瑗。

【子仪……桓氏】 杨 补 子仪克从下邑前往宋都,告诉宋元夫人景曹说:"皇麇将要接纳桓氏(向魋)[重回国都]。"

【子仲】 正 补 皇野,皇瑗兄弟,皇麇叔伯。

【初,子……为子】 正 补 起初,皇野想要立[妾]杞姒的儿子皇非我做嫡子(继承人)。【杞姒】 补 杞女,姒姓。皇野之妾。【非我】 补 皇非我。子姓,皇氏,名非我,皇野(哀十四·七·二)庶子。宋大夫,官至卿位。哀二十六年已任司马(卿职)。

【伯】[正]指皇野长子,皇非我之兄。

【右师……麇也】[正]右师(皇瑗)已经老了,[不会作乱,]不知道[他儿子]皇麇[会不会作乱]。【右师】[补]见文七·二·一。

【召之】[正][补][宋景公]召皇瑗[归宋]。

[二] 公宋景公闻其情,复皇氏之族,使皇缓为右师。

【情】[补]实情。

【皇缓】[正][补]子姓,皇氏,名缓。皇瑗从子。宋大夫,官至执政卿(继皇瑗)。哀十八年任右师(卿职)。

哀公十八年·二

[地理]楚见哀地理示意图 1。楚、鄾、析见哀地理示意图 5。

[人物]王孙宁(哀十六·四·十三)、观瞻、楚惠王(哀六·六·二)、王孙由于(定三—定四·十六)、薳固(定三—定四·十三)

[左传][一]巴人伐楚,围鄾 yōu。

【鄾】[正][杨]见桓九·二·一。此时已为楚邑。

[二·一]初,右司马子国王孙宁之卜也,观瞻曰:“如志。”[王]故命之。

【初,右司马子国之卜也】[补]见哀十七·五。【右司马】[补]见襄二·九。

【观瞻】[正][补]观氏,名瞻。观从(昭十三·二·二)之后。楚开卜大夫。

【如志】[正][补][占卜结果正]符合[卜问的]本志。参见哀十七·五“吉。过于其志”。

[二·二] 及巴师至,将卜帅。王楚惠王曰:“宁王孙宁如志,何卜

焉?"[王]使[宁]帅师而行。[宁]请承。王曰:"寝尹王孙由于、工尹
蒍固,勤先君者也。"

【请承】 正 杨 [王孙宁]请[楚惠王任命]副手。承,佐。

【寝尹……者也】 正 补 王孙由于、蒍固,是为先君辛劳的人。定四
年吴人入郢,楚昭王出奔,王孙由于用身体为楚昭王挡戈(定三—
定四·十六),蒍固驱赶火象逼退吴师(定三—定四·十三),故曰
"勤先君者"。【寝尹】 补 楚内朝官,掌管国君寝宫。【工尹】见文
十·二·二。

【三】三月,楚公孙宁王孙宁、吴由于王孙由于、蒍 wěi 固败巴师于
鄾。[王]故封子国王孙宁于析。

【析】 杨 见僖二十五·三。

○ 补 **封君制**:封君制是战国时期重要的分封制度。在这种制度
下,国家分封城邑给重臣,并给予他"某君"的尊号,如平原君、信
陵君、春申君等。这种制度发端于春秋末年的楚。春秋时期,作
为称号的"君"是"国君"的简称。楚是列国中最早僭号称王的国
家,因此有可能将"君"号下移,与原有的卿大夫分封制度结合,
形成封君制这种新制度。根据此处"封子国于析"的记载,以及
对于曾侯乙墓中出土的"析君戟""析君黑肩戟"的分析,有学者
认为,王孙宁可能就是历史上第一个封君(析君)。当时王孙宁
已为最高行政长官令尹,又新有战功,楚惠王为了笼络他,就以
赐"君"号作为突破口,创立了封君制。这一制度建立后,马上得
到推广。曾侯乙墓入葬年代为楚惠王五十六年或稍后,墓中出
土了大量楚封君文字材料,除了见于戈铭的"析君"之外,简文上
记载的封君名有十二个之多。

【四】君子曰:"惠王楚惠王知志。《夏书》曰'官占唯能蔽志,昆

命于元龟',其是之谓乎。《志》曰'圣人不烦卜筮 shì',惠王其有焉。"

【官占……元龟】正 补 此为逸《书》,可译为"实施占卜,要能确定本志,然后才向龟甲发布命辞"。昆,后。

【蔽志】正 补 确定占卜的本志。蔽,断。

【筮】补 见《知识准备》"筮"。

哀公十八年·三

地理 卫、齐见哀地理示意图 1。

人物 石圃(襄二十八·三)、公子起(哀十七·六·六)、卫出公(哀二·二·二)、石昭子(哀十七·七·三)、太叔僖子(哀十一·五·一·一)

左传 夏,卫石圃逐其君起公子起,起奔齐。卫侯辄卫出公自齐复归,逐石圃,而复石魋 tuí,石昭子与大(太)叔遗太叔僖子。

【起奔齐】正 补 哀十七年齐人曾立公子起(哀十七·六·六),因此本年公子起奔齐。

【卫侯辄自齐复归】补 哀十五年卫出公奔鲁(哀十五—哀十六·二),遂至齐,因此本年自齐归于卫。

【石魋】【大叔遗】正 补 两人之前都被卫后庄公所逐出奔。太叔僖子之事见哀十六·五。

哀公十九年·一

地理 越、楚、吴见哀地理示意图1。越、楚、吴、三夷、冥见哀地理示意图1。

人物 王子庆、鲁阳文子（哀十六·四·十三）、沈诸梁（定五·五·八·二）

左传 【一】 十九年，春，越人侵楚，以误吴也。

【以误吴也】正 以误导吴[，使吴不防备越]。
○补 深疑此句本为解《春秋》之文。

【二】 夏，楚公子庆王子庆、公孙宽鲁阳文子追越师，至冥，不及，乃还。
【冥】正 补 今江西鄱阳附近。越地。参见《图集》20—21④7。

【三】 秋，楚沈诸梁伐东夷。三夷男女及楚师盟于敖。
【三夷】杨 今浙江宁波、台州、温州之间的东夷部族。参见《图集》29—30⑦13。【敖】正 东夷地。
○补 东夷亲附越，故楚伐东夷以报越。

哀公十九年·二

地理 鲁、周见哀地理示意图1。

人物 子叔僖仲、周敬王（昭二十二—昭二十三·春秋）

左传 冬，叔青子叔僖仲如京师，敬王周敬王崩故也。
【叔青】正 杨 补 子叔僖仲。姬姓，子叔氏，名青，谥僖，排行仲（一作伯）。子叔成子（定十一·二·春秋）之子。鲁大夫，官至卿位。
【京师】见隐六·七。
○补 深疑此句本为解《春秋》之文。

哀公二十年·一

地理 齐、鲁、郑、晋见哀地理示意图1。齐、鲁、郑、晋、廪丘见哀地理示意图3。

左传【一】二十年,春,齐人来征会。

【征】补召。

【二】夏,会于廪lǐn丘,为郑故,谋伐晋。郑人辞诸侯。

【廪丘】杨见襄二十六—襄二十七·一。此时为齐邑。

【为郑故,谋伐晋】正补哀十五年晋伐郑(哀十五·三·春秋),因此本年齐欲率诸侯为郑伐晋。

○补深疑"夏,会于廪丘,为郑故,谋伐晋"本为解《春秋》之文。

【三】秋,师还。

哀公二十年·二

地理 吴、楚、越、晋见哀地理示意图1。吴、楚、越、晋、艾见哀地理示意图5。

人物 王子庆忌、吴王夫差(定十四·五·二)、赵襄子、楚隆、赵简子(昭二十五·二·春秋)、越王句践(定十四·五·一)、蔡墨(昭二十九·四·二)

左传【一】吴公子庆忌王子庆忌骤谏吴子吴王夫差,曰"不改,必亡",[吴子]弗听。[庆忌]出居于艾,遂适楚。[庆忌]闻越将伐吴,冬,请归[吴]平越。[庆忌]遂归,欲除不忠者以说于越,吴人杀之王子庆忌。

【骤】补数,屡次。

【艾】正杨补在江西修水西司前乡龙坪村。吴邑。参见《图集》

29—30⑦6。

【请归平越】 补[王子庆忌]请求[自楚]归国[,以谋求]与越讲和。

【欲除不忠者以说于越】 杨 补[王子庆忌]想要除掉不忠[于吴王夫差]之人,以作为对于越的解说。越将伐吴,必然列数吴之罪状作为讨伐理由,因此王子庆忌希望除掉不忠之人,然后向越人解释说吴之罪都是由于这些不忠之人迷惑君王所致。现在不忠之人已除,则越人没有理由继续讨伐。不忠者,疑指伯嚭之流,受越贿赂且谄媚吴王夫差。

[二·一] 十一月,越围吴。

[二·二] 赵孟 赵襄子降于丧食。

【赵孟】 正 补 赵襄子。嬴姓,赵氏,名无恤,谥襄。赵简子(昭二十五·二·春秋)之庶子,狄女所生。晋大夫,官至卿位。哀二十年可能已任上军佐(卿职)。获麟之岁(哀十四年)后五十六年卒。

○ 正 杨 赵襄子此时在父丧中,依礼,饮食标准比平时有所降低,称为"丧食"。如今盟国吴被围将亡,而己不能救助,所以饮食标准在丧食基础上又有所降低。

○ 补 **赵简子墓**(疑似):1987 年在山西太原金胜村西、晋阳古城北郊的东周墓葬群中发现一座大型墓葬(M251)及车马坑。墓葬为长方形竖穴大墓,积石积炭,墓主葬具为一椁三棺,随葬器物 3 421 件,包括 99 件铜礼器,以及大量金石乐器、金器、玉石器。车马坑为曲尺形,内埋 44 匹马和 15 辆车。根据墓葬地理位置和年代、棺椁制度、铜礼乐器配置和车马坑规模及铜戈铭文"赵明(孟)之御戈",学者推断墓主人应为春秋晚期晋卿赵简子。

楚隆曰:"三年之丧,亲昵之极也。主 赵襄子又降之,无乃有故乎!"

【楚隆】正补楚氏,名隆。应本为楚人,哀二十年前已至晋,任赵襄子家臣。

○补春秋时期,三年之丧实际上以二十五个月为限。有学者认为,楚隆此言表明,此时赵襄子已经行完了二十五个月的"三年之丧",但仍在继续服丧,由此推测赵简子去世日期是哀十八年九月。

赵孟曰:"黄池之役,先主赵简子与吴王吴王夫差有质,曰'好 hào 恶 wù 同之'。今越围吴,嗣子赵襄子不废旧业而敌之,非晋之所能及也,吾是以为降。"

【黄池之役】正见哀十三·三。

【有质】正有过[盟誓之]信。质,信。

【嗣子……及也】正补[我这个]继承人[想要]不废弃旧日事业而[帮助吴]与越为敌,[然而]这不是晋能够做到的。

楚隆曰:"若使吴王吴王夫差知之,若何?"

赵孟曰:"可乎?"

隆楚隆曰:"请尝之。"

【尝】正试。

[隆]乃往。[隆]先造于越军,曰:"吴犯间(干)上国多矣,闻君越王句践亲讨焉,诸夏之人莫不欣喜,唯恐君志之不从,请入视之。"[越子]许之。

【先造于越军】杨补进入吴都必须经过越师包围圈,因此楚隆先到越军营地求见越王句践以寻求许可。

【犯间】补近义词连用,都是侵犯的意思。

【诸夏】补华夏诸国。

[隆]告于吴王_{吴王夫差}曰："寡君_{晋定公}之老无恤_{赵襄子}使陪臣隆_{楚隆}，敢展谢其不共(恭)。黄池之役，君之先臣志父 fǔ,赵简子得承齐(斋)盟，曰'好 hào 恶 wù 同之'。今君在难 nàn，无恤不敢惮劳，非晋国之所能及也，使陪臣敢展布之。"

【告于吴王曰】补此时楚隆已入吴都，与吴王夫差见面交谈。

【老】补见昭元·一·一·三。

【陪臣】杨 补楚隆为赵襄子之臣，赵襄子为晋定公之臣，吴王夫差与晋定公匹敌，因此楚隆对吴王夫差称"陪臣"。参见僖十二—僖十三·二·一。

【展谢】正 杨陈告谢罪，也就是道歉的意思。

【齐盟】补见成十一·七·一·二。

【展布】补表白。

王_{吴王夫差}拜稽 qǐ 首曰："寡人不佞 nìng，不能事越，以为大夫_{赵襄子}忧，拜命之辱。"[王]与之_{楚隆}一箪 dān 珠，使问赵孟，曰："句 gōu 践_{越王句践}将生忧寡人，寡人死之不得矣。"

【不佞】补不才。

【拜命之辱】补拜谢［您］屈尊［前来传达］命令。

【一箪珠】正 补一小竹筐珍珠。

【问】补参见成十六·三·十二。

【句践……得矣】杨 补句践要让寡人活着受忧患，寡人将不得好死。

王曰："'溺人必笑'，吾将有问也。史黯_{蔡墨}何以得为君子？"

【溺人必笑】正 补吴王意谓自己败亡在即，却有心思与楚隆清谈蔡墨人品，如同快淹死的人神志不清而发笑。

【史黯何以得为君子】正 补据昭八·一·三，"君子之言，信而有征"。昭三十二年蔡墨预言"不及四十年，吴当亡"，如今其预言应验，吴王夫差因而有此一问。

［楚隆］对曰："黯蔡墨也进不见恶 wù，退无谤言。"

【黯也……谤言】杨 补 黯进［于朝为官时］不被人嫌恶，退［于家不做官时］不被人诽谤。

王曰："宜哉。"
○ 补 下启哀二十二年越灭吴（哀二十二·二）。

哀公二十一年·一

地理 越、鲁见哀地理示意图1。

左传 二十一年，夏，五月，越人始来。

○正 越即将灭吴，想要进而称霸中原，故遣使来鲁。

哀公二十一年·二

地理 鲁、齐见哀地理示意图1。鲁、齐、邾、顾、阳谷见哀地理示意图3。

人物 鲁哀公（哀元·○）、齐平公（哀十五·三·三）、邾隐公（定三·三·春秋）、闾丘息

左传【一】秋，八月，公鲁哀公及齐侯齐平公、邾子邾隐公盟于顾。

【顾】正 杨 补 在今山东鄄城左营乡附近。本为商时古国，此时已为齐地。参见《图集》24—25③6。

【二】齐人责稽qǐ首，因歌之曰："鲁人之皋（gāo），数年不觉，使我高蹈。唯其儒书，以为二国忧。"

【齐人责稽首】正 补 齐责问哀十七年齐平公稽首而鲁哀公仅作揖答拜之事。

【皋】杨 罪。

【高蹈】杨 补 蹈，跳跃。人喜时雀跃，怒时暴跳，此处为后者。

【唯其……国忧】杨 补 正由于鲁人［拘泥于］儒者礼书，［竟不答齐侯稽首大礼，］使得［齐、鲁］两国忧愁苦恼。

○补 齐人的这番言论表明，在季康子执政期间，鲁国政治中出现了一种"儒化"倾向。考之《左传》《论语》，季康子执政之后，的确任用多名孔子培养的儒者参与政事，比如说任用冉求担任季氏家宰，除了管理季氏家族事务，还积极参与作战（哀十一·一）、赋税改革（哀十

二·一)、外交(哀二十三·一);任用端木赐(子贡)处理外交事务(哀
七·三·三);任用仲由(子路)处理刑狱诉讼(《论语·颜渊》);任用
言偃(子游)担任武城宰(《论语·阳货》)。

【三】是行也,公鲁哀公先至于阳谷。

【阳谷】杨见僖三—僖四·春秋。

齐间 lǘ 丘息曰:"君鲁哀公辱举玉趾,以在寡君齐平公之军,群臣
将传 zhuàn 遽以告寡君。比 bì 其复也,君无乃勤? 为仆人之未
次,[群臣]请除馆于舟道。"

【间丘息】正补间丘氏,名息。间丘明(哀八·五·二)之后。

【辱】补表敬副词,相当于"屈尊"。【玉趾】补参见僖二十五—僖二
十六·四·二。

【传遽】杨补近义词连用,见僖三十二—僖三十三·四。

【比其复也,君无乃勤】杨补等到他们报告回来,您未免会太劳
苦了。

【为仆……舟道】正杨补由于我方仆人没有准备好宾馆,[我们]
请求在舟道这个地方清除[地面,搭建]行馆[先安顿贵国使团]。次,
舍,这里指准备宾馆。【仆人】补齐内朝官,职掌包括准备诸侯
客馆。

[公]辞曰:"敢勤仆人?"

【辞】补辞让。

【敢勤仆人】正补岂敢劳驾贵国仆人[准备宾馆]?

哀公二十二年·一

地理 齐、越、吴见哀地理示意图 1。邾、越、吴见哀地理示意图 5。

人物 邾隐公(定三·三·春秋)、太子革(哀八·五·一·二)

左传 二十二年夏，四月，邾隐公自齐奔越，曰："吴为无道，执父_邾隐公立子_{太子革}。"越人归之。大_(太)子革_{太子革}奔越。

○正 补 哀八年邾隐公被吴人所囚，太子革为君(哀八·五·一·二)。哀十年邾隐公奔鲁，遂至齐(哀十·一)。如今越强盛，邾隐公于是自齐奔越，得以归国复位，而太子革则奔越。太子革为邾君，至本年已十四年，而仍称"大子"，是因为提到他在他父亲之后，而且此时他父亲已经复位为君。

○补 下启哀二十四年越人执邾隐公以归(哀二十四·二)。

哀公二十二年·二

地理 越、吴、甬东见哀地理示意图 1。

人物 吴王夫差(定十四·五·二)

左传 冬，十一月丁卯_{二十七日}，越灭吴。[越子]请使吴王_{吴王夫差}居甬 yǒng 东。[吴王]辞曰："孤老矣，焉能事君_{越王句践}?"乃缢。越人以[吴王尸]归。

【甬东】正 杨 补 在今浙江舟山市。越地。参见《图集》20—21③8。
【孤】补 称"孤"之例见桓十二—桓十三·二·二。此处吴王夫差以灭国为凶事，故自称"孤"。
○杨 补 吴在全盛时期，疆域向北扩展到今江苏、山东交界地区，与鲁直接接壤(参见哀八·二·二·一)。越灭吴之后，尽有吴地，从而与鲁接壤。之后鲁、越关系密切，鲁哀公最终出居于越(参见哀二十七·四·二)。

○ 杨 补 **传世文献对读**：《国语·吴语》《国语·越语上》叙越王句践灭吴之事甚详，且各有侧重，《吴语》重在描述越王句践的战前谋划和动员工作，而《越语上》则重在记载越王句践自哀元年战败后二十多年励精图治的历程。《史记·越王句践世家》则记载了越灭吴后越王称霸之事，为《左传》所不载。可扫码阅读。

哀公二十三年·一

地理 宋、鲁见哀地理示意图 1。

人物 景曹(昭二十五·一·三)、季康子(哀三·七·一)、冉求(哀十二·一·二)

左传 二十三年,春,宋景曹卒。季康子使冉有_{冉求}吊,且送葬,曰:"敝邑有社稷之事,使肥_{季康子}与 yù 有职竞焉,是以不得助执绋 fú。[肥]使求_{冉求}从舆人,曰:'以肥之得备弥甥也,有不腆先人之产马,使求荐诸(之于)夫人_{景曹}之宰,其可以称 chèn 旌繁 pán 乎?'"

【职竞】正 杨 职务繁剧。竞,遽。

【执绋】补 参见昭三十·二·二。

【舆人】杨 补 见僖二十五·三。此处指牵拉柩车之舆人。

【以肥之得备弥甥】正 补 由于我忝居远房外甥。据昭二十五·一·三,景曹为季桓子(季康子之父)外祖母,季桓子为宋景公亲外甥,因此季康子在此对宋景公自称"弥甥"(远房外甥)。

【不腆】补 常见礼辞,可译为"不丰厚"。

【荐】正 补 进献。【宰】补 家宰,参见襄十七·四·三·一。

【其可以称旌繁乎】正 杨 补 也许可以与[宋君太夫人马车上的]旌旗和[马匹上的]繁缨相称吧。旌见桓十六—桓十七·一·一。繁,即繁缨,见桓元—桓二·三·二。

哀公二十三年·二

地理 晋、齐见哀地理示意图 1。晋、齐、犁见哀地理示意图 3。

人物 知襄子、高无丕(哀十一·一·一)、张武子、颜涿聚

左传 [一] 夏,六月,晋荀瑶_{知襄子}伐齐,高无丕帅师御之。知 zhì 伯_知

襄子视齐师,马骇,[知伯]遂驱之,曰:"齐人知余旗,[若不驱之],[齐人]其谓余畏而反(返)也。"及垒而还。

【荀瑶】 正 补 知襄子。姬姓,知氏,出自荀氏,名瑶,谥襄,排行伯。知宣子之子,知文子(昭九・四・三)之孙。晋大夫,官至执政卿(继赵简子)。哀二十年可能已任中军帅(卿职)。获麟之岁(哀十四年)后二十八年被赵襄子所杀。

【御】 补 抵抗。

【驱之】 补 驱车向前[,向齐师营垒冲去]。

【及垒而还】 杨 至[齐师]营垒[近前]才返回。

[二] 将战,长(张)武子张武子请卜。知伯知襄子曰:"君晋出公告于天子周元王,而卜之以守龟于宗桃 tiāo,吉矣。吾又何卜焉? 且齐人取我英丘,君命瑶知襄子,非敢耀武也,治英丘也。[吾]以辞伐罪足矣,何必卜?"

【长武子】 正 杨 补 张武子。姬姓,张氏,谥武。晋大夫。

【君】 补 晋出公。姬姓,名凿,号出。晋定公(昭三十一・一・春秋)之子。哀二十一年即位,在位二十三年。获麟之岁(哀十四年)后二十九年,被赵、魏、韩三家所迫奔齐,死于途中。

【天子】 补 周元王。姬姓,名仁,谥元。周敬王(昭二十二—昭二十三・春秋)之子。哀二十年即位,在位七年。哀二十六年卒。

【守龟】 补 见昭五・八・二。【宗桃】 补 宗庙。

【英丘】 杨 晋地。

[三] 壬辰二十六日,[晋师、齐师]战于犁丘,齐师败绩。知伯知襄子亲禽(擒)颜庚颜涿聚。

【犁丘】 杨 即犁,见哀十・四。

【颜庚】 正 杨 补 颜涿聚。颜氏,名涿聚,字庚。本为梁父大盗,后为齐大夫,曾学于孔子。哀二十三年被知襄子所擒,同年被杀。

哀公二十三年·三

地理 鲁、越见哀地理示意图1。

人物 子叔僖仲（哀十九·二）、诸鞅

左传【一】秋，八月，叔青子叔僖仲如越，始使越也。

○补 深疑此句本为解《春秋》之文。

【二】越诸鞅来聘，报叔青也。

【聘】补 见隐七·四·春秋。

○补 深疑此句本为解《春秋》之文。

○补 本年子叔僖仲出使越都、越诸鞅回访之后，鲁、越交往非常频繁：哀二十四年，鲁哀公前往越都；哀二十五年，鲁哀公从越都回国；哀二十六年，鲁卿叔孙文子率师会越皋如、舌庸、宋乐筏纳卫侯；哀二十七年，越王句践使舌庸来到鲁都访问。越之所以能够如此频繁地参与中原国际政治，很重要的原因可能是越王句践于本年已将都城迁至位于江苏连云港的琅琊（参见宣八·二）。

哀公二十四年・一

地理 晋、齐、鲁见哀地理示意图1。晋、齐、鲁、廪丘见哀地理示意图3。

人物 晋出公（哀二十三・二・二）、臧文仲（庄十一・二・二・二）、臧宣叔（宣十八・六・二）、周公旦（隐八・二）、臧石、莱章、太史

左传【一】二十四年夏，四月，晋侯晋出公将伐齐，使来乞师，曰："昔臧文仲以楚师伐齐，取谷；宣叔臧宣叔以晋师伐齐，取汶阳。寡君晋出公欲徼 yāo 福于周公周公旦，愿乞灵于臧氏。"臧石帅师会之。

【昔臧……取谷】正 见僖二十六・四。

【宣叔……汶阳】正 见成元—成二。

【徼】补 求。

【灵】杨 福。

【臧石】正 补 姬姓，臧氏，名石，臧宾如（哀八・五・二）之子。鲁大夫，官至卿位。

【二】[师]取廪 lǐn 丘。[晋]军吏令缮，将进。莱章曰："君晋出公卑、政暴，往岁克敌，今又胜都，天奉多矣，又焉能进？是躛（wèi，譪）言也。役将班矣。"晋师乃还。

【廪丘】补 见襄二十六—襄二十七・一。

【军吏令缮，将进】正 补 [晋]军吏命令修治战备，[宣称]将要进军。

【莱章】正 齐大夫。

【往岁克敌】正 补 指哀二十三年知襄子伐齐得胜。

【都】正 补 大邑，指廪丘。

【躛言】杨 大话。

【三】[晋人]饩 xì 臧石牛，[晋]大（太）史谢之，曰："以寡君晋出公之在

行 háng，牢礼不度，敢展谢之。"

【饩臧石牛】正 杨 补［晋人］赠给臧石活牛［以表示慰问］。

【大史谢之】正 杨 补 晋太史为赠礼菲薄表示歉意。【大史】补 见
宣二・三・四・一。

【行】正 军队行列。

【牢】补 见桓六・七・一。【不度】正 不如礼度。

哀公二十四年・二

地理 越见哀地理示意图 1。郳、越见哀地理示意图 5。

人物 郳隐公（定三・三・春秋）、公子何

左传 郳子郳隐公又无道，越人执之以归，而立公子何。何公子何亦
无道。

【公子何】正 补 曹姓，名何。郳隐公（定三・三・春秋）之子，太子
革（哀八・五・一・二）之弟。哀二十四年越人执郳隐公，立公子何
为君。

哀公二十四年・三

地理 鲁、宋、齐见哀地理示意图 1。鲁、薛、宋、齐见哀地理示意图 4。

人物 公子荆、公子荆之母、衅夏、鲁哀公（哀元・〇）、周公旦（隐八・
二）、鲁武公（桓六・七・二）、鲁孝公、鲁惠公（隐元・一・一）、鲁桓
公（隐元・一・一）

左传【一】公子荆之母嬖 bì，［公］将以为夫人。［公］使宗人衅夏献
其礼。

【公子荆】正 补 姬姓，名荆。鲁哀公（哀元・〇）庶子。

【嬖】补得宠。

【宗人】补即宗伯,见文二·五·一。【衅夏】杨补姬姓,衅氏,名夏。鲁宗人。据《礼记·杂记》,衅庙(参见隐五·七·春秋)、衅器都是宗人的职责,所以衅氏应该是以其职事为氏。

［宗人］对曰:"无之。"

公鲁哀公怒曰:"女(汝)为宗司。立夫人,国之大礼也,何故无之?"

［宗人］对曰:"周公周公旦及武公鲁武公娶于薛,孝鲁孝公、惠鲁惠公娶于商,自桓鲁桓公以下娶于齐,此礼也则有。若以妾为夫人,则固无其礼也。"

【孝】正补鲁孝公。姬姓,名称,谥孝。鲁懿公弟。隐元年前八十五年,鲁懿公兄公子括之子伯御杀懿公,自立为君。隐元年前七十三年,周宣王伐鲁,杀伯御,立鲁孝公。在位二十七年。

【商】正指宋。

【二】公鲁哀公卒立之［公子荆之母］,而以荆公子荆为大(太)子。国人始恶 wù 之。

哀公二十四年·四

地理鲁、越见哀地理示意图 1。

人物鲁哀公(哀元·〇)、太子适郢、公孙有山(哀十三·三·五)、季康子(哀三·七·一)、伯嚭(定三—定四·七)

左传闰月,公鲁哀公如越。［公］得大(太)子适郢 yǐng,［大子］将妻 qì 公而多与之地。<u>公孙有山</u>使告于<u>季孙</u>季康子。<u>季孙</u>惧，使因大(太)宰嚭 pǐ，伯嚭而纳赂焉，[大子]乃止。

【得大子适郢】 正 补 [鲁哀公]与太子适郢关系融洽。【大子适郢】 正 补 姬姓，名适郢。越王句践(定十四·五·一)之子。

【妻公】 补 将女儿嫁与鲁哀公。

【季孙惧】 正 季康子害怕[鲁哀公依靠越人来讨伐自己]。

【大宰】 补 见定三—定四·七。

○ 补 下启哀二十五年鲁哀公至自越(哀二十五·二)。

哀公二十五年·一

地理 卫、宋、晋、齐、鲁、越见哀地理示意图 1。卫、宋、晋、齐、鲁、蒲、鄄、城锄见哀地理示意图 3。

人物 卫出公(哀二·二·二)、褚师声子(隐元·一·一)、司寇亥、南文子(哀十二·四·三)、公文懿子、夏戊(哀十一·五·二)、弥子瑕(定六·二·一)、夏戊之女、夏期、太叔悼子(哀十一—哀十二·春秋)、优狡、拳弥、太子疾(哀十五—哀十六·二·一)、鄄子士、卫后庄公(定十四·八·春秋)、祝史挥

左传【一·一】二十五年夏,五月庚辰二十五日,卫侯卫出公出奔宋。

〇正补 据下文,则卫出公实为出奔至卫邑城锄。可能卫以奔宋告于诸侯,故书曰"卫侯出奔宋"。

【一·二】卫侯为灵台于藉圃,与诸大夫饮酒焉。褚 zhǔ 师声子袜而登席。公卫出公怒。[褚师]辞曰:"臣有疾,异于人。若见之,君将毂 hù 之,是以不敢。"公愈怒。大夫辞之,[公]不可。褚师褚师声子出。公戟其手,曰:"必断而(尔)足!"[褚师]闻之。褚师与司寇亥乘 chéng,曰:"今日幸而后亡。"

【公怒】杨补 依礼,宴饮时应解袜登席,故卫出公怒。

【毂】正 呕吐。

【戟其手】正 杨补 一手叉腰,一手前指,体形如戟。"戟"见隐十一·二·二。

【司寇亥】杨补 姬姓,名亥。卫灵公(昭七·十二·一·一)之子公子郢(哀二·二·一)之后。卫大夫,官至卿位。哀二十五年已任司寇(卿职)。【司寇】补 见昭二十·五·一。

【今日幸而后亡】正补 今日[之事将引发动乱,]要幸运才能逃亡[而免死]。参见襄二十七·三·二·十一"幸而后亡"。

公之入也,夺南氏_{南文子邑},而夺司寇亥政。

【公之入也】 补 卫出公归国复位之事见哀十八·三。

公使侍人纳公文懿子之车于池。

【侍人】 补 见哀十五—哀十六·二。

【公文懿子】 正 补 姬姓,公文氏,名要,谥懿。

初,卫人翦夏丁氏_{夏戊},以其帑 nú(孥) 赐彭封弥子_{弥子瑕}。弥子_{弥子瑕}饮 yìn 公酒,纳夏戊之女,[女]嬖 bì,[公]以为夫人。其弟期_{夏期},大(太)叔疾_{太叔悼子}之从孙甥也,少 shào 畜于公,[公]以为司徒。夫人_{夏戊之女}宠衰,期得罪。

【卫人翦夏丁氏】 正 见哀十一·五·二。

【帑】 补 妻儿。

【嬖】 补 [夏戊之女]得宠。

【其弟……甥也】 正 杨 据哀十一·五·二,夏戊为太叔悼子外甥,因此夏戊之子夏期为太叔悼子从外孙。【期】 正 补 夏期。夏氏,名期,夏戊(哀十一·五·二)之子。卫大夫,官至卿位。任司徒(卿职)。

【少畜于公】 补 小时候养在公宫。

【司徒】 补 见哀十五—哀十六·四。

公使三匠久。

【久】 补 指不让休息。

公使优狡盟拳弥,而甚近信之_{拳弥}。

【优狡】 正 补 卫俳优,名狡。【拳弥】 正 卫大夫。

【近信】 补 亲近而信任。

○ 正 补 卫出公以俳优盟大夫,是蔑视大夫的行为。拳弥可能因此而与卫出公有嫌隙。参见臧坚不受寺人夙沙卫慰问之事（襄十七·四·一·二）。

故褚师比褚师声子、公孙弥牟南文子、公文要公文懿子、司寇亥、司徒期夏期因三匠与拳弥以作乱。［众人］皆执利兵，无者执斤。［众人］使拳弥入于公宫，而自大（太）子疾之宫噪以攻公卫出公。鄄juàn子士请御之。弥拳弥援其手，曰："子则勇矣，将若君卫出公何？不见先君卫后庄公乎？君何所不逞欲？且君尝在外矣，岂必不反（返）？当今不可，众怒难犯。休而易间jiàn也。"［公］乃出。

【斤】补见哀十五·三·一。

【鄄子士】正补鄄氏，字士。卫大夫。【御】补抵抗。

【援】补拉。

【不见先君乎】正补［您］没有看到先君［当年的情况］么？哀十七年卫后庄公遇乱不马上出奔，终被戎州人杀害（哀十七·六）。

【君何所不逞欲】杨补国君到哪儿不能满足欲望？拳弥意谓，卫出公出奔，亦可快意。

【休而易间也】杨补［乱党］懈怠以后才容易离间。休，息。间，离间。

将适蒲，弥拳弥曰："晋无信，不可。"

【将适蒲】正杨补［卫出公］将要前往蒲邑。蒲邑靠近晋，前往蒲邑则是准备向晋求援。【蒲】杨见桓三·三·春秋。

将适鄄，弥曰："齐、晋争我，不可。"

【将适鄄】正补［卫出公］将要前往鄄邑。鄄邑靠近齐，亦靠近晋。

【鄄】补见庄十四—庄十五·春秋。

将适泠líng，弥曰："鲁不足与。请适城锄，以钩越：越有君。"

【将适泠】正 补 [卫出公]将要前往泠邑。泠邑靠近鲁，前往泠邑则是准备向鲁求援。

【与】杨 为助。

【请适……有君】正 杨 补 请前往城锄，以钩牵越国：越国有[强势的]君主。城锄靠近宋，宋与越接壤，转相钩牵。城锄，即锄，见襄四·八。越此时已与鲁、宋接壤，参见哀二十二·二。

[公]乃适城锄。

弥曰："卫盗不可知也，请速，自我始。"[弥]乃载宝以归。

○正 补 拳弥说："卫的强盗[是否会来袭击您]还不能知道，请快点[行进]，从我开始。"[拳弥]于是装上财宝返回[卫]。拳弥诓骗卫出公，称以财宝随行，将招致盗贼，请自己带头快速行进。拳弥于是加速，最终甩开卫出公，载财宝返回卫都。

[二] 公卫出公 为支离之卒，因祝史挥以侵卫。卫人病之。懿子公文懿子 知之，见子之南文子，请逐挥祝史挥。

【支离之卒】杨 分散的小队步兵。

【祝史挥】正 补 卫祝史，名挥。【祝史】杨 补 卫内朝官，兼任太祝（襄十四·五·五·四）、太史（闵二·五·三）两职。

【病之】补 以之为忧。

文子南文子 曰："[彼]无罪。"

懿子曰："彼祝史挥 好hào专利而妄，夫fú见君卫出公 之入也，将先道(导)焉。若逐之，[彼]必出于南门，而适君卫出公 所。夫fú越新得诸侯，[彼]将必请师焉。"

【适】补 往。【君所】补 卫出公居处。即城锄。城锄在卫都南面。

挥在朝，[归,懿子]使吏遣诸(之于)其室。挥出，信，[卫人]弗内(纳)。五日，[挥]乃馆诸外里。[挥]遂有宠[于公]，[公]使[挥]如越请师。

【挥在……其室】 杨 补 祝史挥当时在朝廷上，[等他下朝后,公文懿子]就派官吏把他从家里遣送走了。

【挥出，信，弗内】 正 杨 祝史挥出了城，住了两晚，[想要回城,卫人]不接纳[他]。信，在外住两天。

【外里】 正 补 卫都城外里名。

○ 补 **传世文献对读**：《论语·八佾》："子曰：'居上不宽，为礼不敬，临丧不哀，吾何以观之哉？'"此为"居上不宽"之例。

哀公二十五年·二

地理 鲁、越见哀地理示意图 1。鲁、越、五梧见哀地理示意图 5。

人物 鲁哀公(哀元·○)、季康子(哀三·七·一)、孟武伯(哀十一·二·四)、郭重

左传 【一】 六月，公鲁哀公至自越。季康子、孟武伯逆于五梧。郭重仆，见二子，[反,言于公]曰："[二子]恶言多矣，君请尽之。"

【五梧】 补 见哀八·二·三。

【郭重……尽之】 正 杨 补 郭重为[鲁哀公]驾车人，[他]先见了二人(季康子、孟武伯)，[回来后对鲁哀公]说："[他们二人不臣的]丑恶言论很多，请您当面穷尽[追究]。"

【二】 公鲁哀公宴于五梧。

【宴】 补 见文四·四。

武伯孟武伯为祝，恶 wù 郭重，曰："[重]何肥也！"

【为祝】补 祝酒。

季孙_{季康子}曰："请饮 yìn 彘 zhì,_{孟武伯}也！以鲁国之密迩仇雠,臣是以不获从君_{鲁哀公},克免于大行,又谓重_{郭重}也肥？"

【请饮彘也】正 杨 请罚彘饮酒！季康子认为孟武伯失言,所以罚孟武伯饮酒。

【密迩】补 紧邻。【仇雠】补 仇敌。雠,仇。

【克】补 能。【大行】杨 远行。

【又谓重也肥】正 补 又怎能说郭重肥胖？季康子意谓,季康子、孟武伯既然免除了远行的辛苦,就不应该再挖苦为鲁哀公驾车的郭重肥胖。

公曰："是_{郭重}食言多矣,能无肥乎？"

○正 杨 补 鲁哀公说："这人吃自己的话吃多了,能不肥胖吗？"大概季康子、孟武伯屡次许诺鲁哀公而不兑现,故鲁哀公借此指桑骂槐。

饮酒不乐。公与大夫始有恶 wù。

○正 下启哀二十七年鲁哀公逊于邾(哀二十七·四·三)。

哀公二十六年·一

地理 鲁、越、宋、卫见哀地理示意图 1。鲁、越、宋、卫、城锄见哀地理示意图 5。

人物 叔孙文子、皋如、舌庸、乐茷、卫出公(哀二·二·二)、南文子(哀十二·四·三)、公文懿子(哀二十五·一·一·二)、褚师定子、王孙齐、越王句践(定十四·五·一)、卫悼公、夏期(哀二十五·一·一·二)

左传 [一] 二十六年夏,五月,叔孙舒 叔孙文子 帅师会越皋如、舌庸、宋乐茷 fá 纳卫侯 卫出公。文子 南文子 欲纳之。懿子 公文懿子 曰:"君 卫出公 愎而虐,少待之,[君]必毒于民,[民]乃睦于子矣。"[诸侯之]师侵外州,大获。[卫师]出御之,大败。[卫侯]掘褚 zhǔ 师定子之墓,焚之于平庄之上。

【叔孙舒】 正 补 叔孙文子。姬姓,叔孙氏,名舒,谥文。叔孙武叔(定八·七·四)之子。鲁大夫,官至卿位。

【皋如、舌庸】 正 二子皆为越大夫。

【乐茷】 正 补 子姓,乐氏,名茷,字潞。乐溷(定六·五·二)之子。宋大夫,官至执政卿(继皇缓)。哀二十六年已任司城(卿职)。

【纳】 补 见隐四·二·四·一。

【愎】 正 补 乖戾,固执。

【御】 补 抵抗。

【掘褚……之上】 正 补 褚师定子为哀二十五年驱逐卫出公乱党之首褚师声子之父,故卫出公掘其墓,焚其尸以泄愤。【褚师定子】 补 谥定。卫大夫,任褚师。【褚师】 补 见昭二十·五·一。

【平庄】 正 丘陵之名。

[二] 文子 南文子 使王孙齐私于皋如,曰:"子将大灭卫乎,抑纳君 卫出公 而已乎?"

【王孙齐】正补王孙氏，名齐，谥昭。王孙贾(定八·五·一·三)之子。卫大夫。【私】补私下询问。

【抑】补转折连词，还是。

皋如曰："寡君越王句践之命无他，纳卫君卫出公而已。"

文子致众而问焉，曰："君以蛮夷伐国，国几jī亡矣，请纳之。"

【致】补召集。

【蛮夷】补指越国。越居东夷之地。

众曰："勿纳。"

[文子]曰："弥牟南文子亡而有益，请自北门出。"

【请自北门出】杨当时卫出公与越师在南郊，所以南文子提出从北门出奔。

众曰："勿出。"

○补南文子在此处所用激将法，与定八·五·二·一卫灵公所用激将法非常类似，可合观之。

【三】[文子]重赂越人，申开、守陴pī而纳公卫出公。公不敢入。[诸侯之]师还。[卫人]立悼公卫悼公，南氏南文子相xiàng之。[卫人]以城锄与越人。

【重赂越人】补[南文子]以重礼贿赂越人[，使越师不护送卫出公入城]。

【申开】正杨所有城门大开。国都城门有数重，包括郭门以及内城数门。申，重。

【守陴】补[登上城头]在矮墙后守卫，参见成六·四·二"登陴"。

【公不敢入】正 杨 卫人虽然大开城门,但城墙上守卫严密,越人又不护送卫出公,卫出公因此不敢入国都。

【悼公】正 补 卫悼公。姬姓,名黔,谥悼。卫灵公(昭七·十二·一·一)之子,卫后庄公(定十四·八·春秋)之弟,卫出公(哀二·二·二)叔父。哀二十六年即位,在位五年。获麟之岁(哀十四年)后十六年卒。

【城锄】补 即锄,见襄四·八。

【四】公卫出公曰:"期夏期则为此。"[公]令苟有怨于夫人者,报之。司徒期夏期聘于越,公攻而夺之币。期夏期告王越王句践,王命取之币。期以众取之币。公怒,杀期之甥之为大(太)子者。[公]遂卒于越。

【夫人】正 夏戊之女,夏期之姊。

【聘】补 见隐七·四·春秋。

【币】补 财礼。

【公怒……子者】正 补 夏期之姊为卫出公夫人,因此卫出公与其所生之子为夏期外甥,当时此子应与卫出公一同出奔在越,且已被卫出公指定为太子。卫出公恨夏期,迁怒于夏期之姊所生之子,所以将其杀害。

哀公二十六年·二

地理 宋、楚见哀地理示意图 1。宋、楚、空桐、空泽见哀地理示意图 5。

人物 宋景公(昭二十·四·三)、公孙周、得、启、皇缓(哀十七—哀十八·二)、皇非我(哀十七—哀十八·一)、皇怀、灵不缓、乐茷(哀二十六·一·一)、乐朱锄、太尹、祝襄、乐得

左传 [一·一] 宋景公无子,取公孙周之子得与启,畜诸(之于)公宫,

未有立焉。

【公孙周】 正 补 子姓,名周,字高。宋元公(襄二十六·六·二·一)之孙。

【得】 正 补 后为宋后昭公。子姓,名得,谥昭。公孙周之子。哀二十六年即位。曾出奔,居于宋边鄙,三年后复位。在位共六十五年。获麟之岁(哀十四年)后七十七年卒。【启】 正 补 子姓,名启。公孙周之子。哀二十六年被太尹所立为君,同年随太尹奔楚。

【一·二】 于是皇缓为右师,皇非我为大司马,皇怀为司徒,灵不缓为左师,乐茷 fá 为司城,乐朱锄为大司寇。六卿三族降 xiáng 听政,因大(太)尹以达。

【右师】 补 见文七·二·一。【大司马】 补 见隐三·六·一·一。

【皇怀】 正 补 子姓,皇氏,名怀。皇野(哀十四·七·二)之子,皇非我(哀十七—哀十八·一)从父昆弟。宋大夫,官至卿位。哀二十六年已任司徒(卿职)。【司徒】 补 见文七·二·一。

【灵不缓】 正 补 子姓,灵氏,名不缓。公子围龟(成五·六)(字灵)四世孙。宋大夫,官至卿位。哀二十六年已任左师(卿职)。【左师】 补 见僖九·三。

【司城】 补 见文七·二·一。

【乐朱锄】 正 补 子姓,乐氏,名朱锄。乐挽(昭二十二·二·三)之子。宋大夫,官至卿位。哀二十六年已任司寇(卿职)。【大司寇】 补 即司寇,见文七·二·一。

【六卿】 杨 右师、左师、司马、司徒、司城、司寇。【三族】 正 皇氏、灵氏、乐氏。【降听政】 正 杨 共同听政。

【因大尹以达】 正 补 通过太尹上达[于国君]。【大尹】 补 太尹,宋内朝官,国君近臣,职掌宫内事务及上传下达。

大(太)尹常不告,而以其欲称君命以令,国人恶 wù 之。司城乐茷欲去大(太)尹。左师灵不缓曰:“纵之,使盈其罪。重而无基,能无敝乎?"

【大尹……恶之】 正 补 太尹经常不[将政事]报告[国君],而是按照自己的意愿假称君命以发号施令,国人厌恶他。

【重而无基,能无敝乎】 正 [权]重而无[德行之]基,能不败坏么?

[二] 冬,十月,公_{宋景公}游于空泽。辛巳_{四日},[公]卒于连中。

【空泽】 杨 补 泽名,即空桐泽,在河南虞城东北,旧为汴水所经,今已堙。宋地。参见《图集》24—25④6 至④7。

【连中】 正 馆名。

大_(太)尹兴空泽之士千甲,奉公[之尸]自空桐入,如沃宫。[大尹]使召六子,曰:"闻下[邑]有师,君_{宋景公}请六子画。"六子至,[大尹]以甲劫之,曰:"君有疾病,请二三子盟。"乃盟于少寝之庭,曰"无为公室不利"。

【空桐】 正 补 在今河南虞城李老家乡北。宋邑。参见《图集》24—25④6。

【沃宫】 正 宋都内宫名。

【六子】 杨 补 皇缓、皇非我、皇怀、灵不缓、乐茷、乐朱锄。

【闻下有师】 杨 补 听闻下邑有战事。

【画】 正 补 谋划。

【二三子】 补 诸位大夫。

【少寝】 杨 补 即小寝,见庄三十二·四·春秋。

大_(太)尹立启,奉丧殡于大_(太)宫。三日而后国人知之。司城茷_{乐茷}使宣言于国曰:"大_(太)尹惑蛊其君,而专其利。今君无疾而死,死又匿之。是无他矣,大_(太)尹之罪也。"

【殡】 补 见隐元·五。【大宫】 杨 补 即太庙,见襄三十·六·二·一。

【三】得梦启北首而寝于卢门之外，己为乌而集于其启上，咮_{zhòu}加于南门，尾加于桐门。[得]曰："余梦美，必立。"

【启北……之外】正补 得梦到启（此时已为国君）头向北睡在宋都卢门（东南门）外面。据《礼记·礼运》"死者北首，生者南向"，因此启北首而寝，是死的意象；在国门之外，是失去国家的意象。卢门见桓十四·四。

【己为……桐门】正补 自己则变成一只乌鸦站在启身上，嘴搭在宋都南门上，尾巴搭在宋都桐门（北门）上。得踏在启身上，且面向南方，是代替启而成为国君的意象。桐门见襄十·二。

【四】大(太)尹谋曰："我不在盟，无乃逐我？复盟之乎！"[大尹]使祝为载书。六子在唐盂，[大尹]将盟之。

【我不在盟，无乃逐我】正补 我没有参加盟誓，恐怕会赶走我吧？小寝之盟，太尹仅以国君命令六卿盟誓，自己并未参加。
【祝】补 见襄九·一·一。
【载书】补 见僖二十五—僖二十六·四·二。
【唐盂】正杨 宋都郊外地名。

祝襄以载书告皇非我。皇非我因子潞_{乐筏}、门尹得_{乐得}、左师_灵不缓谋曰："民与我，逐之_{大尹}乎！"

【祝襄】正补 宋太祝，名襄。
【门尹得】正杨补 乐得。子姓，乐氏，名得。乐豫（文七·二·一）七世孙。宋大夫，哀二十六年已任门尹。【门尹】补 见僖二十七—僖二十八·十。
【民与我】补 民众跟从我们。与，从。

皆归授甲，使徇_{xùn}于国，曰："大(太)尹惑蛊其君，以陵虐公室。与我者，救君者也。"

【授甲】补分发甲胄[兵器]。
【徇】补巡行宣示。
【与】补从。

众曰:"与之!"

大(太)尹徇曰:"戴氏、皇氏将不利公室。与我者,无忧不富。"
【戴氏】正补即乐氏。乐氏为宋戴公后代。

众曰:"无别!"
○杨补民众说:"没有区别!"太尹指责他人将不利于公室,然后以发财致富为诱饵吸引民众。民众从太尹的话中已经可以判断出,太尹只可能从公室攫取财物来贿赂支持他的民众,所以指责太尹,说他是"贼喊捉贼",他和他所指责的不利公室之人没有区别。

戴氏、皇氏欲伐公启。乐得曰:"不可。彼太尹以陵公有罪,我伐公,则甚焉。"[三族]使国人施yì[罪]于大(太)尹。大(太)尹奉启以奔楚,[三族]乃立得。司城乐茷为上卿,盟曰"三族共政,无相害也"。
【戴氏、皇氏欲伐公】正补宋君启为太尹所立,故二氏欲伐之。
【使国人施于大尹】正补让国人把罪过算在太尹身上。施,归罪。

哀公二十六年·三
地理卫、鲁见哀地理示意图 1。卫、鲁、城锄见哀地理示意图 3。

人物卫出公(哀二·二·二)、端木赐(定十五·一·一)、卫成公(僖二十五—僖二十六·春秋)、宁武子(僖二十七—僖二十八·二十三·二)、孙庄子、卫献公(成十四·五·一)、公子鱄(成十四·五·

二)、子展（襄十四·五·四）

左传 卫出公自城鉏使以弓问子赣 gòng，端木赐，且曰："吾其入乎？"

【城鉏】补 见襄四·八。

【以弓问子赣】补 用弓［作为礼物］问候端木赐。

子赣稽 qǐ 首受弓，对曰："臣不识也。"［子赣］私于使者曰：

【识】补 知。

"昔成公 卫成公孙（逊）于陈，宁 nìng 武子、孙庄子为宛濮之盟而君入。献公 卫献公孙（逊）于齐，子鲜 公子鱄、子展为夷仪之盟而君入。

【成公……君入】正 卫成公奔陈见僖二十七—僖二十八·二十一·一。宛濮之盟见僖二十七—僖二十八·二十三。【孙庄子】补 姬姓，孙氏，名纥，谥庄。孙昭子（文元·三·一）之子，卫武公五世孙。卫大夫，官至卿位。

【献公……君入】正 补 卫献公奔齐之事见襄十四·五。公子鱄帮助卫献公复位之事见襄二十六·二，子展之事不见于别处《左传》。夷仪之盟应在襄二十六年，不见于别处《左传》。

"今君 卫出公再在孙（逊）矣，内不闻献 卫献公之亲，外不闻成 卫成公之卿，则赐 端木赐不识［君］所由入也。

【今君再在孙矣】正 补 如今国君已经再次逊位了。哀十五年卫出公奔鲁（见哀十五—哀十六），哀二十五年奔宋（见哀二十五·一）。

【内不闻献之亲】杨 补 ［流亡团队］内没有听说有卫献公［所拥有］的［得力］亲人，指公子鱄（卫献公同母弟）、子展（卫献公弟）。

【外不闻成之卿】杨 补 ［流亡团队］外没有听说有卫成公［所拥有］的［得力］卿大夫，指宁武子、孙庄子。

前 469 年   2827

"《诗》曰：'无竞惟人，四方其顺之。'[君]若得其人，四方以为主，而国于何有？"

【无竞……顺之】 正 杨 补《毛诗·周颂·烈文》有此句，而"惟"作"维"，"顺"作"训"。可译为"最强莫过于得到人才，四方将会顺服"。无，发语词。竞，强。

【而国于何有】 杨 补 即"而何有于国"，可译为"而[取得]国家又算得了什么？"

哀公二十七年·一

地理 越、鲁见哀地理示意图 1。越、鲁、邾、狐骀、平阳见哀地理示意
图 5。

人物 越王句践(定十四·五·一)、舌庸(哀二十六·一·一)、季康
子(哀三·七·一)、叔孙文子(成七·八·春秋)、孟武伯(哀十一·
二·四)、端木赐(定十五·一·一)

左传 【一】 二十七年,春,越子越王句践使舌庸来聘,且言邾田,封于
骀 tái 上。

【聘】 补 见隐七·四·春秋。

【封】 正 补 疆界,这里作动词用。

【骀上】 杨 即狐骀,见襄四·九·一。

○ 正 杨 鲁曾经侵夺邾田,本年越以霸主身份派舌庸来与鲁会谈,商
定以骀上为鲁、邾疆界。

【二】 二月,盟于平阳,三子皆从[公]。

【平阳】 正 杨 补 在今山东邹城。鲁地。参见《图集》26—27④3。

【三子皆从】 正 杨 季康子、孟武伯、叔孙文子三卿都跟随[鲁哀公参
加盟誓]。

康子季康子病之,言及子赣 gòng,端木赐,曰:"[子赣]若在此,吾不及
此夫!"

【康子病之】 正 杨 补 杜注以为季康子以与蛮夷盟誓感到耻辱。杨
注认为季康子还因为鲁三卿与吴一大夫孟氏感到耻辱。窃以为此次
越主持划定鲁、邾边界,应是使鲁退还先前侵占的部分邾田,季康子
可能也是以此为耻。

【若在此,吾不及此夫】 正 杨 补 [子赣]如果在这里,我不会到这个
地步。端木赐之外交才能参见哀七·三·三、哀十二·三、哀十二·

四・二、哀十五・三・三,其中尤以哀十五年与陈成子交涉、使齐国归还成邑,与本年情事最为贴切。

武伯孟武伯曰:"然。[子]何不召?"

[康子]曰:"[吾]固将召之。"

文子叔孙文子曰:"他日请念[子赣]。"

【他日请念】正 补 请[您]日后记得[子赣的才能而任用他]。

哀公二十七年・二

地理 鲁见哀地理示意图 1。

人物 季康子(哀三・七・一)、鲁哀公(哀元・〇)

左传 夏,四月己亥二十五日,季康子卒。公鲁哀公吊焉,降礼。

○正 杨 补 据哀二十五・二所述鲁君臣关系,则鲁哀公与季康子早有嫌隙。本年季康子去世后,鲁哀公准备要发动政变驱逐三桓(哀二十七・四),已经开始不愿再掩饰自己对于三桓的仇恨,因此以降等礼节吊丧,以表示对季康子的嫌恶。下文"三桓亦患公之妄也",此处之事即鲁哀公狂妄之一证。

哀公二十七年・三

地理 晋、郑、齐、陈见哀地理示意图 1。晋、郑、齐、陈、桐丘、谷、濮水见哀地理示意图 3。

人物 知襄子(哀二十三・二・一)、驷弘(哀二・二・四・一)、陈成子(庄二十二・三・四・三)、颜涿聚(哀二十三・二・三)、颜晋、国参(昭三十二・五・春秋)、晋平公(襄十六・一・春秋)、中行文子

（昭二十九·五·一）、齐平公（哀十五·三·三）

左传【一】晋荀瑶知襄子帅师伐郑，次于桐丘。郑驷弘请救于齐。

【桐丘】杨见庄二十八·四·三。

【二】齐师将兴，陈成子属 zhǔ 孤子，三日朝。[成子]设乘 shèng 车两马，系五邑焉。[成子]召颜涿聚之子晋颜晋，曰："隰 xí 之役，而[尔]父死焉。以国之多难 nàn，未女（汝）恤也。今君命女（汝）以是邑也，服车而朝，毋废前劳！"乃救郑。

【陈成……日朝】正杨陈成子集合[为国战死者的]孤儿，[让他们分别在]三天内朝见[国君]。属，会。

【乘车两马】杨一辆马车配两匹马。这是士的待遇。

【系五邑焉】正补车上系有五个邑[的封赏文书]。

【隰之役，而父死焉】正即哀二十三年犁丘之役（哀二十三·二）。

【未女恤也】补即"未恤女也"，可译为"未能抚恤你"。

○补据《韩非子·十过》，"田成子（即陈成子）所以遂有齐国者，颜涿聚之力也"，则颜涿聚实乃陈成子心腹之臣，故陈成子特召其子颜晋而命之。

【三】[齐师]及留舒，违谷七里，谷人不知。

【留舒】正杨补在今山东东阿单庄乡鱼中村东。齐地。参见《图集》26—27③3。

【违】补离。【谷】杨见庄七·四·春秋。

【谷人不知】正补齐师过谷邑境而谷邑民众不知，说明齐师军纪整肃。

【四】[齐师]及濮，雨，[齐师]不涉。子思国参曰："大国晋在敝邑郑之宇下，是以告急。今师不行，恐无及也。”成子陈成子衣 yì 制、杖戈，立于阪 bǎn 上。马不出者，[成子]助之鞭之。

【濮】 正 杨 补 水名。古时流经河南滑县和延津县境，今已堙没不存。春秋时濮水参见《图集》24—25③5 至②7。

【大国在鄙邑之宇下】 杨 补 大国（指晋）[军队]已经到了我国屋檐底下了。比喻形势十分紧急。

【制】 正 雨衣。

【阪】 补 山坡。

【马不出者，助之鞭之】 杨 补 马匹陷在泥中出不来的，就帮助众人[把马拉出来]，或是用鞭子抽打马[促使其自己出来]。

【五】 知 zhì 伯知襄子闻之，乃还，曰：“我卜伐郑，不卜敌齐。”

【卜】 补 见《知识准备》“卜”。

[知伯]使谓成子陈成子曰：“大夫陈子陈成子，陈之自出。陈之不祀，郑之罪也。故寡君晋平公使瑶知襄子察陈衷焉。[瑶]谓大夫陈成子其恤陈乎？若[大夫]利本之颠，瑶何有焉？”

【大夫……罪也】 正 杨 补 大夫陈子，[你的祖上]出自陈公族。[我们晋人得到消息说，]陈社稷祭祀断绝，是郑的罪过。知襄子意思是，齐大夫陈成子作为陈公子陈敬仲之后，不应救助参与灭陈的郑。据哀十七・四，则哀十七年楚灭陈，实与郑无关，知襄子此番实为无稽之辞。

【故寡君使瑶察陈衷焉】 杨 补 于是我国君主派我来调查陈[被灭亡]的内情。衷，中，这里指内情。这是外交辞令，意谓晋出公派知襄子率师伐郑。

【谓大夫其恤陈乎】 补 [我]认为大夫大概会以陈为忧吧？

【若利……有焉】 正 补 如果[大夫]认为[您宗族]根本的倒覆[对您]有利，那[陈的灭亡跟]我又有什么[关系]？知襄子意谓，陈成子前来救援对陈灭亡负有责任的郑,说明他对祖国的覆灭幸灾乐祸,那自己这样一个与陈没有任何关系的人率军到郑兴师问罪真可说是多管闲事。知襄子本已决意不与齐战而撤军,还要以言辞诬蔑陈成子,其强词夺理之情状,甚为昭彰。

成子怒曰:"多陵人者皆不在,知伯其能久乎?"

【不在】杨 补 不得善终。在,终。

○补 下启前四五三年赵襄子杀知襄子(哀二十七·五·二)。

【六】中行文子告成子陈成子,曰:"有自晋师告寅中行文子者,将为轻车千乘 shèng 以厌(压)齐师之门,则[齐师]可尽也。"

【门】补 营垒之门。

○正 补 哀五年晋中行文子出奔齐,此时为齐臣,故将其所听闻之事告于陈成子。

成子曰:"寡君齐平公命恒陈成子曰'无及寡,无畏众'。虽过千乘,敢辟(避)之乎?[恒]将以子之命告寡君。"

【及】杨 攻击、打击。

○正 补 陈成子怀疑中行文子有为晋师鼓吹之心,故以正言拒之。

文子中行文子曰:"吾乃今知所以亡。君子之谋也,始、衷(中)、终皆举之,而后入焉。今我三不知而入之,不亦难乎?"

【吾乃今知所以亡】补 吾今天知道自己为什么逃亡在外了。

【君子……入焉】正 杨 补 君子谋划一件事,对开始、中间[发展]、最终[结果]都要考虑好,[三处都没有嫌猜,]然后再向上报告。举,谋。

○补 中行文子为其缺乏考虑就向陈成子报告、因而被陈成子怀疑感到懊悔,故有此言。

○ 补 **传世文献对读：**《孔子家语·贤君》记载了孔子对于中行氏败亡的看法，可扫码阅读。

哀公二十七年·四

地理 鲁、越见哀地理示意图 1。鲁、越、邾见哀地理示意图 5。

人物 鲁哀公（哀元·○）、孟武伯（哀十一·一·四）、公孙有山（哀十三·三·五）

左传【一】公鲁哀公患三桓之侈也，欲以诸侯去之。三桓亦患公之妄也。故君臣多间 jiàn。

【三桓】补 季氏、孟氏、叔孙氏。【侈】补 自多以陵人。

【间】正 补 嫌隙。

○ 补 据《史记·鲁周公世家》，鲁哀公想要发动政变驱逐三桓是在本年春季康子去世之后。

【二】公鲁哀公游于陵阪 bǎn，遇孟武伯于孟氏之衢 qú，曰："请有问于子：余及死乎？"

【陵阪】杨 鲁都内地名。

【衢】补 大街。

【余及死乎】正 补 我会得善终么？

[武伯] 对曰："臣无由知之。"

[公] 三问，[武伯] 卒辞不对。

○ 补 据《史记·鲁周公世家》，鲁哀公与孟武伯的这段对话发生在本年夏。

【三】公_{鲁哀公}欲以越伐鲁，而去三桓。秋，八月甲戌_{初一}，公如公孙有陉 xíng，公孙有山氏，因孙_(逊)于邾，乃遂如越。国人施 yì 公孙有山氏。

【孙】补见庄元·一·春秋。

【施】杨归罪。

○补据《史记·鲁周公世家》，鲁哀公前往公孙有山家之后，三桓发兵攻打鲁哀公，鲁哀公先是出奔到卫，然后出奔到邾，最终到达越。后来国人迎回了鲁哀公，在公孙有山家去世。《史记》版本与《左传》有所不同，录以备考。

哀公二十七年·五

地理晋、郑见哀地理示意图1。

人物鲁悼公、知襄子（哀二十三·二·一）、驷弘（哀二·二·四·一）、鄅魁垒、赵襄子（哀二十·二·二·二）

左传【一·一】悼_{鲁悼公}之四年，晋荀瑶_{知襄子}帅师围郑。未至，郑驷弘曰："知 zhì 伯_{知襄子}愎而好胜，早下之，则可行也。"_[郑人]乃先保南里以待之。

【悼】正补鲁悼公。姬姓，名宁，谥悼。鲁哀公（哀元·○）之子。获麟之岁（哀十四年）后十五年即位，在位三十七年。获麟之岁（哀十四年）后五十二年卒，应该是被季昭子所弑。

【愎】补乖戾，固执。

【早下之，则可行也】正补［如果］及早向晋师表示卑顺，则可［使晋师］退去。行，去。

【保】正守。【南里】补见宣三·八·二·二。

【一·二】知伯知襄子入南里，门于桔xié柣dié之门。郑人俘酅xī魁垒，赂之酅魁垒以知政，[魁垒]闭其口而死。

【知伯……之门】杨 补 知襄子进入南里，攻打桔柣之门。郑人依照驷弘"早下之"的策略，在远郊外南里稍作抵抗便退入郛内，知襄子因而率军攻打桔柣之门这座郛门。【桔柣之门】补 见庄二十八·四·二。

【闭其口而死】补［酅魁垒］闭口［不食］而死。

【一·三】将门，知伯知襄子谓赵孟赵襄子："入之！"

[赵孟]对曰："主知襄子在此。"

知伯曰："[汝]恶而无勇，何以为子？"

【恶】正 貌丑。

【子】正 补 宗子，继承人。

○正 赵简子废长子伯鲁而立庶子赵无恤（赵襄子）为宗子。知襄子认为赵襄子貌丑且无勇，所以质疑赵简子为何立赵襄子为宗子。

[赵孟]对曰："以[吾]能忍耻，庶无害赵宗乎！"

【庶】补 或许。

○补《史记·赵世家》记载了在此次伐郑期间知襄子侮辱赵襄子的另一个细节："知伯醉，以酒灌击毋恤。毋恤群臣请死之，毋恤曰：'君所以置毋恤，为能忍诟。'然亦愠知伯。"

○补 狐射姑由于不能忍受被赵宣子取代的耻辱，杀了阳处父后出奔狄地，导致狐氏成为春秋时期第一个灭亡的晋国卿族，窃疑狐射姑不能忍耻而害狐宗之事一直被赵氏用来教育宗子。

【二】知伯不悛quān。赵襄子由是惎jì知伯，遂丧之知襄子。知伯

_{知襄子}贪而愎，故韩、魏反而丧之。

【愎】 补 悔改。

【慭】 正 杨 毒，忌恨。

【丧】 补 灭亡。

【愎】 补 乖戾，固执。

○ 正 杨 补 晋出公二十年（前四五五年），知襄子率韩康子、魏桓子围赵襄子于晋阳。韩康子、魏桓子私下与赵襄子合谋，于晋出公二十二年（前四五三年）击败知襄子之师，杀知襄子，三家瓜分知氏地盘。《左传》言"[赵襄子]遂丧之""韩、魏反而丧之"，是提前说明赵、魏、韩三家灭知氏的结果，而并不是说这些事都发生在哀二十七年。

○ 补 **传世文献对读**：《资治通鉴·周纪》详叙知氏被赵、魏、韩三家所灭始末，可扫码阅读。

参考文献

扫描二维码，
阅读参考资料